本书获得"江苏高校优势学科建设工程"资助

教学生活新论

——基于过程哲学的视角

魏善春 ◎ 著

中国社会科学出版社

图书在版编目（CIP）数据

教学生活新论：基于过程哲学的视角／魏善春著 . —北京：中国社会
科学出版社，2017.9
ISBN 978 - 7 - 5203 - 0338 - 5

Ⅰ. ①教… Ⅱ. ①魏… Ⅲ. ①教学过程—过程哲学—研究
Ⅳ. ①G421；B089

中国版本图书馆 CIP 数据核字（2017）第 099937 号

出 版 人　赵剑英
责任编辑　孙　萍
责任校对　刘　娟
责任印制　王　超

出　　　版　中国社会科学出版社
社　　　址　北京鼓楼西大街甲 158 号
邮　　　编　100720
网　　　址　http：//www. csspw. cn
发 行 部　010 - 84083685
门 市 部　010 - 84029450
经　　　销　新华书店及其他书店

印　　　刷　北京君升印刷有限公司
装　　　订　廊坊市广阳区广增装订厂
版　　　次　2017 年 9 月第 1 版
印　　　次　2017 年 9 月第 1 次印刷

开　　　本　710×1000　1/16
印　　　张　22.75
插　　　页　2
字　　　数　306 千字
定　　　价　95.00 元

序

　　创新是学术研究的生命。教学论研究要实现持续的创新发展，不断探寻新的研究视角就显得尤为重要。现代哲学思想丰富多彩、异常活跃，总是这样那样地影响着教学理论的研究思路，拓宽观察和思考教学问题的新视野。过程哲学作为近些年引起国内外思想界高度重视的一个哲学流派，又会对现代教学论研究带来怎样的启示呢？这是需要经由深入研究做出回答的。魏善春副教授的博士论文《教学生活新论——基于过程哲学的视角》，就是这方面勇于尝试所取得的学术成果之一。

　　研究的新视角究竟能否成功，常常取决于研究者是否准确地寻找到以此审察问题的视点，具体到本研究即是过程哲学与教学论的所谓"结合点"。魏善春在学位论文开题时对这个问题的认识还不够明确，经过一番扎实的工作、艰难的探寻和思想的沉淀，她终于突破思维的迷障，为我们清晰展现了二者有机结合的框架与视点，即以过程哲学的节奏与联系品性，审视教学生活中的师生成长；以过程哲学的过程与整合思想，透析教学生活中的课程建构；以过程哲学的交互与连续特征，反思教学生活中的环境建构；最后，以过程哲学中事件的连接性，绘筑出基于有机体理论的生态的、整合的、创造的教学生活图景。研究者对构成教学生活机体的教师、学生、课程、教学环境等构成教学生活中的事件的主要因子进行了较为深入的探索，意图改变被实体思维长期垄断的教学论研究理路，以后现代过程哲学的有机整合、关系、事件、创造等概念对作为有机体的教学生活进行深入的剖析、反思和整理，以一种审美的、创新的视角重新审视我们的教育过程。

研究贵在提出一些富有新意的学术观点。作者在本书中认为在过程哲学视域中，教学生活中的教师、学生、课程、教学环境构成相互依存、相互整合的活动过程。教师的教学活动、学生的学习活动、课程的实施、学习环境的营造等是一个个充满生机和活力的事件之生成过程，彼此之间相互联系、相互影响，不断创生，形成过程哲学视域中教学生活的基本特质；指出作为教育者的教师能够享受其教学生活的过程，在效率至上、难耐从容的当下，能够摆脱"表面目标与利益"的限制而放慢步伐去领悟、去思考，去欣赏沿途的风景，以自身的思考和判断去影响、带动学生的思考和体悟，从而彰显作为教师的生命价值和存在的意义。这些观点都是富有新意、发人深思的。当然研究还只是开了个头，许多问题还有待继续深入探讨。如需要研究者更深地进入真实的教学场景，与真实场景中的教师、学生、课程、环境、事件建立彼此间的相互联系，并且进一步将本研究成果运用到真实的教学生活中去修正和完善，等等。

作为一名在职人员攻读博士学位，确实需要面对许多现实的矛盾及困难。魏善春读博期间，我时常看见她走路都是急匆匆的，好像总有忙不完的事情。她做事干练、待人真诚，瘦小的肩膀承担着工作、家庭、研究的多重任务，却凭借一股对学术的执着、顽强的意志力，坚韧地走着自己的路。她尽尝"酸甜苦辣"，却依然坚强乐观；走得并不轻松，却从未稍稍驻足；功底不太深厚，但进步却是很大。这也是我历来所重、愿意看到并特别欣赏的。现在，她已如愿从行政岗转到教学岗，开始了新的教学生活。前面的路还很长，我衷心地希望她所研究的过程哲学也能重塑她的教学生活，帮助她领悟并参透教育的真谛。

是为序。

2017 年 3 月 6 日于南京师范大学课程与教学研究所

前　言

　　过程哲学又称为机体哲学或活动哲学，认为过程和活动是机体的根本特征，以机体活动的过程性和持续创造性构成了整个世界。近年来，过程哲学思想对教育教学的影响日益彰显，越来越多的研究者将过程思维运用于教学过程的研究及学科教学的实践探索。本书在对实体思维的机械世界观观照下的现实教学生活进行深入剖析和反思之下，意识到当下学校教学生活的有机性早已被无情肢解，遵循的是技术操作的生产之路，培养的是考试的机器和工具，更忘却了对人的生命和价值意义的关怀。要改变现行教学生活模式，提升教学生活品质，必须对传统教学论的思维模式、理论框架、研究方法，乃至当下的教育教学实践进行审思并取得突破，只有将教学生活视为一种感性的实践活动，并使教育理论研究者及实践者真正融于教学生活中去理解教学生活，才能改变过往对教学生活浮于表象的机械认识。

　　论著共分为三个部分，以研究的理论基础分析（总）——关涉教学生活的理论与实践分析（分）——教学生活的理想图景建构（总）的思路形成研究的整体构架。首先，在第一章对过程哲学的内涵进行深入的阐释，直面现实教学生活中教师与学生的生存现状及问题，对造成目前师生生存现状的深层次原因及其背后的指导思想进行反思。从过程思维出发思考当下教学生活中的割裂与异化的现状并对过程哲学视域中的教学生活的内涵、特质及价值进行本体意义的解释。认为教学生活应成为师生与自然、社会等"周围世界"密切接触，以自己的方式共建和开拓融教师、学生、环境、事件为一体的"共同世界"，是充满着新颖性和创造性的有根的生命活动。整合性的发展、互依的师生关系、节奏性的成长、连续性的环境、关键事件的连接是教学生活的五大特质。过程哲学视域中的教学生活意在唤醒师生对智慧、审美及创造的渴望，超越本质主义对外在价值的追求，营造一种和谐共生的、感恩的、审美的教学生活。在第一章理论视角探析和实践反思的基础上，形成第二章、第三章、第四章关于教学生活中的教师和学生、课程以及教学环境研究的并列格局。

本书的第二章以纵向的师生节奏性、过程化的成长和发展以及横向的师生机体相互"摄受"的发展机制为研究的主要内容。认为个体生命成长是"从混沌走向秩序""从私密走向公开""从自由到纪律"的过程，相应地，教师的专业发展及学生的生命成长同样应遵循一定的节奏特征。通过研究发现，过程哲学视域中的师生是一种"共同体"关系，师生以"相互摄受"的机理促成共同体的联结，同时在不断分离、共在、合生的过程中实现个性发展与共同成长。在本书的第三章中，对传统实体思维以学科、经验或结构范式使课程本体呈"单向度"倾向的现状进行反思，以过程哲学的"过程—关系"视角关照课程，从课程建构的理念逻辑和实践实施层面对"过程·整合"课程的框架、实施原则和价值分别进行论述。视课程为事件、旅程及不断生成的文本；课程建构遵循主体的赋权参与性、内容与形式的实践引领性、目标与结果的生成性以及知识建构的境域及审美性原则，强调师生、社区及家长资源的积极参与，关注不同学科之间的整合及与自然、社会的密切联系。意图使课程实施走出传统的输入产出的控制模式，而成为情境化的过程，凸显其审美、创造及伦理价值。本书的第四章围绕教学环境展开研究，对建构过程哲学视域中的交互且连续的教学生活环境的内涵、特征和价值进行详细论述。将师生的感官和身体，师师、师生及生生之间形成的"共同体"，以及围绕儿童生活和经验组织的"连续性课程知识"，视为教学环境的特殊存在形态，为师生成长营造更具"创造性"、充满"关心"意味的生态环境。

本书的第五章，分析了过程哲学的"事件"的内涵以及教学生活中"事件"的本真含义，认为教学生活中一切事物和过程都作为事件或事件的组成部分而存在。无论是作为教学生活本身的"教学生活本体事件"，抑或是构成教学生活的"具体性事件"，如教师的教学事件和学生的学习事件、教学过程中的话语事件和文本事件、教学生活中的关键事件和普适事件、日常的常态事件和偶发事件等，各种事件或有序或无序地持续发生，构成了生态、整合且创造的鲜活教学生活图景。需要进一步说明的是，本书的第二、三、四章虽是相对独立的并列关系，但又不是割裂存在的。一方面，教师、学生及其成长、课程、教学环境构成了教学生活中的不同主体；另一方面，师生成长、课程发展及教学环境的设计和变化又是教学生活中的关键事件，彼此是一种你中有我，我中有你的相互依赖和联系的共在关系。如此，在第二、三、四章之间就存在着合逻辑的联结关系，并在第一章后及第五章前起承上启下的作用。

以过程哲学及其思维品质省察教学生活实践，阐释过程哲学视域下建构教学生活的内在意蕴，这是本研究的理论基点。通过对构成教学生活机体的教师、学生、课程、教学环境以及教学生活中的事件等关键因子的深入探索，以过程哲学的生成、连续、整合、关系、事件、创造等核心概念，对作为有机体的教学生活进行深入剖析和反思。力图突破被实体思维长期垄断的教学论研究理路，以过程哲学的节奏与联系品性，审视教学生活中的师生成长；以过程哲学的过程与整合思想，透析教学生活中的课程建构；以过程哲学的交互与连续特征，反思教学生活中的环境建构；最后，以过程哲学中事件的连接性，绘筑出基于有机体理论的生态的、整合的、创造的教学生活图景。

以过程哲学的理路建构教学生活，非为教学内容和教学方法本身，而是一种理念、一种思维方式的变革；是立足于对现代性的充分发展以及机械论世界观之于人的生存方式及教育教学的弊端的反思；同时，也是对当下素质教育及基础教育课程改革实践诉求的回应。从实体性的机械化工具思维到有机的过程、关系和事件思维，视教学生活内在的教师、学生、课程、教学环境等是内在紧密联系的，这种紧密的联系促成了教学生活内在生成流转的各种事件，在各种事件的生成、发展和转化中形成了"相互摄入"的"互依"的"共同体"师生关系以及师生节奏性的成长，生成了相互联系的整合的课程，更让教学生活走出了课堂和学校的樊笼而回归自然、回归社会、回归我们自身。因此，以过程哲学建构教学生活既十分必要，又成为可能。在现实教育理论研究和教育教学实践中，在过程中改善教学生活，正逐步形成共识，行动已然开始……

目　　录

引　论

现代教育崇尚知识的建构和分享、儿童自我意识的确立以及规范意识的渲染，并基于此展开一系列的理性主义、经验主义、实证主义、进步主义的教育思想与实践，这是现代教育中各种暴力、冲突、缺乏沟通的必然结果。这离哲学家们所倡导的过一种"审慎的生活"越来越远，更遑论教育教学生活中对真、善、美，对丰富多彩的现实生活的回归的诉求。然而，后现代过程哲学谦逊而敏锐地认识到生活是一个过程，教育不是对真理和至善的占有，而是对真理和至善的追寻，诸如"学校不是监狱""理解、同情和和谐更重要""善于倾听他人"等旨在超越现代教育学框架的理念不断做出新的努力和尝试。因此，考察后现代过程哲学教育理论及其对教育实践的影响，成为现代教育教学理论研究中回避不了的课题。

一　研究的缘起与意义

（一）由现代性发展带来对人的生存方式及教育的存在样态的反思

现代性作为现代社会发展过程的基本特征和表现，体现在社会生活的方方面面，是一个涉及政治、经济、文化、教育等多方面、多领域的概念。它既是指以自由、民主、科学、理性为核心的时代意识和价值取向，也是指以市场经济、民主政治、科学管理等为基本构成元素的社会发展模式和内在要求；既是指祛魅的、突出主体意识的生活

1

态度，也是指按照现代化规律运行的行为方式。中国社会正经历着现代性的充分发展及由此带来的社会各领域的改革和转型，这种巨大的变革正影响着人们的生产生活，影响着人的生存方式，也影响着教育领域，尤其是作为为个体一生发展奠基的基础教育的嬗变与改革。

1. 现代性的充分发展使人类生存样态面临危机

现代性的发展推动中国社会历经现代化的转型过程，注重科学技术、弘扬理性精神、发展生产力、追求自由平等、发展社会主义市场经济、实现效率化和理性化都是现代性发展的具体体现。然而，功利主义、行为短期化、价值选择实利化、生态环境危机等也随之相伴而生，贫富分化加剧、道德的滑坡、急功近利的浮躁、精神家园的遗忘更是不得不面对的严酷现实。人们的生存方式、价值归属、文化生活等等由于现代性的充分发展而激荡失语，人们的生命存在样态在利他或利己、过程和结果的两极选择面前彷徨继而迷失了自我。现代性以"自我"的存在为前提，主体在进行自我建构，力图使个人主体成为自立自足的独立范畴时，却使个体既与自然断裂，又与社会脱离，一方面"自我"被困居于超乎外物的单元个体之中，另一方面世界也被囚禁于自我的无边孤寂之中，现代主义的人已找不到自己的真正出路何在。

《周易》的《序卦》说："穷大者必失其所居，故受之以旅。"即"旅卦"，"旅"是旅行，行走在外，寄居他乡的意思，由离和艮两个经卦相叠而成，离为火，艮为山，火在山上燃烧蔓延，不停地移动，犹如人在旅途，故命名为"旅"。意即人生就是生命的一次长途旅行，经过一个个客栈，完成旅行而回归，母腹是第一个驿站，家是相对固定的旅馆，坟墓是最后的归宿。旅行中，有欣喜，也有失望；有快乐，也有忧伤；有疲惫，也有亢奋；有辛酸，也有甘甜。生命发展犹如旅行，享受其中的过程，在过程中体验生命的滋味、领悟生命的价值才是人之存在的本真意义。然而，对现代性的追求使得人类忽略了享受生命的过程而呈现出对财富、权力、利益的终极追求，只关注结果的价值而忽视了通向结果的过程及行动的价值和意义，社会的价值认同出现偏差，社会成员丢失了最原始的恻隐之心，人与人之间失去了和谐，子孙后代的自然资源被提前透支……

2. 现代性的充分发展使教育教学遗忘了本真的使命而走向急功近利

现代性的充分发展对世界的影响远不止于人类的政治、经济生活领域，对教育领域也有突出的影响。传统中国以宗法思想及儒家伦理体系为人之存在的依据和支撑，从教育来说，尊重自然及人向自然的贴近成为教育的起点和自然秩序。但伴随近百年的现代化进程，原本就并未充分发展的儒家伦理体系被彻底地瓦解，整体性价值被个体价值追求湮灭，自然之美被工具化的知性之美所代替。在应试教育的时代背景下，教育成为实现个人价值追求的工具，教学生活中的教育者、受教育者都成为物化的实在之物，成为单质的个体的存在，道德情操、审美体验、价值判断等等化育人类心灵的人文素养统统被搁置，师生成为为达成既定教学目标的工具或手段，成为验证教学理论科学性和可行性的工具，教学活动成为一种价值无涉的纯技术性实践活动，教学生活失却其人性表达而成为一种虚假的生活。"这使得我们的教育成为一种去价值（devalue）或去道德（demoralizing）的教育，它已经抛弃了自身的伦理德性的追求向度"[1]，学校成为生产人才的"加工厂"，"考试分数"成为衡量个体发展的标尺而代替了教育应促进个体获得发展的目标，"教育彻底沦为一种通过处置知识而处置人的机械过程"[2]。

现代教育被现代性的过度理智化设计所禁锢，表现在教育教学中对起点、目标、速度的过度功利化追求，因而现代教育成为一种割断学校、学生与自然、社会之间，以及传统和实践之间的关系的"无根

---

① 金生鈜：《规训与教化》，教育科学出版社 2004 年版，第 31 页。
② 同上。

教育"，教育出来的学生成为脱离自然和社会的、缺乏阳光的普照和雨露的滋润的毫无创造性可言的"单向度"的人。

人的发展是一个缓慢、渐次推进的、有节奏的过程，而且其复杂程度远非教育的人为设计可估量和应对。也就是说，人的大脑、心智及生命的整体性发展是非常丰富和细腻的，任何的人为设计都无法直接驾驭和掌控。这就意味着教育应该让受教育者享有充分自由的发展空间，使受教育者意识到自身并非是由皮肤包裹的脱离自然和世界的自我，教育应该鼓励受教育者走出课堂、校园，去亲近自然和社会，不断地从更广阔的天地间去汲取能量，通过自己主动地吸纳、消化、反刍，生成个性的、独一无二的自我。用陶行知先生的话也就是要鼓励学生"接触大自然的花草、树木、青山、绿水、日月、星辰，……自由地对宇宙发问，与万物为友"①，在与自然的亲密接触中涵养生命和心灵的厚重及深度，让生命摆脱现代工具性教育的规训而顺其自然的生长。就如庄子在以自然之法种出大葫芦的故事中对惠子所言，"我只是经常到地里去看看葫芦苗生长得是不是快乐，如果很快乐就不用去管它们，而你却不管葫芦苗的感受，拼命地施肥，哪有不死之理。"② 在这则寓言中，庄子和惠子以不同的培育理念对待品质相同的葫芦种子，却得到迥异的结果。这不得不让我们反思现在的教育教学，无论是家庭教育抑或学校教育，无论是学前教育、基础教育还是高等教育，从幼年到少年、青年，他们所接受的教育和教学几乎都来自被禁锢的家庭、校园和课堂，本应在自然中自由奔跑接受雨露滋润的儿童身影，本应在社会、社区中进行公共服务的青年形象，几乎完全被伏案的固化知识学习所代替。教学应从人的潜能出发，教学应遵循人的智力的生长节奏，教学不仅仅是课堂中对固化知识的教和学。这些基本的道理被我们今天的教育和教育者们遗忘，或者说被迫忽

---

① 陶行知：《陶行知文集》，江苏教育出版社 2001 年版，第 753 页。
② 出自《庄子·内篇·逍遥游》。

略！这也是我们现实生活中经常会发生儿童乃至于青年将麦苗认为是韭菜的笑话，并且大部分青年五谷不分的原因。这样的教育培养出的学生何来"创造性"和"责任感"？从这样的教学生活走出的教师和学生如何能体会到为师的幸福和学习的快乐？这样的教育理念和教学实践如何能让国人打开视野拥有向世界开放的抱负和胸怀？

作为一项关注人、造就人的活动与事业，教育不仅要关注人的未来生活、理想状态，更应在社会整体的变革中关注人的现实生存状况，关注人的存在方式的演进。教育事业是一项面向未来的事业，不仅面向社会的未来，而且面向个体的未来，面向个体未来的幸福，"幸福的获得靠教育，获取幸福的教育也必须是幸福的教育"。① 教育应使人获得幸福，能够使人获得幸福的教育自然是充实、完满，凸现交往性、主体性、自足性、能使人获得自我实现的教育，教育的过程更应是一种享受的过程。"人首先是作为生活者而存在，人是为了生存、生活才去索取知识的，生活才是第一性的，知识只是生活的工具。"② 因此，作为对教育的最直接反映的师生的教学生活，其地位更毋庸讳言。教学生活不独是教师的生活，当然更不仅仅是学生的生活，教学生活是师生共度的生命里程和人生体验。其重要性，不仅在于它占据了作为学生的个体从幼年、少年直到青年的人生中的至关重要的阶段；同时，它还是涵养教师的生命底蕴，使其能够体味"得天下英才而教育之乐"的人生重要时光；更重要的是，它不仅立足于当下社会对人才培养和文化传承的需要，更是全体国民对超越知识的道德和审美能力的培养的需要。

然而，现实生活中知识的获得和生活过程完全割裂，享受教育的过程成为一种不可能实现的奢望，对结果过度追求的教育不仅本身不可能幸福，而且其目的也离幸福渐行渐远。

---

① 冯建军：《教育的个体享用功能》，《上海教育科研》2002 年第 1 期。
② 鲁洁：《一个值得反思的教育信条：塑造知识人》，《教育研究》2004 年第 6 期。

（二）对基于两极思维带来的现代教育教学的弊端的反思

"人类总是通过一定的思维方式来认识和理解世界，思维方式不同，观察世界角度不同，人们对世界的认识和理解就会有所不同。"①近年来，教学理论研究者与实践者普遍以两极思维对待教学理论研究与教学实践，教育教学呈单质化运行的态势，对教学的理解和态度，对教学中的人、物、事件、环境缺乏发展的、联系的、整合的、过程化的视域融合。所谓两极思维，是指在观察、认识各种各样、形形色色、相互间原本千差万别的事物的时候，忽视原本在许多事物中存在的、在有些事物中还是占绝对多数的中介、矛盾状态，简单化地把一切都区分为两种极端情况的思维方式。在两极思维视域的教学生活中，教师与学生之间、学科课程之间、教师与教师之间、知识与智慧之间、教学环境与自然及家庭、社会环境之间都成单极化运行，非此即彼，唯我独尊，二者之间经常出现难以逾越的鸿沟。为什么会出现这样的现象？究其原因还是思维方式的问题，以二元对立的思维方式看待教学生活，看不到彼此间的相互联系和转化，甚至遗忘了事物本身也有一个发展变化生长的过程。

当我们用两极的单质思维看待教学生活时，重视教师的教，就会忽视学生的学；重视教师主体性的发挥，就会忘却学生在教学中的主动性和创造性；期待教师个体在教育教学思想、教学方法等方面的迅速成长，但是又会忽视教师的专业成长是一个过程性的发展延续问题，每一个成熟教师、专家型教师都是由新手教师一步步成长而来；教学中经常只关注学生现时的成果，忽视学生个体是处于身心成长变化中的人，忘却学生个体是一个发展中的价值存在，师生的个人经历和现状在教学中应得到尊重，并成为教学的先决条件。教学生活是一个过程化的存在，在教学过程中，师生历时性地共同成长，是一种整

---

① 黄书进：《哲学思维方式解读》，西苑出版社 2003 年版，第 1 页。

体和谐、平等对话和自由交流的关系，而不是一方对另一方的灌输、束缚、钳制、禁锢和摧残。苏霍姆林斯基在《给教师的建议》一书的引言中曾说过，在人的心灵深处，都有一种根深蒂固的需要，这就是希望感到自己是一个发现者、研究者、探索者。而在儿童的精神世界中，这种需要则特别强烈。也就是说，应该让每个儿童以自己的方式、速度和时间历程自由地去发现和探索，这要求我们的学校教育教学要强调教与学的"过程"，不能只求收获，不问耕耘；需要重视传授知识的"过程"，使学生潜移默化，在传道解惑中获得精神的享受；更需要强调接受知识的"过程"，使学生明白千里之行，始于足下，只有扎扎实实地学好各种知识，只有在学习知识的过程中，沉潜往复，反复玩味，享受学习过程的幸福滋味，才能成为具有创新能力的合格人才。这也是本书选择从过程思维的视角研究教学生活的初衷。

（三）素质教育及基础教育课程与教学改革的需要

目前，在《中国教育改革和发展纲要》中，素质教育被作为最基本的要件，中小学、大学教育都以实施素质教育为本，现阶段基础教育课程与教学改革也围绕素质教育进行。

1. 素质教育向我们提出了诸多值得思考的问题

知识社会中，新知识、新技能不断出现，旧知识不断被更新，"事实性知识"的学习不足以帮助促进学生整个人生的发展，而掌握知识、技能的学习方法的知识形态，即"方法性知识"显得尤为重要，教育绝非是单纯性的固化知识的传递过程，特别是学校教育应该是对学生人格的塑造和心灵的唤醒。素质教育不仅仅是知识的教育，素质是指人的素养、能力、才干、修养等，它包括知识、智慧、道德、纪律、法律、精神等诸多方面，是一个人通过学习获得的支撑其一生发展的品质。然而，在应试教育的指挥棒下，在唯分数至上的价值引导下，当下的基础教育教学成为对塑造知识人、分数人的片面追求过程。用学生的测验成绩和行为表现代替促进学生发展的教育目标，它不能掩盖这样一个事实：学生考试取得的良好成绩不能代替学生的人格成长，如此只能造就"知识的巨人，文化的侏儒"。检验教育的成败不应以学习者在工作场所的表现如何作为根本标准，更要看到儿童与教师、与周围环境的联系，看其是否能够创造性地和建设性地看待自己和社会，能否利用现有资源去构想和实现新的可能性。[①]

儿童是纯真蒙昧的个体，需要社会、学校、教师、家长的呵护，在培养、保护和多种经验中发展自己的潜能，实现体、德、智、美、劳综合素质的充分发展，其中尤以学校教育和课堂教学的功用最为重要。学校教育教学生活中突出学生的主体地位，培养其主人翁品质，使儿童在成长过程中主动寻求属于自己的价值定位；教师在教学中根据学生的年龄特征、基础水平，采用适合于学生并能让学生感兴趣的教学形式，由浅入深，激发学生独立思考和创新的意识，掌握自我自主地摄取知识的方法；教学中关注知识的生成过程，让学生自己去发现基本知识及学科的基本结构，以此培养学生的创新思维；鼓励学生学会总结、发现规律，拓展学生的归纳推理和抽象思维能力。教学是科学，更是艺术；教学不仅仅是知识教学，更是智慧的教学；教学生活是创造美的过程，更是培养、提升学生发现美的能力的过程。凡此种种，无不彰显过程视域中的教学生活在学生体、德、智、美等综合素质培养中的重要性和突出地位。

2. 基础教育课程改革中过程思维已初现端倪

当前的基础教育课程与教学改革中，一系列新的概念和话语逐步涌现出来，诸如"体验""反思""感悟""交往""生成""建构""回归生活世界"等术语逐步成为教育理论研究者和一线中小

---

① ［美］约瑟夫·邓恩：《现代性文化的教育困境——与麦金太尔的对话》，载金生鈜主编《教育：思想与对话》，教育科学出版社 2005 年版，第 21 页。

学教师常常使用的话语。这些反映出现阶段教育理论研究者和实践者对教育教学的一种过程性思维以及对教育教学的过程属性的理解。

过程思维强调存在物之间的内在关系，认为机体活动的过程性和持续创造性构成了整个世界。以过程哲学审视教学生活，最为根本性的变革是思维方式的变化，从实体性的机械化工具思维到有机的过程、关系和事件思维，视教学生活内在的教师、学生、教学内容、教学环境是内在紧密联系的，这种紧密的联系促成了教学生活中生成流转的各种事件，在各种事件的生成、发展和转化中生成了相互联系的整合的课程、形成了"互相摄入"的"互依"的"共同体"师生关系以及师生节奏性的成长，更让教学生活走出了课堂和学校的樊笼而回归自然、回归社会，回归我们自身。过程思维强调合作是事物存在的方式和手段，和谐是过程思想的社会目标追求，合作比竞争更根本。这种意识使人们感受到合作、互助的关系在日常生活中的重要性，也使人们认识世界时将价值、感情、意志和感受作为一些重要因素考虑在内。

因此，新一轮课程改革中，学生的学习、发展不是唯一的内容，关注教师的专业成长、促进教师团队建设、推进课程建设、优化学校教育教学环境也同步成为研究的重心。对促进学生发展提出了具体的三维目标，不仅关注学什么，而且关注如何学和学习的过程，同时更关注培养积极的情感、态度和正确的人生观、价值观、世界观。课程改革不仅涉及课程结构、教学内容、教学方式、教学评价、课程政策等，也涉及人们对学习科学的认识，并且意识到教学成效的高低不完全取决于教学方法的形式本身，更在于教师对学生的了解、理解以及对掌握这些教学内容的基本规律的理解。教者和学者开始逐步意识到教学生活是教师和学生作为"共同体"的合作和交流过程，教学中没有固定的模式，不存在唯一的方法，是师生共同成长的过程。

此外，基础教育课程改革本身也是一个过程性的存在和发展，虽然一直有不同的意见和观点出现，但对不同观点、意见的包容本身也彰显了课程改革的价值和活力。课程改革十年中教师发生变化了吗？学生发生变化了吗？虽然仍有各种各样的严峻问题存在，但答案是毋庸置疑的。越来越多的教育理论研究者和实践者逐渐意识到我们的教育正处于极度的危机中，需从师生的教学生活入手有效祛除功利化的政治生活、经济生活的影响，抛弃各种繁杂的教育设计和功利性目标，让教学生活回归自然，与朴素的日常生活和公众社会生活找到其应有的契合之处。近些年来，教育理论界对生命化教育教学、生态化课堂实施不断进行深入研究，对生成性教学及其价值，对"幸福教育""情境教育""审美教育""情感教育"等进行实践探索，这些研究中都可找到过程哲学思维的踪影。在教育的实践领域，越来越多的一线教师和教育管理者勇于"打开"学校的大门，打通"书本世界"与"生活世界"的界限，开始尝试放"慢"教与学的节奏。诸如：在后面的研究中提到的北京亦庄小学以及常州五所小学实施的和现实紧密联系的"全课程"，天津外国语大学附属外国语学校成就的"开放办学"[①]，以及在全国已有2000多所实验学校的"新教育"实验思想的推行，在这些教育教学实践中都能找到怀特海过程哲学的理念与逻辑。这说明，无论是教育理论研究者抑或教育实践者，都已开始着手改变我们的教与学的过程，任何目标都包含在起点之中，我们已开始行动，终将与目标不远。

[①] 天津外国语大学附属外国语学校是天津市首批特色高中，该校的开放式教育，是通过开放的空间、环境、课程、活动和资源等一系列开放式教育手段促进课程、课堂教学、教师发展和学生成长等方面的开放式建构。强调师生心灵的开放，彼此的接纳、理解和交流；强调教学时空的开放，打破书本世界和生活世界的界限。本质上是一种与传统教育针锋相对的教育理念。刁雅俊：《开放办学：打破"圈养"的围墙》，《中国教育报》2014年12月14日第6版。

（四）　中外思想家在教育教学领域中的过程思想的启发

在西方文化中，关注"过程"可以追溯到古希腊哲学家赫拉克利特，他有一个著名的观点："一切皆流，万物皆变。"赫拉克利特认为：世界的本质就是一种流动变化的过程，把世界视作一种动态的"过程"。外国古代教育家大多是哲学家，其对教育教学的认识很大程度上建立在他们的哲学基础之上。从苏格拉底的"产婆术"、柏拉图的"理念论""回忆说"，以及亚里士多德的教学中重视理性思考，重视练习与实践①，到古罗马的昆体良的顺应自然、顺其本性的观点，都体现了对教育教学中过程的重视，且都带有直觉经验的特点。

近现代以来经历了夸美纽斯和赫尔巴特的教学过程思想，以传授—接受为过程，强调教学的秩序，主张一切教学都应从感官开始，教学需适应自然的规律；赫尔巴特的"形式阶段理论"虽然在一定程度上有教学上的形式主义的弊病，但其教学过程思想对启发学生思维，增强知识的系统性学习，对教学论研究的发展仍是有很大贡献的。杜威是哲学家又是教育家，他注重研究"经验"，即"有机体与环境互动的过程"，用经验的"连续性原则"来化解传统哲学认识论中把主体与对象、精神与物质割裂开来的"二元论"。其实，早在柏拉图时期就曾提出教育的任务就在于发现一个人的禀赋，循序渐进地加以训练并应用于社会的观点。可以看出，所谓的教育的任务是在于发现，这与中国传统儒家思想提倡的"因材施教"的观念如出一辙。"循序渐进地加以训练，应用于社会"，说明教育不能求快速成，不能一蹴而就，而是一种"循序渐进"、如同春风化雨需要慢慢熏陶培养的"过程"一样。布鲁纳对教学的解释

---

① 华东师大教育系、杭州大学教育系：《西方古代教育论著选读》，人民教育出版社 1985 年版，第 152 页。

是:"教学(Instruction)说到底是一种帮助或促进人的成长的努力。"① 在教学中重视培养学生的兴趣,激发学生内在的学习动机,将对学科基本结构的学习作为教学中的重点,培养学生对学习的基本态度和基本方法。从布鲁纳的学科结构论,到瓦根舍因的范例教学、巴班斯基的教学过程最优化理论等无一不显示出对教育教学中的过程的重视,在此无须再一一赘述。

在中国历史上,孔子是一位注重"过程"的思想家和教育家。他有一句名言:"学而不思则罔"(《论语·为政》),通过读书学习进而获取知识,这中间须历经一个认真思考、反复咀嚼的过程,没有思考,就无法扎实地获得知识。孔子又进一步说:"学而时习之,不亦说(悦)乎"(《论语·学而》),即学习了某种知识并且常常温习它,不是很快乐的事吗?这里再次强调学习知识需要"时习之"的不断巩固强化的过程。孔子又说:"温故而知新,可以为师矣"(《论语·为政》),在温习旧知识时,能有新体会、新发现,就可以为人师了。从提倡"学而时习之"至揭示"温故而知新",孔子可以说是最先关注"过程"在学习与教育中的重要作用的教育家。孔子之后,儒家强调"过程",尤其表现在求知与成才这两个方面。《中庸》认为求知需要历经五个环节的完整过程,即"博学之,审问之,慎思之,明辨之,笃行之"。宋代思想家和教育家朱熹曾指出:"读书惟虚心专意,循次渐进,为可得之"(《晦庵先生朱文公文集·答刘仲则》);"人之所以为学者,……求之自浅以及深,至之自近以及远,循循有序,而不可以欲速迫切之心求之也"(《晦庵先生朱文公文集·答石子重》),反复强调读书求知是一个由浅入深、循序渐进的过程。

近现代以来的中国教学思想受赫尔巴特分段教学及杜威的经验

① [美]布鲁纳:《布鲁纳教育论著选》,邵瑞珍等译,人民教育出版社1989年版,第94页。

理论的影响，出现传统教学思想和现代教学思想之分。对两种思想进行批判吸收，产生了陶行知等一批进步教育家，提出"教学做合一"的教学过程思想，并提出生活教育的理念。从凯洛夫的教学过程理论的引进到改革以后兴起的实验教学，包括李吉林的情境教学实验，研究者已开始逐步意识到仅仅从哲学认识论的角度分析教学是不够的，教学生活中还存在许多其他因子如环境、心理、关系因素等。

对古今中外教学思想中的过程思想作一些简单的追踪，只是为了帮助自己回忆和厘清思路，确认过程思想并不是自怀特海始，也并不是从天而降的一种理论存在。无论是中外古代传统思想中的过程思想，抑或是现当代国内外教学思想中的过程理论，虽有启发借鉴作用，但又都与怀特海的"过程哲学思想"有诸多不同之处。前者对教学中的人和事件的解释方式都是以实体思维方式为出发点的，因而归根到底不可避免地会以不同形式的静态的形态学分析方法和思维方式去看待教学世界。怀特海的过程哲学则是一种新视角和新范式，它坚持过程就是实在，实在就是过程，一切存在物都不是静止不动的，也不是一成不变的，而是处于永不停息的生成和发展过程之中，这种过程性就是它们的本真状态，教学世界中的人、物（包括知识、智慧、环境生态……）以及人和物之间的关系都是处于不断变化发展、生成的、联系的过程当中的，是一种关系性的存在，教学生活是一种有机的存在物。通过这些分析可以确证从怀特海的过程哲学观念及其思维方式去建构一种有机的教学生活状态是可能的，这也正是本研究的主旨。

（五）研究的意义

以过程哲学的视角对教学生活进行研究，具有多重意义。

其一，从理论研究层面看，为教学生活研究提供新的研究视角。教学生活研究是世纪之交中国教学论研究的重要领域，从其研究的主体看，多为理论研究者的"客位研究"①，研究内容更多地从教师的视角进行生活方式的反思性研究、生存状态的实证研究等。然而，教学生活研究仅仅关乎教师本身吗？教学生活中有无学生？师生以怎样的关系存在并发展？从过程哲学的研究视域，赋予教学生活以新的内涵、特质及价值诉求；在从实体思维到关系思维的转向中，深入揭示教学生活中的教师、学生、课程知识、教学环境等教学生活中的关键事件的本真存在，及其在相互联系的过程中孕育的生命力。既是对教学生活的目的、意义的深层反思，也是教学论理论研究所必需。

其二，从实践层面看，有利于树立有机生态的教学生活观。从过程视域研究教学生活，关注的是过程性的教学目的、师生过程性的发展和成长，享受过程成为教育教学生活的主题。教学生活成为人、事、物、环境及其间的联系和变化的事件的不断生成和发展而构成的鲜活的有机体。超越教师与学生之间、学生与学生之间、教师与教师之间、学科与学科之间、知识与智慧之间以及个体与其过去和将来间的割裂存在状态，尊重师生经历和已有经验，尊重师生成长发展的阶段性，将教学及师生的发展视为一个流变和生成的创造过程，个体的精神、直觉、感情和感受都得到发现和尊重。教育教学将走出抽象简单的"科学性"，而回归丰富具体的"生活性"；教学生活成为师生享受生命发展的过程，成为培养学生的想象力和创新能力的过程；同时，增强当下的教学生活对教师和学生的吸引力，使教师和学生能在享受教与学的过程中共生共存，共同成长。

此外，对教学论理论研究者和教学实践者都提出了新的要求。以过程哲学视域对教学生活进行系统研究，要求教学理论研究者深入教学生活实践，有助于研究者树立过程性的研究态度，对研究者自身进行角色的重新定位；要求教学实践者拓宽看待教学生活的视角，不仅

---

① 罗儒国：《教师教学生活研究的回顾与反思》，《上海教育科研》2007 年第 12 期。

关注教师自身、关注学生，关注课程，同时要关注教学生活中的他者——教师、教学环境等本真存在，为构筑和谐共生的教学生活做出自己应有的努力。

需要指出的是，以过程哲学的观念及其思维方式对教学生活进行研究，目的并不在于概括和梳理具有普适性的教学生活的结构和模式，只是期望能通过分析当下的教学生活现状和过程哲学的深层内涵，使教学理论研究者和实践者能改变研究及实践的思路和视角，激发师生对教学生活的热爱，增强师生体验幸福的能力，让师生在享受教与学的过程中提升主体的智慧、能力、德性和审美水平。

二　已有研究述评

在中国期刊全文数据库（1980—2014）中，输入"教学生活"以"主题"为检索项进行精确检索，得到文献 2088 条，其中 90 篇研究成果产生于 1980—1999 年间，从 2000—2009 年间有研究成果 840 篇，从 2010—2014 年仅 4 年间的研究成果达到 1158 篇。输入"教学生活"以"篇名"为检索项进行精确检索（1980—2014），共得到研究论文 550 篇。

研究者以"教学生活"为"主题"在中国学位论文库中精确检索，获得博士论文 33 篇，硕士论文 322 篇。以"教学生活"为"题名"在中国学位论文库中精确检索，仅有博士论文 3 篇，硕士论文 63 篇。通过检索数据比对，可以发现以"教学生活"为研究"主题"的成果数量，远远多于以"教学生活"为"篇名"检索的结果，这说明，自 2000 年以后以"教学生活"为"主题"的研究成果逐渐开始丰富起来，即使研究成果的标题中并未包含教学生活的完整字段，但其实质研究内容仍以教学生活为中心，教学生活越来越成为研究者密切关注的研究领域。特别是 2010 年以来的短短四年，研究成果的

15

数量甚至超过了之前30年研究数量的总和。但是，也可以看出，有关教学生活的研究大多停留在学科课程教学生活化方面的研究，对教学生活本体进行系统理论的研究成果较少，而且多以教师的教学生活为研究对象，且倾向于对教师的教学生活进行质性叙事研究或从教育社会学的视角对教师的教学生活进行辨析。

表1　　　以"教学生活"为主题/篇名在中国期刊全文数据库及
博硕士学位论文库中的论文分布情况

数量\来源　　时间	1980—1989	1990—1999	2000—2009	2010—2014
期刊论文	19/2	71/3	840/184	1158/361
博士论文			18/2	15/1
硕士论文			126/22	196/41

在中国期刊全文数据库（1980—2014）中，输入"过程哲学"以"篇名"为检索项进行精确检索，得到文献121条，主要对过程哲学进行本体论研究，或以过程哲学为研究的视角对人的生命本质、生态发展、道德教育、课程理论、教学过程、教师发展进行研究。其中，包含"教育"词频的研究成果为12篇，包含"课程"词频的研究成果为10篇，包含"教学"词频的研究成果13篇。而以"过程哲学"为"主题"进行精确检索，得到的期刊论文数则多达420条，说明与"过程哲学"研究主题相关的研究成果颇为丰富。输入"过程哲学"以"主题"为检索项在中国博士学位论文库中精确检索，得到与之相关的博士学位论文21篇，在这21篇相关论文中，包含"教育"词频的研究论文为8篇，多以教育中的思维方式的转向为研究的主要方向。其中与过程哲学研究较为接近的如张香兰的博士论文《从实体到过程：现代教育的思维转向》，卢建筠的《教育思维方式转向之透视研究——从实体性思维到生成性思维》等。

表2　　　以"过程哲学"为主题/篇名在中国期刊全文数据库及
博硕士学位论文库中的论文分布情况

数量　时间　来源	1980—1989	1990—1999	2000—2009	2010—2014
期刊论文	19/3	18/2	195/58	186/58
博士论文			8/0	13/1
硕士论文			43/4	39/6

以"怀特海"为检索词在中国期刊全文数据库，博硕士学位论文库中以"主题"为检索项精确检索，在1980年至2014年的35年间，共有符合要求的成果754篇，以"篇名"为检索项精确检索，共有符合要求的成果252篇。作为过程哲学的奠基者，以"怀特海"为检索词所统计到的成果数量同样可以反映关于过程哲学的研究成果。因此，根据数据统计，关于过程哲学的研究成果可谓是非常丰富，特别是从2000年至今成果数量激增。

表3　　　以"怀特海"为主题/篇名在中国期刊全文数据库及
博硕士学位论文库中的论文分布情况

数量　时间　来源	1980—1989	1990—1999	2000—2009	2010—2014
期刊论文	30/4	63/5	310/108	257/104
博士论文			9/2	10/2
硕士论文			35/12	40/15

以"过程教育"为检索词在中国期刊全文数据库，博硕士学位论文库中以"主题"为检索项精确检索，在1980年至2014年的35年间，共有符合要求的成果651篇，以"篇名"为检索项精确检索，共有符合要求的成果34篇。

表4　　　以"过程教育"为主题/篇名在中国期刊全文数据库及
博硕士学位论文库中的论文分布情况

来源 \ 时间 数量	1980—1989	1990—1999	2000—2009	2010—2014
期刊论文	23/0	52/0	229/15	288/19
博士论文			11/0	6/0
硕士论文			54/1	48/0

　　上述数据分析有可能与实际的情况有些许出入，但也从侧面反映出关于"过程哲学"和"教学生活"领域的研究现状。可以看出，有关教学生活的研究多数围绕教师的教学生活，教学与生活的关系，其中尤以围绕学科课程教学的生活化为主题的实践层面的研究成果数量居多。有代表性的理论研究成果包括：郭元祥教授的《"回归生活世界"的教学意蕴》、迟燕杰的《教学意味着"生活"》、徐继存的《教学生活的精神意蕴》，以及罗儒国的博士论文《教师教学生活研究》等等。同时，研究者也发现国内研究者对过程哲学的研究开始呈一种上升的趋势。怀特海的过程哲学涉及诸多领域，如系统学、物理学、生物学、神学、数学、逻辑学及教育学等，是所有这些学科知识"共生"的成果。因此，在研究成果方面呈现的主题主要有："过程哲学与生态研究""过程哲学与神学研究""过程哲学本体思想理论研究""过程哲学与女性主义""过程哲学与美学研究""过程哲学与中国传统文化关系研究""过程哲学与教育研究"等等。其中，至少有20%—30%的文献属于教育研究。因此，可以说，教育是过程思想运用研究中相当活跃的一个领域，以过程哲学的视角关注课程、教学及教育中的美学，研究者在中国期刊网输入"过程教育"字段，以"篇名"精确检索共获得34条研究成果，输入"过程哲学"字段，以同样的检索方法共获得研究成果121篇，其中与教育、课程与教学相关的成果37篇，显示出过程哲学思想在教育领域

中研究的深入和开展。现根据本研究的需要有选择地将一些研究成果分述如下。

（一）关于过程思想的研究

有关过程思想的研究，目前基本集中于两个方面，一是视过程为一种思维方式，一种认识世界、揭示事实的活动或方法；二是将西方的过程思想与中国传统文化儒、道，以及佛教中的过程思想作比较研究。

1. 过程作为一种思维方式，一种认识世界、揭示事实的活动或方法

过程思维是与实体思维相颉颃的一种思维方式。有学者研究认为过程思维优于实体思维，在过程思维指导下的过程本体论彻底打碎了机械的物质本体观念，将静止、僵死的"物质"剔除，取而代之的是具有生命意义的、运动的、创造性的"过程"。过程思维方式为哲学确立了一种全新的分析和解释世界的原则。[①] 中国当代哲思型作家史铁生，将过程视为生命存在的最高意义，当他直面个体残缺这个"临界境遇"时，生发的过程论思想是蒂结于其独有的生命体验上的一种原生态的生命表达，他借助文学这一艺术创作载体，在"以人生解读文学，借助文学透视人生"的视野中探寻了人的终极意义所在：人生的意义在于一个精彩的过程，过程本身就是意义所在。[②] 焦亭、高峰强将过程思想作为其心理学研究的元理论，代表了心理学研究中建设性后现代主义的向度，具有两大标志性的特征：一是反对二元论，主张有机整体论，认为宇宙是一个有生命的整体，处于一种不断流变的过程中，并且相互联系；二是在人与自然的关系上，主张人与自然之间是一种动态的平衡关系，自然不是人的征服对象，人与自然

---

① 李佳：《从物质本体论到过程本体论的嬗变》，《宜春学院学报》2010 年第 1 期。
② 陈玲娜：《史铁生过程论思想概观》，《大众文艺》2010 年第 6 期。

应该和谐共处，因此主张生态主义。[①] 闫顺利认为过程理论存在三种形态：客体论的过程论、主体论的过程论和实践论的过程论。客体论的过程思想把世界的本原设定为某种或某几种具体的可感知的物质，用它们描述万物的生成、运动、演变和发展，作为世界的基质具有流动性、不定性、可塑性特点；与客体论的过程论相对，主体论的过程论则从主观出发，以主体原则说明世界的过程性；认为马克思主义实践论的过程论是过程理论的合理形态。[②]

2. 中西方文化中的过程思想及比较

中国传统哲学中老子的宇宙生成理论中蕴含了丰富的过程思想，他认为道作为万物的根源，具有无限的创生能力和潜在力，认为道是"天地之始""万物之母"，是生育天地万物的本体和本原，提出了"道生一，一生二，二生三，三生万物，万物负阴而抱阳，冲气以为和"的宇宙生成理论，认为道是浑然一体的，这个统一体分裂产生阴阳二气，阴阳二气相交而生第三者，如此生生不息，便繁衍了万物。

《周易》的过程思维将事物看作是动态的，从变化过程和转化的角度理解事物的特性，认为大到日月星辰，小到草木毫介，全部现实都是过程，宇宙就是这些过程的集合体，世界上的一切事物都是暂时的，皆处于盈虚消长、生成灭亡的历程之中，说："是故《易》有太极，是生两仪，两仪生四象，四象生八卦，八卦定吉凶，吉凶生大业。"（《易传·系辞上传》）《周易》很少说"始终"，而经常讲"终始"，如《象传》说乾"大明终始"，说归妹"人之终始也"。

孔子在回顾自己一生志道成仁的全过程时指出："吾十有五而志于学，三十而立，四十而不惑，五十而知天命，六十而耳顺，七十而从心所欲不逾矩。"（《论语·为政》）荀子以孔子的继承人自居，提

① 焦亭、高峰强：《过程心理学与中国道家思想》，《山东理工大学学报》2007 年第 2 期。

② 闫顺利：《论马克思主义过程理论的三种形态》，《江南大学学报》2006 年第 5 期。

出了其富有特色的"明于天人相分"的自然主义天道观,"列星随旋,日月递炤,四时代御,阴阳大化,风雨博施,万物各得其和以生,各得其养以成,不见其事而见其功,夫是之谓神;皆知其所以成,莫知其无形,夫是之谓天"(《荀子·天论》),认为天是自然,没有意志、理性、善恶之分,宇宙的生成无关神,而是万物自身运动的结果。在知行观上,荀子提出"学至于行之而止"(《荀子·儒效》)的过程命题,强调认识之目的更在于实践,认为知识要与实际相联系,否则即是贫乏、不完全的知识,认为正确的学习是"入乎耳,著乎心,布乎四体,形于动静,端而言,蠕而动"(《荀子·劝学》)的过程。因此,"彼求之而后得,为之而后成,积之而后高,尽之而后圣"(《荀子·儒效》);"道虽迩,不行不至,事虽小,不为不成"(《荀子·修身》)。

在西方哲学史上,赫拉克利特、柏拉图、亚里士多德、奥古斯丁、笛卡儿、莱布尼茨、康德、黑格尔、尼采、柏格森、怀特海、海德格尔、德里达等都从不同的角度论述了各自的过程思想,特别是怀特海,几乎成为过程哲学的代名词。而有的哲学家虽然没有明确专门详细论述过程,但其思想中过程论意蕴则成为贯穿其主旨的脉络,其中以马克思和海德格尔最为典型。在一定意义上,马克思哲学是一种社会有机体历史过程论,海德格尔哲学是一种此在有机体生存过程论,他们和怀特海的宇宙有机体过程论共同构成过程论思想的不同维度的张扬。赫拉克利特是最早运用过程思维进行本体论探索的代表人物。他曾说:"这个世界对一切存在物都是同一的,它不是任何神所创造出来的,也不是任何人所创造的;它过去、现在和未来永远是一团永恒的活火,在一定分寸上燃烧,在一定分寸上熄灭。"[1] 传统观点认为赫拉克利特把"火"作为万物的本原和世界的始基。其实不

---

① 北京大学哲学系外国哲学史教研室:《古希腊罗马哲学》,生活·读书·新知三联书店1961年版,第21页。

然，永恒的流变过程才是赫拉克利特哲学的精髓和实质。火的自身并不是本体，火所代表的运动变化的过程才具有本体意义。"人不能两次踏入同一条河，太阳每天都是新的，永远不断地更新。"① 黑格尔曾指出："了解自然，就是把自然当作过程来阐明，这就是赫拉克利特的真理，这就是真正的概念。"② 恩格斯也指出："当我们深思熟虑地考察自然界或人类历史或我们自己的精神活动的时候，首先呈现在我们眼前的，是一幅由种种联系和相互作用无穷无尽地交织起来的画面，其中没有任何东西是不动的，而是一切都在运动、变化、产生和消失。这个原始的、朴素的但实质上正确的世界观是古希腊哲学的世界观，而且是由赫拉克利特第一次明确地表达出来的：一切都存在，同时又不存在，因为一切都在流动，都在不断变化，不断地产生和消失。"③

怀特海作为过程思想的集大成者，其观点与我国古代道家哲学思想和中国儒家文化有着许多相似之处。"从本体论看，怀特海的'过程'与道家之'道'相似，'过程'与'道'相通。'道'也是过程，是世界的本原，而且是世界万物的本源。"④ 从辩证思维看，怀特海的过程思想和老子的道家思想都重视事物的普遍联系性和整合性。但是，与老子的关注人生教育，重视个体修身和处事教育的朴素且保守的思想不同，怀特海有着丰富的学校教育教学实践经验，其专著《教育的目的》围绕不同阶段、不同类型学校教育的一系列问题进行论述，更以其著名的智力发展及教育节奏的"浪漫——精确——

---

① 北京大学哲学系外国哲学史教研室：《古希腊罗马哲学》，生活·读书·新知三联书店1961年版，第27页。

② ［德］黑格尔：《哲学史讲演录》（第1卷），贺麟、王太庆译，商务印书馆1959年版，第305页。

③ ［德］恩格斯：《路德维希·费尔巴哈和德国古典哲学的终结》，中共中央马克思恩格斯列宁斯大林著作编译局译，人民出版社1997年版，第60页。

④ 李方：《怀特海与老子的哲学类同性和教育独特性》，《湛江师范法学院学报》2011年第5期。

综合运用"理论而给予教育研究和实践以极大的启发。怀特海的过程思想不仅与老子的思想有着类似之处，更与孔子的教育思想及实践具有相似性。学者李方将孔子的"学思行教育思想""不愤不启"与怀特海的"教育节奏论"相比较，认为"怀氏的教育节奏论是孔子学思行教育的支脉"[①]，且都强调"仁""爱"以及人与人之间的关系和社会关系的和谐。但两者仍存在不同之处，从微观看，怀特海更重视学生在学习过程中的兴趣、好奇心的培养以及综合性学习和创造活动的引发，孔子以"君子博学于文，约之以礼"（《论语·雍也》）而以"德"为重，以"文"为先；从宏观看，怀特海的过程思想更是一种生态思想，他主张与自然、社会及世界的贴近，更多地体现对环境，对民主、平等和人类的思考和关心，而孔子的思想则更偏向于阶级性，认为上知下愚，因而有了君臣、父子、夫妻的等级贵贱区别。因此，可以说，怀特海的过程思想可以在我国古代儒道思想中找到相似之处，这为其进入中国的教育土壤提供了可能。

（二）过程哲学及其在教育领域中的应用研究

1. 关于过程哲学及基本理论的研究

关于怀特海过程哲学的介绍的文献颇多，一方面是系统研究的理论专著，主要有杨士毅的《怀海德哲学》（1987）、赵一苇的《现代教育哲学》（1979）、陈奎德的《怀特海哲学演化概论》（1988）及《怀特海》（1994）等著作。另一方面是哲学著作中关于怀特海过程哲学的介绍，如杜任之的《现代西方著名哲学家述评》（1980），侯鸿勋的《西方著名哲学家评传》（1987），张振东的《士林哲学讲义》（2002），王治河的《中国过程研究》（2004）、《后现代哲学思潮研究》（2006）等都有章或节专门介绍怀特海的过程哲学思想。还有一类是学术期刊论文或会议演讲内容，如1847年贺麟在北京大学最早

---

① 李方、温恒福：《过程教育研究在中国》，福建教育出版社2012年版，第113页。

作题名为《怀特海》的长篇演讲，1954年牟宗三在台湾师大曾作关于"怀特海哲学大意"的主题演讲。20世纪50年代至70年代，西方学者开始对怀特海哲学进行研究，如韦格纳、野田又夫、欧康诺、雷诺阿、威尔斯、布拉米尔得、小约翰·科布等，自1990年以后，关于怀特海过程哲学的研究文献更多，较为突出的有王治河、杨富斌、曲跃厚和霍桂桓等。

有关过程哲学基本理论研究方面，主要是关于过程哲学的性质、方法论、对传统之形而上的批判、范畴论、价值论、宗教与科学及宇宙论等，有近15%的研究成果都属于此类。起始于20世纪上半叶，朱宝昌、黄忏华、朱进之、钱穆、谢幼伟等学者对怀氏有诸多研究，认为怀特海的过程哲学属于"实在论"范畴，谢幼伟在月刊《思想与时代》中曾发表对怀特海的纪念文章，认为"怀氏学无师承，其哲学之创见，多出自多年之默想"①。怀特海在方法论上的贡献尤为突出，杜威更认为其方法论研究是他对现在和未来的哲学的创始和永久的贡献，对此，俞吾多和陈奎德等学者认为过程哲学的方法论原则是浑然一体、相辅相成的。俞懿娴、朱宝昌、周信铭、谢幼伟等研究者认为，怀特海的过程哲学建基于对实体哲学的批判，并且对"自然二分法""简单位置概念""误置具体性谬误"等怀特海所反对的实体哲学思想作了具体的解释。

怀特海作为过程哲学的奠基人物，提出其本体论原理，认为实在即过程，过程即实在，过程形成了"实际存在物"，而"实际存在物恰恰是世界生成的基点。因此，过程是最根本的，一个实际存在物的生成方式构成了这个实际存在物是什么；……它的'存在'是由它的'生成'构成的。"②在怀特海"过程本体论"的解释下，世界成为了一个活生生的、有生命的机体，由各种实际存在物相互包含、相

① 谢幼伟：《怀黑德之生平与思想》，《思想与时代》1948年第53期。
② ［英］怀特海：《怀特海过程哲学观概要》，艾彦译，《世界哲学》2003年第1期。

互联系和相互作用而形成。于是，"世界是一个生生不息的过程，自然、社会、思维都作为过程而存在，一切都处于永恒的创造进化过程中，过程是世界的普遍原则。"① 陈奎德、李海峰、黄铭、郑希敏等研究者都对过程哲学的本体论原理进行过深入地探讨和分析。

李海峰、郑希敏、税昌锡等对过程哲学的"事件理论"作了专门的剖析，税昌锡对比动词及其变化与事件的关系，将过程哲学中的事件扩展至时间变化的因素，将事件定义为"事件（event）就是事物或实体随动词表示的动作或关系的变化而从一种事态（state of event）变为另一事态，再从另一事态变为又一事态直至该事物或实体发生本质改变的过程"②。郑希敏等评价怀特海的"事件理论"为其哲学体系的出发点和理论基础，融合了科学和哲学的最新成就，克服了以往科学和哲学的抽象性弊端。③

王立志、吴汝钧等对过程哲学的"摄入"理论作了深入的研究和分析，王立志认为，过程哲学的"摄入"概念强调作为机体宇宙细胞的实有，通过摄入成为自己，并指出"摄入"是一自组织的创生过程，是一种理智与诗性的统整，它始于觉知终于满足。④ 张晓洁等作者将摄入理论运用于德育研究、美学研究等。

过程哲学中有诸多关于神学和宗教信仰的研究，美国过程学家小约翰·科布提出解决今日信仰危机既非对哲学的拒绝，也非对传统哲学的回归，而是要诉诸怀特海的过程哲学，以此将过程哲学立于一定的高度。⑤ 还有学者专注于怀特海的宗教研究，将怀特海的宗教与科

---

① 闫顺利、赵雅婧：《过程思维与本体论递嬗》，《河北师范大学学报》（哲学社会科学版）2009 年第 4 期。

② 税昌锡：《过程哲学中的事件及其语义表达式》，《贵州师范大学学报》2014 年第 4 期。

③ 李海峰、郑希敏：《抽象性与具体性的统一：怀特海"事件"理论的哲学价值》，《吉林大学社会科学学报》2009 年第 3 期。

④ 王立志：《怀特海的摄入概念》，《求是学刊》2013 年第 5 期。

⑤ ［美］小约翰·科布：《为什么信仰需要过程哲学》，黄铭译，《求是学刊》2008 年第 5 期。

学之间的关系进行了深入的辨析，指出宗教文化孕育了近代科学的诞生，认为科学应与宗教相统一，两者之间的关系应是一种宽容和相互理解的关系，如此可以在理论上克服将抽象误置为具体的谬误，摒弃事实与价值分立的二元论。①

2. 过程哲学在教育领域中的应用研究

过程哲学在教育领域中的研究可谓是硕果累累，诸如裴娣娜、赵鹤龄、朱小蔓、靳玉乐、张晓瑜等教育研究者都曾关注过程思想并在此领域有颇多建树，他们的研究在一定程度上正影响并改变着教育及课程与教学。通过前面的数据比对，有近20%—30%的研究成果属于教育领域，且成果基本分成两大方面，一方面是对过程教育哲学思想的研究，另一方面是以过程哲学的视角对教育领域中的问题包括课程、教学及教师成长的理论研究。

怀特海的教育思想突出显示在其论著《教育的目的》中。张岱年较早开始关注怀特海的教育思想并撰写其学士论文《论怀悌黑的教育哲学》（1933），吴志宏的《怀特海教育思想述评》（1985）可谓是最早对怀特海之教育思想进行研究的硕士论文。诸多学者如赵一苇、赵祥麟、陈友松、吴式颖等在其哲学论著中都对怀特海的教育思想进行了述评。进入20世纪以来，曲跃厚、王治河、杨富斌、张广斌等学者分别撰文对怀特海的教育思想进行论述。如曲跃厚、王治河的《走向一种后现代教育哲学——怀特海的过程哲学》，杨富斌的《过程哲学视野下的博雅教育》，张广斌的《教育的使命与价值——怀特海教育哲学解读》等等。张晓瑜、赵鹤龄以怀特海的"误置具体性谬误"观点分析现代课程理论及实践研究中存在的以理性代替感性、逻辑代替直觉、绝对意义取代相对意义的问题，提出将课程实践视为

---

① 黄铭：《论怀特海有关宗教与科学的观点》，《自然辩证法研究》2003年第7期。

事件和过程的思路。①

怀特海的专著《教育的目的》中，对大学教育、教育教学的节奏、教育的目的、课程与教学等都有专门论述，诸多教育研究者将研究的视域关注于此并产生了相应的研究成果。裴娣娜的《现代教学论生成发展之思——怀特海过程哲学的方法论启示》从方法论层面对现代教学论的生成发展提供了新的视角和研究范式，对怀特海的"整合、生成、均衡"观点在教学中的运用进行了较为深入的阐释。② 赵鹤龄的《当代过程哲学与中国教育思想及其实践研究——三种哲学观下的课程与教学》可以说是过程哲学在教育研究领域颇具影响的学术成果，研究中将传统哲学、系统哲学及过程哲学在课程与教学的主体、要素、本质及发展动力方面都作了比较与分析，并提出"研究怀特海哲学及其教育思想时，要能结合中国的传统哲学和教与学的理论研究，以及中国的课程与教学实践，也许是最好的选择"③ 的论断。还有学者从过程哲学的后现代主义视角，将过程视为课程的内在逻辑，提出从整合的视角设计课程并在课程实施的过程中进行创新的观点。④ 美国格雷斯兰大学通识教育委会员主任鲍伯·麦斯里认为过程哲学中的关系思维体现在教育中即是一种深度互动，即在教师、学生和教育活动的相关性中进行创造性的转化，倾听他人的声音。⑤ 以过程哲学的视角研究课程的理论成果可以说是颇为丰富，在中国期刊网搜索近 10 年有 30 多篇，基本从课程观的改变、课程思维的转向和课

---

① 张晓瑜、赵鹤龄：《"误置具体性谬误与课程变革"——基于过程哲学的分析》，《教育理论与实践》2011 年第 19 期。

② 裴娣娜：《现代教学论生成发展之思——怀特海过程哲学的方法论启示》，《教育学报》2005 年第 3 期。

③ 赵鹤龄：《当代过程哲学与中国教育及其实践研究——三种哲学观下的课程与教学》，《湖南第一师范学院学报》2010 年第 4 期。

④ 王洪席、靳玉乐：《课程改革——过程哲学之思》，《全球教育展望》2010 年第 4 期。

⑤ ［美］鲍伯·麦斯里：《创造性转化：过程哲学在课程和课堂教学中的运用》，尹航译，《现代教育管理》2013 年第 1 期。

程价值的深度挖掘等视角进行研究。

除此以外，更多的研究者将过程思维运用于教学过程的理论研究以及学科课堂教学过程的实践研究中，对怀特海的过程哲学思想与杜威的过程思想进行分析，将中外实践教学中的过程思想进行比较研究。杨启亮在对 20 世纪新教学论的研究文献中，对杜威过程观的深刻性给予了充分的评价，他认为杜威通过系统的教育思想将人们的关注从"教"转变到了儿童"学"的过程，这个深刻的转变几乎为后继的一切新教学论提供了研究起点。[①] 叶澜批判地借鉴了杜威的思想，认为在儿童的经验和系统科学知识之间保持"联系与转换"是不切实际的，但是在课堂教学中确实要从转化的角度，将教学过程看作一个整体，教师与学生是"人"与"人"的关系，不过，教师应该积极发挥"信息组织者"的作用。[②] 郭元祥通过论证教育的过程属性和过程价值，批判"应试教育"的局限之处[③]，他将杜威的教育无目的论、教育的目的就是教育本身等作为论证教育过程属性的重要论据。陈雨亭认为：在"记忆型"课堂教学文化的影响下，我国课堂教学过程呈现出中立化的知识观、独白式的教学方法、等级制的学科结构、忙于应试的师生和终结性的评价方式等一系列特征。[④] 教学过程是教学的现实建构过程，而不只是某种活动的单纯重复；教学过程是教与学动态统一的过程，而不是教与学必然统一的过程；教学过程是教学的内容方面与过程方面统一的过程，而不仅仅是内容或过程单方面展开的过程；教学过程是教学与交往同一的过程，但并非所有的交

---

① 杨启亮：《困惑与抉择——20 世纪新教学论》，山东教育出版社 2001 年版，第 75 页。

② 叶澜：《重建课堂教学过程观——"新基础教育"课堂教学改革的理论与实践探究之二》，《教育研究》2002 年第 10 期。

③ 郭元祥：《论教育的过程属性和过程价值——生成性思维视域中的教育过程观》，《教育研究》2005 年第 9 期。

④ 陈雨亭：《我国课堂教学过程的主要特征及其转型方式研究》，《当代教育科学》2010 年第 20 期。

往都是教学；教学过程是教学与生活统一的过程，但教学并非是日常生活本身；教学过程是加速人与文化双重建构的过程，但不是文化与人的线性组合过程。①

日本学者以教学活动的展开的时间为脉络定义教学过程，认为"教学过程系指展开教授活动和学习活动的时间流程"②，或"所谓教学过程，是让学习者学会一个单位教材的过程"，学习者、教材、教学目标是其三个主要变量，而"导入—展开—终结"构成了基本教学过程的序列阶段。③ 德国控制论领域的教学论学者比较重视过程的控制方面，认为视教学过程是控制学习者行为的过程。前苏联著名教育家巴班斯基认为教学过程最优化是：科学地组织教师的劳动和学生的学习活动；具体条件下的最优化；随条件变化而有不同的内涵；一种有目标的科学的控制行为；非单纯提高效率而要达到最优结果，最优化教学过程要求在一定的具体条件下，以最少的时间和精力消耗，取得质量最优良的教育效果。④ 孟祥林对英国、日本的教学过程进行比较并指出长期以来我国教育注重对知识的灌输和积累，注重培养学生对知识和权威的尊重，注重对知识的掌握和继承以及知识体系的构建。而日英等发达国家更注重培养学生运用知识的实际能力，注重培养学生对知识和权威的质疑与批判精神。⑤

还有学者从过程哲学的视角对教学的过程本身、教学评价、教学目标、有效教学、对话教学、教学模式等进行研究，对学科课堂教学

---

① 张广君：《"教学过程的阐释"：比较分析与辩证把握》，《湖南师范大学教育科学学报》2003 年第 1 期。

② 日本筑波大学教育学研究会：《现代教育学基础》，转引自张广君《"教学过程"的阐释：比较分析与辩证把握》，《湖南师范大学教育科学学报》2003 年第 1 期。

③ 钟启泉：《现代教学论发展》，转引自张广君《"教学过程"的阐释：比较分析与辩证把握》，《湖南师范大学教育科学学报》2003 年第 1 期。

④ 刘云生：《巴班斯基教学过程最优化理论的批判性思考》，《外国教育研究》2001 年第 5 期。

⑤ 孟祥林：《英国日本教学过程比较与我国的发展策略研究》，《湖南师范大学教育科学学报》2006 年第 1 期。

诸如化学课堂教学过程、德育课堂教学过程、数学课堂教学过程、语文课堂、音乐课堂等进行分析，提出将教的过程和学的过程统整，将结果与过程统整，将内容与过程统整的理念。刘莉等认为，以过程视角看教学，就是指教、学以及教学工作本身是一个系统、一个过程，注重从各教学环节入手展开教学、注重学生的学习过程、注重教学本身的过程，它包括三个子过程：教师的教学过程、学生的学习过程、教学活动的过程。① 研究者廖爱明在其研究成果中指出，所谓重视教学的过程，就是在传统课堂教学和现行研究性教学之间找到平衡点，既重视过程，又不轻视结果；既要培养学生研究意识和方法，又要完成教学目标，充分展现学生的思维过程，同时突出问题的研究过程，并提出教学的过程性、主体性、研究性和体验性的特征。② 刘知新教授在其研究成果中提出"过程化"教学思想，可以解读为课程的"内容"与"过程"统一于"过程"中，在其著述中，体现其教学设计的重要思想即"内容"与"过程"的统一，大到课程设计、教材编排，小到教学目标、教学方法的论述，无不渗入其内容与过程统一的思想。③ 徐惠仁在其文章中提出要以过程思想引领教学创新，对教学过程进行系统设计，对教学活动进行过程研究，对学生的学习进行过程评价，以此优化教与学的活动过程。④

其实，这种过程思维不仅仅体现在怀特海的过程哲学思想中，布鲁纳在《教学理论的建设》中反复强调，"所谓学科的教学，不是灌输作为结果的知识，而是指导儿童参与形成知识的过程"。布鲁纳认为，"教学是要帮助或形成学生智慧或认知的生长。教育工作者的任务，是要把知识转换成一种适应正在发展着的学生的形式。"⑤ 前苏

---

① 刘莉、胡仪元：《过程教学构想》，《中国成人教育》2007 年第 1 期。

② 廖爱明：《谈如何实施"过程教学"》，《黑龙江生态工程职业学院学报》2008 年第 4 期。

③ 刘知新：《刘知新化学教育文选》，高等教育出版社 2003 年版，第 55 页。

④ 徐惠仁：《用过程思想引领教学创新》，《上海教育科研》2010 年第 11 期。

⑤ 钟启泉：《现代教学论发展》，教育科学出版社 1998 年版，第 247—369 页。

联的赞可夫、艾利康宁和达维多夫从 20 世纪 50 年代末起，通过大量的实验教学，提出了教学与发展的系列理论。赞可夫认为，教学应"主要在于引起学生的思考，促进学生的特殊心理活动过程"①，他创立的五条教学原则是指向学习活动进行的过程，理解学习过程原则，强调学生"要掌握的是知识之间是怎样联系的"。杜威的过程理论将"经验"视为一种经历的过程，是一种经受某种事情的过程……因此，"经验"具有能动性和连续性，并进一步认为人类的思维也是一种过程，是一种反思的过程。多尔在其《后现代课程观》一书中指出："我相信，过程——尤其是自组织过程——是后现代转变性教育学的根本要素。"② 多尔区分了两种过程，一种是赫拉克利特式的视一切为过程的观点，这种观点强调的是事物的变化本身；一种是诠释学意义上的过程观点，这种观点强调的是一定语言文化背景下的阅读者本体对文本解读、释义过程中产生的理解、创造，这个过程内在于释义的循环中，具有回归性的特点。

（三）有关教学生活的研究

1. 国内教学论研究领域中有关教学生活的研究

在我国，以"教学生活"为主题进行理论探讨和实践反思多数是近十多年以来的研究成果，较多的学者围绕学科教学生活化的主题进行应用研究，这些研究涉及语文、英语、数学、思想品德、化学、物理、体育、美术等学科，基本涵盖了基础教育的所有科目，研究内容主要包括教学生活化实现的方法、路径、对策、模式、实践反思等。从中可以看出基础教育教学中的教师对具体应用研究的关注。20 世纪以来，"教学生活"研究的理论成果开始丰硕起来，主要以教师的

---

① 林崇德：《学习与发展》，北京师范大学出版社 1999 年版，第 71、73 页。
② ［美］小威廉姆·E. 多尔：《后现代课程观》，王红宇译，教育科学出版社 2000 年版，第 215 页。

教学生活为研究对象，涉及教学生活的内涵、特点、价值等因素，或对"教学回归生活世界"的理念进行剖析和讨论，并围绕"教学与生活之关系"进行辩证分析。

（1）什么是教学生活及其特点

对什么是教学生活的问题，研究者们围绕教师的教学生活有诸多论述，基于不同的思维方式和参照标准有不同的观点。有的研究者认为教学生活是一种精神生活，赵昌木认为教师的教学生活是一种以物质生活为基础的精神生活，通过精神生活引领学生发展。[①] 有的研究者认为教学生活是与社会密切相关的"社会生活"，"教学生活不止是个人主观的、偶然的生活，而且蕴含着客观的社会主题，反映社会客观现实"。[②] 还有研究者认为教学生活是师生的一种存在方式，"是教师和学生为了实现自己的人生目的和可能生活而共同构建的存在方式，具有无限的可能性"[③]。张建鲲、庞学光从"生活的时空维度"对教学生活进行定义，提出"在时间维度上以帮助受教育者追求未来美好生活为目的的当下生活，在空间维度上为以救赎人类生活世界为目的的特定'领域生活'"[④] 的论断。

关于教学生活的特点，李定仁等认为："教学生活是教师在特定的时空环境中，为了生命发展和完善以及提升生命质量，实现生命价值与意义进行的各种生命活动，具有为我性和我为性，理性与非理性、日常性与非日常性等特点。"[⑤] 也有研究者将教学生活的特点归纳为四个，"其一它是意向性的存在，认为教学生活具体而真实，不

① 赵昌木：《教师的教学生活及追求》，《当代教育科学》2006 年第 6 期。

② 郭华：《静悄悄的革命：日常教学生活的社会建构》，北京师范大学出版社 2003 年版，第 12 页。

③ 刘旭东：《教学生活批判与重建》，《华东师范大学学报》（教育科学版）2010 年第 3 期。

④ 张建鲲、庞学光：《当代教学论的"教学生活研究"趋向》，《教育理论与实践》2009 年第 5 期。

⑤ 李定仁、罗儒国：《论教学生活》，《西北师大学报》（社会科学版）2007 年第 2 期。

能离开特定的情景；其二它具有客观性并先在于人；其三它是特定教学关系形成的基础；其四它是教与学共分的世界。"①

（2）教学与生活的关系

近年来，关于教学生活的研究，围绕"教学回归生活世界"以及"教学与生活之关系"的反思成果不断涌现，成为一个重要的研究领域。有研究者认为，基础教育之所以存在诸多问题，原因在于"课程与教学实践远离生活实践，远离学生的具体情景……要克服这些问题，回归生活世界是其必然的选择"②。于是，有研究者指出："教育要指向当下的个人生活，并使教育过程成为充实、饱满的生活过程。"③ 围绕教学与生活世界的关系，在教学论研究领域引发广泛讨论，既有对其支持的声音，认为"从科学世界向生活世界的回归，推动了人类理性转变的同时促使教学走向生活世界"④；也有研究者认为回归生活世界的教学存在诸多潜在的风险，对此持反对态度。在"教学与生活之关系"的研究领域，还不乏关于关系的差异和历史演进的研究，有论者以对生活进行反思的视角"从整体上对教学生活的属性及与其他生活形态的区别做出系统的研究和论述"⑤。从教学与外部环境的关系看，多数研究者都认同教学生活不同于日常生活，但又是孕育于生活世界之中的非日常生活，"日常生活指向人的存在本身，是人的自在的、非正式和非结构化的，内容稳定但形式上处于流变之中的活动；非日常生活指向人的生命存在之外，是自为的、正式的和结构化的，内容变化但形式稳定"，并进一步将教学生活定义为

---

① 刘旭东：《教学生活批判与重建》，《华东师范大学学报》（教育科学版）2010 年第 3 期。

② 刘旭东：《生活世界理论与基础教育课程改革》，《教育理论与实践》1999 年第 7 期。

③ 刘铁芳：《现代德育的困境与德育向生活的回归》，《上海教育科研》1997 年第 7 期。

④ 王攀峰：《试论走向生活世界的教学》，《南京师范大学学报》2004 年第 6 期。

⑤ 李定仁、罗儒国：《论教学生活》，《西北师大学报》（社会科学版）2007 年第 2 期。

"教师、学生、教学内容、教学手段的'合生'的一种非日常生活"。①

关于"教学生活的研究"开始一种从"生活"的视角对教学进行研究，是研究者的立足点从工作逻辑向生活逻辑的转变。徐继存认为教学是人类的一种生活方式和存在方式，认为其价值和意义不仅体现在教学的结果方面，更体现在教学的过程中。② 蔡宝来认为"教学从根本上是为了教与学双方的生活，教与学的行为是为了构成某种生活，但是，人们却很容易在教学中遗忘生活而在面对教学生活事实时使用'教学观'而不是'生活观'"③，并且将教学生活视为一种健康、纯真并充满智慧与诗意的生活，进一步指出教学与生活并不冲突，教学中本来就有生活，教师不仅生活在教学中而且丰富着生活。④迟艳杰认为教学世界是教师在生命活动中创造的意义世界，因此教学只是"意味"着生活，而并不真正是一种日常生活，更不能将教学生活完全等同于社会生活。⑤ 除专著和期刊论文以外，在学位论文中也不乏围绕"教学生活研究"的成果，以"教学生活"为"主题"精确检索，收获了33篇博士论文，多数研究成果关切从教师的角度研究教学生活的文化、习惯、智慧、制度、价值、冲突、实践等，或是关注学科教学生活的研究；以"教学生活"为"题名"精确检索只有3篇博士论文，其中比较有代表性的博士学位论文当属罗儒国的《教师教学生活研究》，从本体论的视角将教学生活视为教师的生活并对其性质、内涵及价值进行分析。相对而言，关于"教学生活研究"的硕士论文成果则丰富得多，以"教学生活"为"主题"精确

① 张广君、张建鲲、徐文彬：《教学生活：建构有灵魂的科学世界》，《高等教育研究》2006年第5期。
② 徐继存：《教学的精神意蕴》，《课程·教材·教法》2012年第3期。
③ 蔡宝来：《生活世界观指导下的教学论反思》，《教育理论与实践》2006年第1期。
④ 蔡宝来、李清臣：《教学回归生活的目的：为了学生的发展》，《教育科学研究》2009年第2期。
⑤ 迟艳杰：《教学意味着"生活"》，《教育研究》2004年第11期。

检索共收获 335 篇硕士论文，其中多数是关于基础教育学科教师教学生活化的研究，占 85% 以上；以"教学生活"为"题名"精确检索收获 68 篇硕士论文，多数仍是从学科教师教学生活化的视角进行研究，对教学生活本体进行理论分析和研究的成果不足 10 篇，且聚焦于教师的教学生活片断实录、伦理研究，或对教师的教学生活进行叙事研究等。

2. 国外有关教学生活的研究

国外学者的教学生活研究涉及教师教学生活研究的反思与辩护、教师生活影响因素研究、教师生活史与专业发展关系研究、教师生涯周期、职业倦怠的研究以及关于教师生活研究方法的研究等诸多方面。

围绕对教师教学生活的反思，洛蒂（Lortie）认为，知识和权力越来越成为与教师紧密相关的研究话题，重视对教师的教学工作进行各种规定，不恰当的描述愈发泛滥，却很少进行实证研究，他认为"学校教育善于规定而缺少描述，关于教师教学工作和教师观点的经验研究依然很少"①。古德森认为教师创造了自身的历史，但这种复杂性却未能得到研究者的重视，他指出，"研究教师工作和生活的目的不是寻求某种学术上的'忠实'，而是要创造一种反思性和批判性的空间与平台，目的在于发展教师反思教学实践的能力、策略，并对学校教育的社会建构领域进行深刻、有力的回应。"② 古德森认为生活史研究已经成为教师生活研究的常用方法，生活史研究主要通过访谈或对话建构生命，研究结果不是普适性的不变定理，而是特殊性的知识诠释。

日本学者佐藤学认为教学生活应关注课堂，关注师生之间、生生

---

① 郭华：《静悄悄的革命——日常教学生活的社会构建》，北京师范大学出版社 2003 年版，第 3 页。

② Christopher Day, Alicia Fernandez, *The Life and Work of Teachers: International Perspectives in Changing Times*, London: Falmer Press, 2000, pp. 16 – 19.

之间以"主题"为中心的小组合作学习和探究学习，以"相互倾听"作为教和学的基础，教师的活动应由"传递"转变为"支援"和"对话"，教学生活中应存在着以校长、教师、学生、学生家长、社区代表的平等对话结合而成的"学习共同体"。①

美国学者费奥斯坦（Fielstein）、费尔普斯（Phelps）、胡伯曼（Huberman）、马迪（Marti）、格鲁纳（Grounauer）等对影响教师选择或放弃教学工作的原因进行了分析，将角色榜样、自我认知、个性类型以及教学的回报、时间的选择和制度方面的原因列为主要影响因素。② 弗鲁登伯格（Freudenberger）最早提出关于教师"职业倦怠"的概念，利斯沃德（Leithwood）对影响教师职业倦怠的因素进行研究，认为个人因素（包括年龄、性别以及情感等）、组织因素（包括学生不良行为、工作的超负荷、角色冲突以及工作中的科层制等）及学校领导（包括领导的权威风格和对教师的不良评价等）是主要原因。③ 米瑟尔（Measor）对教师的专业发展进行研究并认为，教师生活经历中某些特定的事件以及特定时期和特定人物（即关键事件、关键时期、关键人物）会对教师专业发展产生影响。④ 布鲁克菲尔德认为，教师的生活经历对教学方式研究有深远的影响。

教师职业生涯研究是教师生活研究的重要内容，20 世纪 70 年代，西方诸多学者以此为研究方向，分别将教师职业生涯分为三阶段、四阶段或五阶段。如安路斯（Unruh）、特纳（Turner）将教师职业生涯分为初始教学期建构安全期和成熟期；费曼（Feiman）提出存活、巩

---

① 佐藤学、钟启泉：《课堂改革：学校改革的中心课题》，《上海教育科研》2005 年第 11 期。

② ［美］费奥斯坦：《教师新概念：教师教育理论与实践》，王建平等译，轻工业出版社 2002 年版，第 4—10 页。

③ 林美玲：《教育改革、教师倦怠与报酬》，高雄复文图书出版社 2002 年版，第 133—135 页。

④ Stephen J Ball & Ivor F Goodson, *Teachers' Lives and Careers*, London：Falmer Press, 1985, p. 62.

固、更新和成熟期四阶段理论；格林戈尔（Gregore）等则提出形成、成长、成熟、全能和专业期五阶段理论。[①]

（四）研究的愿景

以上重点对两个方面的研究成果进行了梳理，一是关于过程哲学基本理论以及过程哲学在教育领域的应用研究，二是关于教学生活的定义、内涵以及"教学回归生活"的价值和意义研究。

概而言之，关于过程哲学基本理论及其在教育领域中的应用研究有以下一些特点：（1）以过程哲学的过程本体论为思想基点，以过程哲学中的"事件"和"摄入"等思想批判实体观的二元论和误置具体性谬误思想，研究者往往横跨科学和哲学两个研究领域。（2）重视过程思想在课程论、教学论及学科课程教学中的渗透，并据此提出了后现代的课程与教学理念。（3）理论研究取向。开始尝试从过程哲学的视角对课程与教学的研究方式和路径进行理论上的思辨研究。提出"以生成为核心的过程思维，以相互联系为理解世界的视角，以'存在本身'和'是'为研究对象"[②]，但对具体的、现实的教学生活中的课程与教学如何在过程中生成和发展，如何建立课程与教学与世界的有效联系缺乏实证研究的成果。

关于教学生活研究，中外研究既有相似之处也存在较为明显的差异。研究发现，西方学者的教学生活研究都以教师为主要研究对象，鲜有关涉学生生活的探索；西方学者更为关注教师的职业生涯发展和职业倦怠的成因研究，对教学与生活的联系关注不多，只是以生活史研究为教师生活研究的切入点。教学生活研究已成为近年来我国教学论研究中的重要话题和重要领域，研究者们立足于教学基本理论的建

[①]　BJ Biddle, TL Good, IF Goodsoon, *International Handbook of Teachers and Teaching*, Kluwer Academic Publisher, 1997, p. 59.

[②]　张菁：《基于过程哲学的教学论研究思维方式变革》，《中国教育学刊》2009 年第 8 期。

构，尝试对教育、教学和生活世界的关系进行颇为系统的审视。从人类理论研究的演进看，这是对教育教学理论研究开始观照人们的具体生活的一种应然回应，也是由教学生活本身所具有的时间和空间上的独特性所决定的，因为"生活既是教育的起点，又是教育的归宿。教育过程内含于生活进程之中，教育过程作为'特殊的生活过程'，乃是受教育引导的个人生活展开的过程。教育指向当下的个人生活并使教育过程成为充实、饱满的生活过程。"① 教育过程理应包含教学过程，教育生活自然包含教学生活。因此，正是教学生活的这种时空独特性使教学生活研究成为独特的研究领域。

回溯现有的研究成果，研究者发现无论是从研究方法还是研究内容，仍处于一种主客二元对立的实体思维的困境。其一，在研究方法上，无论是教学生活本体研究还是学科课程与教学研究中，普遍以理论研究代替实践践履，鲜有对教学生活事实的实践探索；其二，在研究内容方面，多数以教师个体或群体作为研究的主要对象，认为教学生活是教师的生活，与教师的精神成长和生命存在相关，较少介入学生的生活领域研究，对教学环境的生成发展、教学内容及教学手段等因素对教学生活的影响鲜有涉及，更缺乏对这些因素的整合研究。

因此，教学生活的研究可以说是相对零散的。研究者在这些已有研究成果及自身已有研究的基础之上，试图以"教学生活"为研究主题，以"过程哲学"为研究的主要视角，将过程哲学的"泛主体论"融入教学生活研究，对教学生活中的老师、学生、教学内容（课程）、教学环境等作为不同教学事件的生成和发展进行考察。一方面，在理论研究方面揭示过程哲学的整合、关系、生成、和谐、创造等思想之于教学生活研究的方法论意义；另一方面，在教学生活的事实层面，希望能够通过吸收过程哲学思想的智慧，将教师、学生、课程、环境等作为在教学生活中彼此相互关联的"生命共同事件"，

----

① 刘铁芳：《走向生活的教育哲学》，湖南师范大学出版社 2005 年版，第 1 页。

构筑生态的教学生活，以改善现实教学生活中的师生生存方式和价值体验方式。

三　研究思路与研究方法

（一）研究思路

本研究最初的动因是基于对现实教学生活中教师和学生的生存现状的焦虑，然而，随着对中小学教育教学的深入了解，激发研究者对造成目前师生现状的深层次原因及其背后的指导思想进行反思，期望以过程思维思考当下教学生活中的割裂与异化的现状。本书拟以理论基础（总）→ 关涉现实教学生活中的问题的理论与实践分析（分）→ 教学生活的理想图景（总）的思路来形成本书的整体构架（如图所示）。

首先，在本书的第一章对过程哲学的内涵进行深入的分析，直面现实教学生活中的现状及问题并进行反思，并对过程哲学视域中的教学生活的内涵、特质及价值进行本体意义的解释。在此基础上，形成第二章、第三章、第四章关于教学生活中的教师和学生、课程以及教学环境研究的并列格局。

其次，本书的第二、三、四章是对第一章过程哲学视域中的教学生活的内涵和特质的解释和分述。第二章，以纵向的师生节奏性、过程化的成长和发展以及横向的师生相互"摄受"的自组织发展特征为研究的主要内容；第三章，从课程建构的理念逻辑和实践实施层面对"过程·整合"课程的框架、实施原则和价值分别进行论述；本书的第四章，对建构过程哲学视域中的交互且连续的教学生活环境的具体内涵、特征和价值进行了详细论述。

最后，在本书的第五章，分析了过程哲学的"事件"内涵以及教学生活中"事件"本真含义，并进而对教学生活中的各类事件进行了较为详细的阐释。在此基础上，以"事件思维"统整教学生活，构筑关涉师生成长、课程与教学的发展、教学环境设计等教学生活中的关键事件的理想的、应然的教学生活图景。

需要进一步说明的是，本书的第二、三、四章虽是相对独立的并列关系，但又不是割裂存在的。一方面，教师、学生及其成长、课程、教学环境构成了教学生活中的不同主体；另一方面，师生成长、课程发展及教学环境的设计和变化又是教学生活中的关键事件，彼此是一种你中有我，我中有你的相互依赖和联系的共在关系。如此，在二、三、四章之间就存在着合逻辑的联结关系，并在第一章后及第五章前起承上启下的作用。

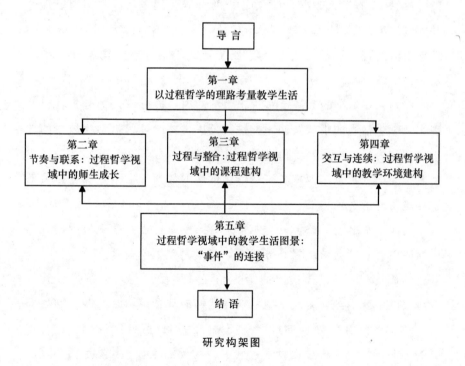

研究构架图

（二）研究方法

本书采用的研究方法主要有文献分析法、逻辑思辨法、案例分析法以及质性研究方法。

1. 文献分析法

文献分析是学术研究中最为基础的研究方法，开展任何有价值的研究工作都应建基于对已有的研究成果进行梳理之上。本研究也不例外，本书通过文献分析法主要研究的内容有：（1）过程哲学本体研究；（2）过程哲学在教育领域中的应用研究；（3）教学生活的内涵、特点，以及教学与生活的关系研究；（4）西方研究者关于教学生活的影响因素及教师生涯发展及职业倦怠研究。通过对过程哲学思想核心概念的了解以及对现有教学生活研究成果的梳理和分析，一方面明晰了目前研究中存在的问题，找到自己的研究方向，另一方面对大量的文献的阅读和思考也为本研究的顺利进行奠定了基础。

2. 逻辑思辨法

所谓逻辑思辨包括归纳与演绎的辩证统一，分析与综合的辩证统一，抽象与概括的辩证统一等。逻辑思辨法是本书运用较为广泛的一种研究方法，通过逻辑思辨法对梳理的大量材料进行去粗取精、由此及彼、由表及里，从而揭示过程哲学的核心思想，并进而对过程哲学视域中教学生活的内涵、特质及其存在样态进行分析和表征。

3. 案例分析法

案例分析法与逻辑思辨法相结合是本书理论阐释的一种方式。本研究通过选取一些具体的教学案例或文本案例以分析现实教学生活的状况，或进一步对过程哲学视域中的教学生活的特点及价值进行论述，或对教学生活改善在实践领域中的探索进行说明。

4. 质性研究法

在本研究开展的过程中，研究者本人也作为研究工具，间或地参与了一些中小学的教研活动，并因为曾经担任过大学"小学教育"专业学生的班主任，而与这批学生保持着密切的联系，他（她）们现已成长为一些小学的骨干教师。基于此，有机会接触到一线的教学生活，对他（她）进行访谈，阅读他（她）们的教学日志，并采撷了相关的材料为本研究进行佐证。也正是与他们的深入接触，提醒研究者不断反思研究的起点和过程，从而提升理论研究的实践关怀意识。通过与一线教师的真实互动对过程哲学视域中的教学生活进行建构和理解，这也是与传统意义上的案例分析研究方法的区别所在。

需要进一步说明的是，这些研究方法的使用并非是割裂独立的，它们往往相互联系着。逻辑思辨法与案例分析法常常配合使用，选取的案例有的来源于收集的文献资料，有的来源于研究者的亲身体验，将在后面的研究中具体阐释。

在本书中过程哲学、过程思维和过程思想作为不同的词语时有出现，且未作明确的区分，主要因为三者在一定语境内确有相通之处，但并非意指三者完全类同，也需在此作简要说明。过程哲学是一种主张世界即过程，并要求以机体概念代替物质概念的哲学学说，过程思维是在过程哲学指导下的人类对自然、对社会以及对人类自身活动的一种理性的把握方式，是一种规范人类活动的方向和过程的稳定的范式，而过程思想则是在过程思维的直接影响下产生的人类思维活动的成果。

第一章　以过程哲学的理路
考量教学生活

　　或许天上建有一个理想中的城邦的原型，让凡是看见它的人能看到自己在那里定居下来。至于它是现在存在还是将来才能存在，都没关系。

——苏格拉底

　　人们总是通过一定的思维方式来认识和理解世界，思维方式不同，观察世界的角度不同，人们对世界的认识和理解就会有所不同。现今的许多人，无论是对他自己，还是对生活的意义，都没有确定的信念，个体的生存往往被事物的绝对性、对立性分成两半。以这种思维方式看待教学生活，其中的人、物必将走向物化和技术化，师生成为达成既定教学目标的工具或手段，成为验证教学理论科学性和可行性的工具，教学活动成为一种价值无涉的纯技术性实践活动，教学生活失却其人性表达而成为一种虚假的生活。能否以一种先进的哲学理念来引领教育教学生活？英国思想家阿尔弗雷德·诺斯·怀特海（Alfred North Whitehead，1861—1947）的那种既克服了现代教育之种种弊端，又展望了一种建设性后现代教育模式的过程哲学，无疑会赋予当下的教学生活以更丰富的内涵和永久的生命力。何以言此？我们有必要对过程哲学观念和思维方式之品质作具体的分析和了解，并以此对教学生活的内涵、特征与价值作初步的考量，这也是研究者以过程哲学审视教学生活的最为基本且最为重要的问题之一。

一　过程哲学思维品质探析

（一）过程的语义发展及过程哲学思想内涵解释

"过程"，在英语中翻译成"process 或 course of events"，现代汉语词典中将"过程"解释为事情进行或事物发展所经过的阶段、程序，如认识过程、生产过程等，包括三个维度：过去、现在和未来。大百科全书中将过程视为一个广义的概念，任何一个过程都有输入和输出，输入是实施过程的基础、前提和条件；输出是完成过程的结果；输入和输出之间是增值转换的关系，过程的目的就是为了增值，不增值的过程没有意义。为了实现输入和输出之间的增值转换就要投入必要的资源和活动。过程（Process）是一种手段，通过该手段可以把人、规程、方法、设备以及工具进行集成，以产生一种所期望的结果。"过程"在哲学中定义为物质运动在时间上的持续性和空间上的广延性，是事物及其事物矛盾存在和发展的形式。

过程与流程、程序的概念含义不同，这与对概念的理解与研究的视角的转变相关。过程一般与结果相对，需要关注、分析、规划、管理的是过程中的东西，是结果形成或发生的过程；流程比过程更具体，对更具体的东西选择就更多，流程在英文中表达为 flow，指具体有形的东西，流程是一种机械过程，教育教学中表现为无视学生的现实生活、主体地位和个性发展需要，是没有生命活力的"复制"和"刻写"活动。把流程看作过程，从哲学角度讲是"把运动和所经过的空间混淆起来了"。① 程序在英文中表达为 procedure，指更为具体的步骤安排。任何事情都需要一个过程，在现实生活中我们不管做什么事情，结果固然重要，但是最重要的应该是过程，只有了解过程才

---

① ［法］柏格森：《时间与自由意志》，吴士栋译，商务印书社 2009 年版，第 83 页。

能真的知道这件事该怎么去做。所以，"过程"是判断一个人成败的关键。以"过程思想"关注人与自然、人与社会、人与世界，引领文化的发展及人自身的发展将是不可回避的事实。

千百年来，人们总是幻想能够找到一个绝对正确的支点，以此获得关于世界的唯一正确的知识或真理，以彻底解决各种矛盾和纷争，并能够使人类获得永久的幸福和自由。这种对绝对和唯一的信念的追求，从古代之追求"存在之存在"的哲学本体论，中世纪强调上帝是唯一创造者和唯一本质的宗教哲学本体论，至近代愈演愈烈，受自然科学的影响，"近代哲学更是以'科学之科学'的口气宣称世界万物有着共同的本质和规律，从而表现为各种直接研究世界本质和规律的一元论知识体系。"① 其结果是引导人们向往一种抽象的概念世界和本体世界，即"恒在"或"永恒的在场"（constant presence），以"恒在"为万事万物的根底和始基，于是，倡导宇宙万物、人类文明及社会生活在本质上是一元的，成为人类的一种"潜意识"或者说一种"天性"。因此，人们总是习惯于在不同的事物和生活中寻找共同的本质和规律，在不同的文明和价值领域中寻觅科学与谬误的界限，总是企图对不同的思想和观念做出错误或正确与否的绝对判断。

然而，伴随现代科学技术的发展以及人们的认识领域的延伸和社会生活方式的改变，自然、社会及人类文明日益显现其变化性和多样性，甚至不断凸显其异质性和不确定性。于是，在西方社会从"近代"走向"现代"的过程中，那种一元论的绝对观念逐渐被承认世界的多样性和复杂性的多元论哲学观念及思维方式所替代，人们观察和看待世界的角度、方法和态度正发生着彻底的改变，在理智和文化上开始践行过程思想："在东方和西方、北半球与南半球、科学与宗教、生态学和经济学、教育与创造性、事实与价值、人类与自然、传

---

① 黄书进：《哲学思维方式解读》，西苑出版社 2003 年版，第 1 页。

统与现代性之间架设贯通双方的桥梁"①，通过"过程思想"的桥梁作用，人们在不同的文化价值、不同传统之间，在全世界不同地域之间进行着卓有成效的交流，以期达到物质与精神、经济与生态、教育与创造、人类与自然、传统与现代的统一。

1. 过程哲学发展的历史流变

有关过程思想的发展可谓源远流长，最早可追溯到古希腊思想家赫拉克利特，其至理名言"人不能两次踏进同一次河流"可以说是对过程思想最经典的表述。自那以后，虽然西方哲学思想习惯于以孤立、静止、绝对、永恒来解释世界并居于话语的主导地位，但过程思想仍以其顽强的生命力在与传统哲学相抗争的过程中逐渐发展壮大，并以系统的过程哲学开始观照整个世界的发展。

过程哲学的发展可分为三个阶段。系统的过程哲学（process philosophy）为 20 世纪初英国哲学家 A. N. 怀特海（Alfred. North. Whitehead）所首创，也称为有机哲学或机体哲学（organism philosophy）。阿尔弗雷德·诺思·怀特海（Alfred North Whitehead，1861 - 1947）是当代英美重要的哲学家，过程哲学的代表人物，他在哲学上可谓大器晚成，其主要哲学著作都是在其 63 岁于英国伦敦大学的教授职位上退休后受聘于美国哈佛大学之后撰写的。过程哲学作为过程思想的理论基础，一方面深受印度及中国传统文化思想的影响，另一方面吸收量子论、生物进化论和相对论等现代科学作为事实依据，同时，"柏拉图的哲学、华兹华斯（William Wordsworth）的诗歌、休谟和洛克的经验主义、詹姆斯的实用主义和基督教的灵性都是他哲学的思想资源"②。怀特海是一个综合性的思想家，他遨游于多种学科之间，在其最为体系化的代表作《过程与实在》（Process and Reality）一书中，"他把来

---

① Jay McDaniel, *What Is Process Thought*？（http：//www. jesusjazzbuddhism. org/what - is - process - thought. html. ）。

② Ibid. .

自许多传统（科学的、艺术的、伦理的、宗教的）的洞见整合成一个可理解的世界观，这种世界观是关于宇宙的‘大图景’，有助于人们克服现代理智的碎化（fragmentation）和文化的分裂”①。他构建了一种宇宙论哲学体系的观念图式，并以此来解释诸如“机体与环境、事实与形式、主体性原则、命题、过程”等各种观念和问题，并以“创造性原则”作为其哲学思想的根本原则，以流变和生成的创造性进展作为发展的动力学方法代替了形而上学的“实体—性质”描述方法。② 他认为自然界是一个生生不息、流动变化的有机整体，客观世界不是某种确定不变的东西，而是不断变化的过程。在他看来，现实事物在时空中就是“事件”，整个自然界就是许多事件的综合或有机联系，事件川流不息地发生、消亡，消亡了又产生，形成了环环相扣的“过程”。构成宇宙的基本单位不是所谓原初的物质或物质实体，而是由“性质”和“关系”所构成的“有机体”，有机体的根本特征是活动，活动表现为过程，一个机体可以转化为另一个机体，因而整个宇宙表现为一个生生不息的活动过程。

继怀特海之后，查尔斯·哈茨霍恩延续其思想和语汇，将过程思想引入其神学思想研究，开创了过程神学理论，为西方当代神学领域开辟了新的研究阵地。小约翰·柯布和大卫·格里芬是当代著名的过程哲学思想家，以其建设性后现代主义思想来修正现在世界观，关注从科学的层面讨论人与世界、人与自然的关系问题，旨在以过程哲学的“过程思想”在追求融合和理解的过程中，解决当代人类面临的各种复杂的现代性危机。在对现代性辩证扬弃的基础上，“倡导开放、平等，鼓励创造、多元的思维风格；推崇对世界的关爱，对过去和未来的关心；反对二元论，信奉有机论，提倡对世界采取家园式态度，试图通过理性的适度运用以及对各种思想资源的汲取，以探求重构人

---

① 黄铭：《过程思想及其后现代效应》，宗教文化出版社 2010 年版，第 5 页。
② ［英］怀特海：《过程与实在》，杨富斌译，中国城市出版社 2003 年版，第 11 页。

类文明的新途径"①，尝试以怀特海体系的过程哲学思想挽救现代性危机。

2. 过程哲学思想的内涵及与中国传统文化的契合与碰撞

怀特海是过程哲学的创始人，同时也是建设性后现代主义的奠基者。作为西方著名的拥有"七张面孔的思想家"，他将作为数学家的缜密和作为哲学家的深邃紧密地融为一体，提出了诸多不同于近代西方二元论思想和实体论哲学的富于创见的思想。

（1）相互联系的整体观

过程哲学认为现实事物是普遍联系的，反对那种建基于传统的机械论之上的实体思维模式，认为对世界进行"实体—性质"的静态形态学描述违背了世界发展的本来面目，因而提出了自己的"动力学过程描述方法"。以过程思想的相互联系的整体观念看待事物的存在及发展，是过程哲学内在的思维方式，其核心范畴是"过程"，"过程"是宇宙的实在，世间万事万物皆由过程所生，又都以过程的形式展现及存在。"过程"不仅是事物的表现形式，而且也是理解事物的方式，事物的存在、发展和理解皆在过程中。怀特海的"过程"思想认为宇宙是活生生的、有生命的机体，处于永恒的创造进化过程之中，每一个现实存在都是活动性存在，即都是过程性的存在。构成宇宙的不是所谓原初的物质或客观的物质实体，而是由性质和关系构成的"有机体"。每一个事物的存在都在其他事物的存在中显现出来，又都是其他事物存在的方式，也就是说，世界上的所有事物都互为存在，没有绝对地独立存在的事物，离开其他事物，不会有任何一个事物的存在。正是这种事物相互内在式的存在，决定了世间万事万物都具有相互内在的关系，这就是过程哲学的关系原理。"关系是过程性的关系，它在事物生成的过程中体现出来，过程是关系性的过程，它

① 陈英敏、高峰强：《过程、整体与和谐——后现代语境中过程哲学与中国传统哲学的碰撞与启示》，《华东师范大学学报》（教育科学版）2009 年第 3 期。

在事物的各种关系中展开。"①

（2）流动发展的机体生成观

怀特海的过程哲学又被称为"机体哲学"，强调世界是一个活动的而非静止的机体，机体以"活动"的"过程"形式发展，一个机体可以转化为另一个机体，认为"现实世界的过程就是各种现实存在物的生成（becoming）"，也即"存在即生成"②，以此阐明事物的生成、发展及演化的过程。怀特海认为，日常的自然、哲学上的自然以及科学的自然都应该统一于我们所在的、所意识到的自然，自然中的存在物不应该再划分为实体和属性，而应该统一于"事件"，因而他提出了著名的"事件"理论，认为宇宙并非由孤立无援的物质实体构成，而是由普遍联系的事件构成，事件与事件之间以不断"合生""转化"的相互联系、生成发展之"节奏"构成了"事件流"，新事件的产生以旧事件为基础，旧事件寓于新事件之中，旧事件为新事件的生成发展提供土壤和养分，整个自然界除了事件之外不存在其他任何东西③，整个宇宙就是一个"事件场"，以事件的生成发展促成宇宙的新进展，未来所有都是开放的，或者至少可以说是不确定的。

（3）"主体—超体"的创造性进展观

怀特海认为宇宙中现实存在的生成原因并非主要受外力作用影响，而是由现实存在自身固有的内在的创造性所推动产生的。因此，实际存在物在发展过程中时时更新，是一个不断演进、变化、创造，瞬间有新变化，时时有新内容的过程。也就是说，创造性是宇宙万物自我运动、变化和发展的根本动力和终极原因。每一现实存在物都在

---

① 张香兰：《从实体到过程：现代教育的思维转向》，博士学位论文，山东师范大学，2007 年，第 4 页。

② ［英］怀特海：《教育的目的》，徐汝舟译，生活·读书·新知三联书店 2002 年版，第 26 页。

③ ［英］怀特海：《过程与实在》，杨富斌译，中国城市出版社 2003 年版，第 34 页。

自我的能动的"摄受"的过程中不断获得"新质"（novel elements），每一次经验都是能动的摄入过程，从此意义上说，万物皆为"主体"或"超主体"（superject）。因此，在怀特海的过程哲学思想里，非常注重个体，认为没有两个完全一样的东西存在，一加一等于二是一个抽象的错误存在。任何的现实存在都不是纯粹消极被动的客体存在物，现实存在之间的关系也并非主体与客体之间的消极被动关系，而是主体（超体）与主体（超体）之间的主体间关系或称之为主体间性（intersubjectivity）。主体通过对具体要素的每一占有即摄入的过程得以获得创造性的进展，并终结于某种被称为"满足"的那种完整的活动统一性中，而且特别指出这种"满足"是由完成其范畴要求而造成的创造性冲动的"满足"①，在怀特海那里，又将之解释为"享受"（enjoyment），过程的所有单位因"享受"而获得内在的价值认可。"'满足'（享受）概念的提出使怀特海的过程哲学充满了生命的光辉和审美的旨趣。"②

总体来说，怀特海的过程哲学的核心思想包括"世界万物是普遍联系且相互依存的，强调变化和发展的过程，崇尚和谐和创新"。他在其著作《过程与实在》的开篇中即提出，"机体哲学（过程哲学）似乎更接近于某些印度思想或中国的某些思想特征，而不是像西亚或欧洲的思想，前者把过程看成是终极的东西，而后者把事实看成是终极的东西。"③ 中央教育科学研究所的朱小蔓教授也曾明确指出，"怀特海的哲学思想是所有外来哲学思想中离中国的课程改革主旨，也与我们中国深厚的传统文化意识最为契合的一朵浪花，或者说是一种最可借鉴的思维方式"④。这里所说的中国传统文化，尤以博大精深的

① ［英］怀特海：《过程与实在》，杨富斌译，中国城市出版社 2003 年版，第 402 页。
② 陈英敏、高峰强：《过程、整体与和谐——后现代语境中过程哲学与中国传统哲学的碰撞与启示》，《华东师范大学学报》（教育科学版）2009 年第 3 期。
③ A. N. Whitehead., *Process and Reality*, New York：The Free Press, 1978, p. 7.
④ 朱小蔓：《从过程哲学的角度透视当代中国的课程改革》，世界文化论坛 2007 年版，第 9—10 页。

儒家、道家、佛家思想最具代表性。首先，怀特海的机体整合思想与中国传统的"天人合一"思想异曲同工，在"承认天人有别的前提下，主张天人统一且人与自然和谐相处"①，认为"道"是世界的本原，万物皆归于"道"，将"道"视为万物生成的过程。"道，行之而成"(《齐物论》)，这里的"道"是参与的过程和行走的方向。与西方机械论思维的主客二元思想不同，中国传统哲学讲究辩证统一，如"有无之相生"(《道德经·第二章》)，"死而不亡者寿"(《道德经·三十三章》)。

其次，过程哲学与中国传统哲学思想都尊重生命，认为生命是过程，强调人与自然的和谐统一。怀特海主张人与自然是一种相依的关系，老子说："道大、天大、地大、王亦大"(《道德经·二十五章》)，"王"即人，意即人与自然的和谐统一；"子钓而不纲，弋不射宿"(《论语·述而》)表达了孔子与自然和谐相处的生态观；"人法地、地法天、天法道、道法自然"(《道德经·第二十五章》)，道家也尤其重视人的认识自然、尊重和保护自然的生态伦理思想。过程哲学与中国传统思想的契合之处还在于"生成创造论"思想方面。怀特海的过程哲学以"创造性"为终极范畴，认为世界万物都处于"变"之中，是永恒的"变"促成了过程的"生成"；这种生成论观点与中国传统思想中的"道生一，一生二，二生三，三生万物"(《道德经·第四十二章》)的生成论思想不谋而合。《易经》中的"易穷则变，变则通，通则久"(《易经·系辞传》)以及"富有之谓大业，日新之谓盛德，生生之谓易"(《易经·系辞传》)等都蕴含着丰富的创造论思想。

由此可以看出，过程哲学与中国传统思想有着较为明显的类同和亲缘关系，这就为过程哲学在中国的发展打下了基础并铺垫了道路。过程哲学思想作为一种整合性的思维方式，以有机整体、内在

---

① 赵馥洁：《中国传统哲学价值论》，人民出版社 2009 年版，第 451 页。

相关、生成创造、多元和谐为其思想和理论旨趣，蕴含着解决当代人类面临的复杂问题的能力，从而成为拯救我们这个时代的一种理论实践。

这也是本书选择从过程哲学的角度反思现代教学生活的原因。以过程哲学的过程与整体观、流动发展的节奏性生成观，以及主体的创造性进展观考量教学生活，思考教学生活中师生的存在方式、成长节奏、生存环境以及作为教学生活重要内容的课程建设，研究者欣喜地发现可以换一种思维方式去体味我们的教学生活，并矫正当下的"短期功利主义"的教育现状。

（二）过程哲学对现代生活各领域的观照

西方的现代化运动是现代工业文明的产物，也是其重要组成部分，现代化在创造史无前例的物质文明的同时，也对我们赖以生存的世界在政治、经济、社会、生态等方面的发展带来了巨大的破坏，不仅使人类在政治、经济、社会、生态等方面面临困境，更在精神上、教育及文化上如此。按照相关西方学者的分析，正是现代西方哲学，"将 20 世纪的社会推向极限：在经济领域，资产阶级的自由主义导致了不受限制的物质主义和生态毁灭的消费主义；在政治领域，斯大林式的军事和独裁共产主义导致了压迫性的权力集中和共同体的瘫痪；在社会领域，法西斯专政导致了种族歧视、大屠杀和暴力"①。人类正在奔向前所未有的巨大灾难，正走在自杀式的自我毁灭性的道路上。同样，对现代化的追求一直以来也是中国人寻梦的方向，然而，当我们一心拥抱现代化所带来的巨大物质财富和精神财富的同时，也不得不正视它给我们带来的巨大伤害。据有关数据统计，我国 70%的湖泊和河流已经受到污染，其中 1/3 遭严重污染，城市近一半饮用

---

① Slattery P. , *Curriculum Development in the Postmodern Era*, Garland reference library of social science, 2006, p. 157.

水不合标准。根据环境保护部的统计数据，生态事故发生率正逐年递增，而且幅度之大令人触目惊心，从 2008 年的 135 起，2009 年的 171 起，2010 年的 156 起，2011 年事故数量明显增加，发生了 542 起生态事故，其中近 1/3 是工业污染。目前地球上的动植物物种消失的速率较过去 6500 万年之中的任何时期都要快上几千倍，大约每天有 100 个物种从地球上消失。20 世纪以来，全世界哺乳动物 3800 多种中已有 110 种灭绝，另外还有 600 多种动物和 25000 余种植物正濒临灭绝。① 排除日益严峻的生态危机，由现代化发展所带来的精神危机和社会危机也正日益挑战着国人的道德底线，"物质生活与精神生活的失衡，个体内心生活的失衡，人与自然关系的失衡"②，使国人掩藏不住内心深处的虚无与焦虑而失却其生存价值，并失落其终极关怀。

在各种现代性问题凸显的今天，怀特海的过程哲学思想以其对现实问题的关怀而彰显出极大的现代意义，也激发学术界以前所未有的热情对其进行关注和讨论。20 世纪是一个文化危机的时代，也是一个反思的时代，这样一个时代也是新哲学容易生长的时代。当人们自觉到危机存在时，总会积极寻求摆脱危机的新方法和新思想，因此，过程哲学的基本思想因其带来的世界观的转变而恰好能够应对现代社会存在的各种困境。当我们以过程—关系的眼光看待事物的存在及发展时，过程思维和关系思维就是我们看待世界和解决现代社会所面临的种种困境时所运用的两种思维方式。

1. 以尊重差异互补共生的思维涵养文化和生命品质

当今世界的各种严重问题，从种族歧视、生态危机、到文化冲突、宗教纷争，乃至两性冲突等，无不是二元对立的实体思维的牺

---

① ［英］麦克·迈克尔：《危险的地球》，罗蕾、王晓红译，江苏人民出版社 2000 年版，第 266 页。

② 叶朗：《儒家美学对当代的启示》，《北京大学学报》1995 年第 1 期。

牲品，在所有的形而上学家那里我们似乎都可以看到主体与客体、物质与精神、自然与人类、个人与社会的二元对立。恰如著名的建设性后现代主义思想家大卫·格里芬所言，"现代性的这种二元论的基本倾向在人类文化历史上是空前绝后的"①。这种对立的排他思维的基本观念是，在人与人的关系中只有输家和赢家两种人；在生活中，我们被告知"弱肉强食、优胜劣汰、适者生存"的道理；二元之中只有一元是好的，另一元必定是坏的，如文明与非文明、理性与非理性、科学与非科学等。于是，在这种观念的指导下，每个人都成为霍布斯所宣称的"孤独的狼"，"一切人反对一切人"的斗争状态在现实中成为一种自然状态；在国际关系方面，国家之间、民族集团之间的冲突不断升级，斗争哲学占据主导地位，认为斗争是绝对的，而和平和合作则成为相对的；在文化崇拜方面，视一切非西方文化为落后的"另类"文化，意欲消灭之或以西方文明同化而后快；在与自然的关系上，将大自然视为敌人，当作"被征服和改造的对象"，与天斗与地斗成为人们行事的信条；在两性关系中，从追求妇女的解放到女权主义的张扬，以致走上极致而迷恋女性中心主义导致男性与女性的对立。这种二元对立的竞争性排他思维演绎到当代社会，在经济领域、教育生活中的表现更为突出，愈演愈烈，将商业中的"竞争视为现代人生存与发展的基本途径"②，将教学生活中的"考场"视为"战场"，鼓吹"别让孩子输在起跑线上"，其结果是使得经济生活中充满血腥味，教学生活中失却了儿童真实的生命意味。

从过程哲学的视角审视这种二元对立的思维方式，其实就是一种"实体"思维，按照笛卡尔的界定"'实体'就是一个不依赖其

---

① ［美］大卫·格里芬：《后现代精神》，王成兵译，中央编译出版社1998年版，第8页。
② 秦维红：《关于竞争的几点哲学思考》，《中共南京市委党校南京市行政学院学报》2004年第5期。

他任何东西而自身存在的东西"①，个体成为一个自给自足的实体，成为不与他人或他物发生任何关系的"孤岛"。在怀特海看来，这种"拥有绝对权利的个人概念不仅是站不住脚的，而且是注定要破产的"。在过程哲学视域中，人与其所处的环境须臾不可分，所有事物都是彼此联系的，不存在绝对的自在之物，所谓"自在"也只是"他在"的一个功能而已。正是万事万物的这种内在相关性构成了事物本身，现实存在依赖他物而存在，世界中不存在"独行者"，他者的帮助和扶持必不可缺，合作共生应是不同个体、不同文化共同发展获益的最佳方法。对过程思想进行溯源，会发现其与中国古代传统文化中的儒道释思想存在极大的相似之处。在中国古代，"'和'是中国古人最为推崇的关系，它是一种真（万物之间最真实的关系），又是一种善（对万事万物有利），更是一种美（万物之间恰到好处的关系）"②。儒家强调人与社会之和谐，道家遵循人与自然之和谐，佛家重视人之身心和谐，但殊途同归的是都强调和推崇"和谐"之理念。

如果说过程哲学及其思维方式提供给我们的是一种和谐之思的话，那么尊重差异、向他者开放的心态必是前提。这里的他者不仅指生命中的重要他人，更包括不同地域的文化、不同的种族或民族、自然及两性角色等；而在海德格尔看来，所谓"开放即意味着'不阻塞'，也即'不设界'"③，认为世间的存在之物相互依靠、相互团结，无间隙无阻碍地存在。在这种思想的指导下，尊重差异、包容多样、相互补充将成为人类的自觉追求，差异能够刺激人们再思考，差异要比同一具有更大的价值和丰富性。绿宝石因其一处瑕疵可能更显缺憾之美，蓝天因一片乌云更显真实，和声中的一声刺耳之声

---

① ［法］笛卡尔：《哲学原理》，关文运译，商务印书馆1960年版，第20页。
② 樊美筠：《中国传统美学的当代阐释》，北京大学出版社2006年版，第44页。
③ Heidegger Poetry, *Language and Thought*, New York: Harper and Row, 1971, p. 106.

有可能成为有效的教学资源……相互补充是因为本质中的相互需要和依靠,"独阴不生,独阳不生"(董仲舒《春秋繁露·顺命》),人与社会之间,不同文化之间、不同国家之间可能因为拒绝沟通而激化冲突,也可能因尊重差异的互补思维而相互了解、渗透从而寻求另一种更加睿智、更为健康的冲突处理的方式。两性之间也因互相欣赏、互相尊重而建构一种生产性和享受性的"共同创造"的生命关系模式。

安乐哲将怀特海的过程哲学世界观区分为两种,"一种为 Aesthetics Harmony(美学和谐),另一种为 Logical Harmony(逻辑和谐)或 Scientific Harmony(科学和谐)或 Rational Harmony(理性和谐),认为理性和谐是单向度的,美学和谐则是多维的,是一种 co - create(协同创造)的和谐"①。由此可以看出,怀特海的宇宙论的目的思想在于提醒人类在理性和感知的深处,人类是一种情感的存在,一种审美的存在,更是一种道德的存在,差异之美、共生之美使人类超越异质文化本身,从深度的相互关系中涵养真正的善并提升生命的品质。

2. 以生态向度和多元和谐的道德责任感观照人权和民主

自西方启蒙运动后的数百年,人权、民主、民主化以及对现代人权和民主的追求盛极一时,现代人权和民主更是被赋予"崇高""神圣"的地位。毋庸置疑,现代西方的人权观起源于与神权的对抗,因其对奴隶制和封建制的反抗而具有积极的进步意义,因此,这种人权观带有浓烈的西方中心主义的色彩,鼓吹"个人权利",张扬"个体尊严"。这种人权观延续至我国"五四"时期,关于人权,陈独秀作如此的解释:"思想言论之自由,谋个性之发展也。法律面前,个人平等也。个人之自由权利,载诸宪章,国法不得而剥之,

---

① 安乐哲:《当代西方的过程哲学与中国古代哲学》,《中国思想史研究通讯》(第三辑)2007 年第 3 期。

所谓人权也。"① 同时亦可看出，现代人权观片面重视个体的政治权利，而忽视了个体文化、经济和社会之权利，张扬权利的同时忽视了责任担当，强调个体权利的同时忽视了个体赖以存在的共同体及社会的权利的实现。2002 年的联合国年度报告中指出，从 1980 年至 2002 年的 20 多年间，世界上已有 80 多个国家从极权政体转型为民主政体，更多的西方自由主义知识分子将民主神化为完美的绝对存在之物，认为民主是万能的且无物可与其匹敌，更有学者将民主视作解决社会问题、消除腐败的唯一途径或根本途径。其实，现代西方民主只是一种竞争性选举民主，带有深厚的金钱色彩；因民主被简单化为投票行为而又具有形式主义的色彩；在此意义上，似乎民主就是竞争，竞争越激烈越能体现真正的民主，因而民主又有了更多的对抗色彩，这种对抗色彩使竞争的双方局限于你输我赢的二元对立的思维痼疾中。这种建立在自我性、竞争性基础上的民主概念带有深厚的个人主义色彩，18 世纪法国著名的启蒙思想家爱尔维修曾说："在任何时代、任何国家，人们过去、现在和未来都是爱自己甚于爱别人的。"② 相当多的中国现代启蒙思想家之民主思想与这种自我中心的民主意识非常之契合，从而高呼"救国必先救我，我与世界不可两分，但有先后之说，必有我而后世界"③。青年将幸福和快乐的生活视为人生的唯一追求，将感性与欲望的满足当作生活的基础和条件，个人的享受及利己主义消解了民主的真正内涵。

世间万物的存在和发展都有一个过程，"人权"与"民主"也不例外，人权与民主的形成和发展伴随整个人类社会发展的始终，是一个从低级阶段向高级阶段不断发展的过程，人类社会对人权与民主的欲求和努力从未停止过。这种过程性表现在两个方面：一是概

---

① 陈独秀：《东西民族根本思想之差异》，《新青年》1 卷 4 号，1915 年 12 月 15 日。
② 北京大学哲学系编译：《十八世纪法国哲学》，商务印书馆 1963 年版，第 476 页。
③ 易白沙：《我》，《新青年》1 卷 5 号，1916 年 1 月 15 日。

念本身内涵的发展是一个过程，从贫乏走向丰富，从古代的朦胧意识到现代的能够自我主张和诉求。主体范围在不断扩大，从男性的、白种人的人权，从资产阶级的民主到包含妇女、有色人种在内的人权及全世界包括第三世界国家在内的广泛的民主。二是指人权与民主的实现历经了弥久的时间，与不同时期及地域的政治、经济、军事及文化的发展密切相关。"人权"的发展大抵经历了三个主要阶段。第一阶段是资产阶级革命时期以及这一革命在全球范围内取得胜利以后的一个很长时期，以美国的《独立宣言》和法国的《人权与公民权宣言》为主要标志，这一阶段人们所争取和实际已经逐渐争得的主要是人身权利、政治权利，如言论、信仰、结社、宗教、普选等。第二阶段是伴随 19 世纪初开始的反对剥削与压迫的社会主义思潮、运动与革命而出现的人权，其基本内容是经济、社会和文化方面的权利。第三阶段是第二次世界大战以后反对殖民主义压迫的民族解放运动中产生并发展起来的人权，其特点是人权由国内保护进入国际保护，内容包括民族自决权、发展权、和平权、环境权、自然资源权、人道主义援助权等国际集体人权等。民主的发展和实现同样曲折漫长，根据亨廷顿的分析，近现代史上共出现三次民主浪潮，第一次民主浪潮起源于美国与法国大革命，直到 19 世纪，国家层次上的民主制度才得以发展，50% 以上的男子开始拥有投票权，开始产生定期普选。第二次世界大战由于政治和军事因素的影响开始第二次民主化浪潮，随着民主观念的深入人心和教育的普及，20世纪 70 年代开始第三次民主化浪潮。

"人权"与"民主"发展的过程性及其过程中的特点充分体现了从现代性的实体思维向后现代的过程思维发展的路径。其范围在不断扩大，从片面的自由人权观、政治人权观到追求和平的权利、健康的环境权利，从关注个体和局部开始着眼于共同体和社会。从个体权利与民主的张扬开始学习承担责任，强调权利与责任之间的内在联系，开始意识到个体的生存和发展"时刻离不开与他人的关系"①，人在自然中生存，只有尊重自然才能享受自然；人是社会人，只有参与到共同体的活动中，才有拥有权利的资格。过程哲学的那种强调个体存在于关系之中的关系思维，那种主张多元和谐的生态主义思想要求人类在行使权利时勿忘责任，人类需负责任地生存和发展，既为今天的美好生活，更为子孙后代；过程思维中的民主主张协商和对话，竞争不是人类社会发展和进步的唯一方式，平等地对话和磋商，从内心深处真正地尊重自然、尊重他者的声音，更有利于问题的解决和提升民主的质量内涵。

3. 以相互摄受有机生成的创造激情攀登科学高峰

几个世纪以来，科学一直被认为是一切真知的范型，是"真理""客观"和"一贯正确的"代名词。自"上帝死后"，人成为世界的主人，人类从对上帝的无限尊崇转而对科学技术、对知识的无限赞赏，在培根看来"知识就是力量"，在斯宾塞眼里"科学是最有价值的知识"，黑格尔以将自己的哲学称之为"科学"为荣。这里的科学包括形式科学的数理学和逻辑学，以及经验科学的自然科学和社会科学。人类对理智能力和科学威力抱有极大的信心，相信凭借科技和理性的力量可以驱散人类的无知和精神的迷茫，甚至认为"现代科学技术不仅具备绝对真理的知识权威性（作为是非的判断标准），而且具有绝对完善的价值权威性（作为善与恶、进步与倒退的判断基准），认为凡科学者必善，凡符合科学精神者必为进步，凡进步必定是永无止境的"。②科学技术使人类拥有了现代化的物质文明生活，为人类带来了巨大的财富，摆脱了褊狭和愚昧，使人类"生活日益舒适，工艺日臻完美，奢侈开始流行"。③然而，现代科学技术在反

①　[美]大卫·雷·格里芬：《后现代科学——科学魅力的再现》，马季方译，中央编译出版社2004年版，第21—22页。

②　万俊人：《现代性的伦理话语》，黑龙江人民出版社2002年版，第20页。

③　马奇：《西方美学史资料选编》，上海人民出版社1987年版，第615页。

抗神学的过程中又建立了自身的霸权，科学、技术、科学家成为新的膜拜对象。不仅如此，现代科技的这种知识权威和价值权威给人类带来巨大财富的同时，也给人类带来了生存危机，对人类的现实世界和道德生活造成双重挤压：科技的运用和发展忽视了对自然资源和生命秩序的尊重，片面地向自然索取和压榨，环境污染、化学灾难、核伤害、食品安全问题层出不穷，直接导致了"科学的形象危机"。另一方面，现代科技的绝对权威使得人类不得不屈服于唯科学主义的狭隘知识规范，科学知识成为人类拥有的唯一的合法知识，非科学知识成为"伪知识"，其他所有知识包括人文知识、意会知识都只能退居其次。认为科学知识超然中立且不问是非的中立观直接导致科学技术的异化，人类开始杜撰新的神话——认为科学以其纯粹性而存在，科学知识从哪里来又导向哪里去并不是科学本身的应有之义。

现代科学技术的发展日益暴露出严重的问题，使人类迫切需求新的科学形式，因此，过程哲学视域中的后现代科学应运而生。与现代科学的追求"精确性、稳定性、一致性"，迷恋方法上的"绝对和量化"不同，过程思维中的科学的内涵超越了原本的局限于数理逻辑及自然科学和社会科学的狭隘意义，更欣赏"变化性、多元性、包容性、有机性和创造性"，执着于"量质的统一"。在过程思维的后现代视野中，科学是过程、是手段，不是目的本身，科学应该是人类对赖以生存的地球和共同体的一种艰苦探索，在这种探索过程中以敬畏和欣赏之态度对待自然，追求人与自然的和谐发展以及科学与自然的共荣。在过程思维的科学发展概念中，人在自然中，人的情感、意识、行为和目的与科学发展相互授受，因此后现代科学家以其包容的态度及整合的思维投入科学研究，他不可能是一个纯粹的数学家、纯粹的物理学家或哲学家、社会学家，正如怀特海本人被称为具有"七张面孔的思想家"（理论物理学家、数学逻辑学家、形而上学家、柏拉图主义者、过程神学的创造人、生态学家和教育家立场的文明批评

家）一样，因为他不能对其科学研究的成果是否有利或有害于人类怀
以漠不关心的态度，他需对其研究成果承担责任。

启蒙时代以后科学高速发展，科学视宗教、艺术、小说、诗歌
及形而上学等为一切"非科学"的东西，科学以对其他文化的压制
和代替凌驾于一切"非科学"之上，正如波兰尼所说的科学与"非
科学"间已形成"危险的鸿沟"。以"是否具有可检验性、是否具有
理性的怀疑主义和批判精神、是否具有进步性"[1] 作为对科学与"非
科学"进行划界的标准。科学视"非科学"为敌人，二者陷入非此
即彼的二元对立排他思维的怪圈。科学的高速发展使得人类越来越
强大，对物质经济的欲望节节攀升的同时，也使人类道德精神失落，
离人类可能的幸福生活越来越远。其实，在过程思维的后现代视野
中，"非科学"并不是"不科学"或"伪科学"，科学与"非科学"
只是人类在面对不同境遇时的不同经验的表达形式，科学与宗教、
艺术、小说、诗歌及形而上学等应是互相依赖的伙伴关系，要使科
学与其他文化和谐相处，其前提是："承认科学并非万能，承认科学
只是人类文化中的一部分，承认科学与其他知识体系具有同样的地
位"[2]。科学、艺术、小说、诗歌彼此融合、相互授受，共同打造人
类知识之美与和谐，科学之中有"非科学"，科学之中因"非科学"
气息的存在而更彰显人性，科学与"非科学"之间没有绝对的界限，
科学的逻辑思维与"非科学"的形象思维彼此内在相关、交叉融合。
逻辑思维和形象思维对杰出的科学家和艺术家来说二者缺一不可，
在两种思维的碰撞中"灵感"涌动并生成敏锐的洞察力，生成新的
想象力和创造性思想。知识有可能常常是不正确的，知识永远不可
能是完备的，因此，这更需要过程思想的理解与观照，科学的概念

---

[1]　林定夷：《论科学与非科学的划界问题——兼论科学与伪科学的界限》，《河南社会科学》2007 年第 5 期。

[2]　田松：《我凭什么相信我是正确的?》，《科学与民主》2007 年第 1 期。

永远处于发展过程之中，永远需要新的想象力及创造力；科学的发展路向应该是以负责任的态度"理性地适应世界"而不是"理性地征服世界"。①

4. 以倾听他者关系生存的态度享受生活中的诗意栖居

科技理性的张扬使人类不再崇尚上帝的至善，而相信通过科技的进步人类将可以随心所欲变得越来越强大，甚至于可以掌握宇宙的全部奥秘。这种无限扩张的人类的主体性在现代生活中表现为对经济增长的无限追求，以及对自然的过度索取。在广袤的华夏大地上，日益加剧的现代化发展和城市化进程使人们的生活方式发生着天翻地覆的变化，"经济社会"成为整个社会现状的代名词，物质主义、消费主义及拜金主义应运而生。

法国社会学家鲍德里亚1970年在《消费社会》一书中对"消费主义"作了如下定义：消费主义指的是这样一种生活方式，消费的目的不是为了实际需要的满足，而是在不断追求被制造出来、被刺激起来的欲望的满足。也就是说，人们所追求和消费的并不是商品和服务的使用价值，更多的是商品和服务的"符号象征意义"。消费主义者们将消费当作其人生的意义，以追求消费的水平和档次体现其人生价值，将金钱消费作为自我满足的根本途径。月收入只有几千元的都市年轻白领，节衣缩食、购买一些与自己的收入不相匹配的奢侈品，以"房奴"为代价购买名车、豪宅，甚至为了满足自己的消费欲望甘心做"啃老族"，这些房、车等奢侈品并不是生活的基本需要，但是却被消费主义者们当作"成功人士""社会品位"以及"美好生活"的象征。在这种消费主义的文化氛围中，"人"被改造成了"消费人"，其基本理念是：人的生存就是为了消费，只有在消费中人才有活着的感觉。在大众文化和传媒的助推下，消费主义日益成为人们日常生活

---

① ［德］马克斯·韦伯：《韦伯作品集 V》，康乐、简惠美译，广西师范大学出版社2004年版，第459—460页。

中的价值取向。"消费社会成为社会发展的自然目标，消费成为社会发展的核心手段。"① 根据路透社与艾普索斯（Reuters/Ipsos）在 2010年 2 月发布的一项对世界 23 个国家的调查显示，"中国 69% 的受访者认为金钱最能象征一个人的成功，而在欧洲国家这个比例远远低于中国，欧洲国家人民普遍认为金钱并非是最重要的，即使在所谓的最拜金的美国，也只有 33% 的人将金钱视为成功的象征。因此，有媒体据此称中国为'世界第一拜金主义国家'"②。面对如此骇人听闻的数据，中国人不能不警醒！身处一个消费主义社会，拜金主义就会在绝大部分个体的思想意识中滋生，消费主义思潮成为拜金主义、享乐主义和极端个人主义等消极腐朽思想滋生的温床。

消费主义盛行使人类陷入对物质、对金钱的无休无止地追求，个体的幸福生活和自由生活只与物质和金钱挂钩，笛卡儿的"我思故我在"被改造成"我消费故我在"。人类的消费欲望永无止境，使得地球的有限资源被大量浪费而濒临枯竭，在对有限的物质资源的争抢过程中个体的道德伦理水平日趋低下，建立在原子式个人主义之上的消费主义，只顾及个人主义的享乐和偏好，使个体只追求自我表现、逃避义务、推卸责任，忘却道德反省。然而，过程视域中的建设性后现代主义主张一种可持续的生活方式，促使人们重新思考人与自然、人与世界的关系，重新界定物质与意识、思维与存在的关系，将自然和世界看作是与人类紧密相连的，是人类密不可分的组成部分，以人类的视角看待自然和世界，将其视为有秩序地存在。在这种思维方式主导下，人类感到自己与自然、与世界是融为一体的，将不会为了满足自己的私欲而机械地操控世界。在过程思维中，人类以"慢生活""慢运动"及"绿色消费""责任消费"等运动，主张人与自然和世

---

① 金生鈜：《消费主义意识形态下的道德教育困境》，载朱小蔓《道德教育论丛》（第1卷），南京师范大学出版社 2002 年版，第 18 页。

② 《媒体称中国成为世界第一"拜金主义"国家》，2010 年 2 月，（http：//news. sohu. com/20100226/n270438437. shtml）。

界生态和谐地相处,自然驻扎在人类心中,要求人类像呵护幼童一样关心和爱护自然和世界。用 F. 弗雷的话即:"世界的形象既不是一个有待挖掘的资源库,也不是一个避之不及的荒原,而是一个有待照料、收获、关心、爱护的大花园。"① 以过程思维观照人类的生活,人类"主体自我"的神圣光环祛魅,"主体间性"和"关系中的自我"返魅,"自我"因与他人的关系而存在,号召人类与他者对话、与自然和世界对话,人类的"自我"产生于与他者的关系中,"只有在与他者的对话中,每一个体才能获得对自己的自我认同"。② 人是关系中人,人与他者、与自然有机和谐地相处,道德地生活、道德地消费,重视精神生活,享受生活的朴实自然的过程。在崇尚过程思维的建设性后现代主义者看来,这样的人"是人性丰赡的人,是诗意存在的人,他理性但不机械,诗意但不矫情,钟情创新,喜欢大胆感知、大胆梦想但又脚踏实地,对他人充盈着同情心,对事物充满着好奇心,能勇敢地活出生命,活出优雅,活出美"③。因着对自然、对世界的强烈的好奇心,对"生成之外无存在"的坚持而欣赏一种创意性的生活和审美的生活,消费主义和拜金主义所倡导的生产和生活方式在这里毫无市场,对金钱和物质的欲望被扼制了,人类开始享受一种绿色生活中的诗意栖居。

二 教学生活的实践省察及反思

当我们期待以过程思维来看待世界和解决现代社会中的生态环境、科技发展以及人权、民主等问题,期待诗意地栖居于这个世界时,我们的现实教育正面临前所未有的挑战和困难。

---

① [美] F. 弗雷:《宗教世界的形成与后现代科学》,载 [美] 大卫·格里芬《后现代科学——科学魅力的再现》,马季方译,中央编译出版社 2004 年版,第 121 页。

② Charles Taylor, *The Ethics of Authenticity*, Harvard University Press, 1991, p. 33.

③ 王治河、樊美均:《第二次启蒙》,北京大学出版社 2011 年版,第 441—443 页。

（一）真实的片断——现实教学生活的实践考察①

在着手进行本研究之前，笔者一直在犹疑该如何确定自己的角色？该如何才能获得第一手的研究资料？教育研究如果只需借助于概念、判断和逻辑推理即可获得知识体系，那教育实践之于教育理论研究的功用何在？教育实践中的"教育人"自有其自己的理论体系，研究者又如何能以自己的思想对其进行影响？理论的形成和实践的反思都应以实践为基础，只有参与实践、关注实践以获得教育教学过程中的第一手资料及最直接的印象，方可为理论研究奠定最真实且坚实的基础。基于这样的认识，研究者放弃了传统教育研究所采用的问卷、访谈等研究方法以避免过多地以"研究者"的身份凌驾于真实的教学生活之上，而是以隐藏的研究者的身份进入"或真实""或虚拟"的教育实践场域，希望即使不能以真实的教育实践者的身份在场，但至少可以以"第三只眼"去观察、体会、倾听，尽量真实地记录、回忆一些场景，同时，关注纸质媒体和网络媒体这些以"虚拟的真实"身份参与教育研究并延伸出来的教学生活样本，以此获得对实际教学生活的真实感受。

当然，无论是来自真实所见还是从媒体中所闻，其中不乏令人惊喜的教育教学事件和成果。但是，当我们陶醉于现代教育在量上所取得成就时，不能漠视在教育的质上的缺憾，更不能以师生的幸福和快乐为代价。新教育的倡导者朱永新曾经将教育与孩子的幸福进行四种排列组合让教师和家长选择：在现在幸福，将来也幸福；现在不幸福，将来幸福；现在幸福，将来不幸福；现在不幸福，将来也不幸福的四种选择中，我们的老师和父母几乎都选择了第二个：现在不幸

---

① 因受研究者本人工作和时间的局限，未能长期定点在一个学校进行跟踪式的深入研究、实验以对教学生活现状进行深描，只能借助于媒体，网络以及间或地在 2 所小学参与一些教研活动，同时寻找合适的机会与一线教师进行交流，以此为这部分的研究工作累积素材。

福，将来幸福。我们为什么不能让孩子现在幸福将来也幸福呢？孩子在从幼年、少年到青年时期，多数时间都在教与学的生活中度过，如果现在不幸福，预示着孩子在教学生活中感受不到幸福，于是，"学习对学生来说不是一种快乐而是一种苦役，不是灵性的滋养而是精神的荒芜"①。下面再现的几则案例，将为我们展现一个个教育故事，或许会让你为之欣喜，也或许会让你为之痛心，透过这方寸世界我们或可触摸到师生在教学生活中的真实境遇。

案例一：

2013年10月，国庆假期刚刚结束的某一天，我又来到JY附中初二年级，应李老师（八年前我曾经担任她大学时的班主任）相约，来观摩她们年级的一堂语文公开课。在即将进入教学楼的转角处，遇到了李老师班上的一个名叫JH的女生正踌躇在楼梯口处，满脸的郁结之色，看到我眼眶更红了似有泪花要溢出。"老师，明天又要月考了……我不想上学了……""把每一次考试都当作是一次作业就行，不用紧张。"我轻描淡写地对她说完就匆匆忙忙地往公开课的教室走去。当天的教研活动结束时已经近晚上六点钟了，正准备和李老师分手时她接到了JH妈妈的电话得知学生还没有回家，想起下午碰到这个孩子时状态似乎不好，我急忙把情况反馈给李老师。她恍然大悟……原来，JY附中的学生的每次月考的成绩都是要公开排名的，虽不张榜公布但大家也心知肚明，而且不仅成绩公开，每次考试时的座位安排都不固定，随时因成绩变动在楼层和教室间有所调整。而学生JH的成绩确实是有点糟糕。接到家长的电话，李老师急忙和我分头去帮助找孩子了……据说当天晚上JH一个人在外流连近10点才回家，而且没有参加第二天的考试。

---

① 王治河、樊美筠：《走向一种后现代的有机教育》，《远程教育杂志》2010年第4期。

这件事给我的冲击很大。之后，我与李老师有过交流，作为学校的骨干教师，她对学校以考试成绩给学生排名，以及按照成绩安排考试座位极不赞成，但也表示无可奈何！再到 JY 附中去我尤其关注 JH 这个学生，每次都要找机会和她说上几句话，但总感觉这个孩子的眼睛是晦暗的。她曾跟我说，"哎，老师，我就是只蜗牛，没办法了……"看见这个孩子紧锁的眉头和消极懈怠的样子，似乎已经消磨了斗志开始逐渐自暴自弃。我于心不忍、有心劝说，但总觉得自己的话语是那么的苍白无力。以研究者的角色看待这个学生，这个学生是值得去跟踪和关注的，这样的教育考试和评价制度对这样的孩子到底会造成多大的伤害？对她的性格发展、德性养成，乃至于今后的一生会产生怎样的影响？即使对那些所谓的"好孩子"也是有百利而无一害的吗？抛开研究者的角色和身份，我几乎对这个学生的痛苦感同身受、心有戚戚，为她的"麻木、迷茫、懈怠"所焦虑，急切地想为她做些什么。

案例二：

在南京市 XZ 小学二年级学生临近期末考试的一堂语文课上，年轻的方老师以"每个同学围绕本学期的教学内容出一份试卷，第二天和同座位同学交换完成"为内容布置了当天的家庭作业。

这是一件微不足道的小事，是和同事聊天中无意说起的。他说，他的儿子当天回家完成语文作业非常积极，将课本仔细看了一遍，非常认真地跟他爸爸说要出一份最漂亮、最完整的试卷，要让同座位的女生佩服他……我非常为同事的孩子感到幸运，这个孩子遇到了一个有思想、懂孩子的老师。她没有以简单的操作化训练，诸如对生字词的反复抄写作为期末复习的主要手段，而是让孩子们去思考、去设计，带着一份童心去完成原本任务型的学习，这可谓是老师的匠心独运。一份简单的作业折射出了教师的教学思想和美好的师生关系……

教育本是促进人的发展的复杂性活动，如果以简单的、重复的操作和训练去造就充满僵化的知识的头脑，那就是选择了一条把复杂性化解为简单性从而遮蔽了教育的本质的道路。年轻的方老师在布置作业上的用心值得我们去思考。

为什么在多数教师习惯于以重复的、机械的抄写方式去巩固学过的知识的现状下，年轻的小方老师选择放弃这种简单易行的方法呢？小方老师是这样告诉我的：

> 关于出试卷的事情，出于一个观念，就是充分发挥孩子的主动性，激发孩子的兴趣，让孩子在其中寻求成就感。这句话师范的时候学习过，可是如何落实到实践中，其实是需要对这句话有充分的理解。我一直觉得我语文并不好，我不是诗人，不是作家，不是文字学者，我如何教语文？到底要给孩子什么？我想我不能教他们写诗，不能教他们出书，唯有能做的就是让孩子掌握文字工具，用工具表达自己的观点情感等，希望孩子喜欢语文，喜欢文字，让兴趣与热情带他们走得更远。所以在语文学科学习上，我尽可能地让孩子发挥自己的主动性，从中找到成就感，良性循环。(FY 老师)

案例三①：

曾经在报纸中看到一则小文，某家长晒出了自己正在小学读书的儿子的作业，说不理解读小学的儿子的语文作业如何会有那么多的"标准"答案，甚至连"你最喜欢的一句话"都要求根据标准答案修改。家长举出如下案例：

> 一、春天的夜晚，一个久别家乡的人望着皎洁的月光，不禁

---

① 王旭文：《小学语文不能这么教》，《羊城晚报》2011 年 3 月 26 日第 B11 版。

想起故乡，于是吟起一首诗_____。"我"看到这个题目后和儿子回答的是一样的"举头望明月，低头思故乡"，老师给孩子打了"×"，标准答案是"春风又绿江南岸，明月何时照我还"。

二、《匆匆》这篇文章中你最喜欢的、印象最深刻的一句话是_____。孩子的回答是"我的日子滴在时间的流里，没有声音，也没有影子。""我"写的是另一句话，但老师给孩子又打了一个"×"，我的也不对。标准答案是："但是，聪明的你告诉我，我们的日子为何一去不复返呢？"

三、第三个例子更怪，老师让用一句话说明"π"的含义，孩子的回答是"π"的含义是圆周率，而老师给的标准答案是："一个在数学和物理学领域普遍存在的数学常数。"

读此案例，作为研究者我不禁悲从中来，这也是一位语文老师心中的"语文教学"。在这位语文老师的眼里，"语文"到底是什么？语文是几本教科书、几千个词语、几十首诗歌造就的吗？语文中既体现着祖国语言文字的丰富多彩，同时也是对血肉丰满的文化的传承和张扬；语文教学不似数理的公式化思维，更不应该去追求答案的统一和唯一，而应该是在感悟、理解并占有更多丰富素材的基础上的创造。如果将理科的公式化思维方式照搬到语文教学中，那无疑是框定、禁锢了学生的思维，久而久之必然扼杀了学生的思维能力和学习兴趣，语文学习成为了对固有知识的记忆，从而使学生失去了本该从语文学习中收获的综合能力和人文素养。

案例四①：

这篇文章我在数年前即已看过，不记得是哪位友人转发给我的，只记得当时阅后非常感动，随即收藏之。在做这部分的研究时就在思

---

① 《我想成为坐在路边鼓掌的人》，（http：//www.u148.net/article/42216.html）。

考是否要拿出与大家分享，思虑再三，将之呈现出来，甚至不舍过多删减。这是一篇读起来很优美也很感人的故事。读后我不禁为文中的母亲骄傲，为文中的女孩子能在充斥着如此意义无多的竞争的教育环境中保持着朴素和淡然的心态而欢呼雀跃。

"我想成为坐在路边鼓掌的人"

我那上国中的女儿，她同学都管她叫23号。她的班上总共有50个人，而每次考试，女儿都排名23。久而久之，便有了这个雅号，她也就成了名副其实的中等生。我们觉得这外号刺耳，女儿却欣然接受。老公发愁地说，一碰到公司活动，或者老同学聚会，别人都对自家的"小超人"赞不绝口，他却只能扮深沉。人家的孩子，不仅成绩出类拔萃，而且特长多多。唯有我们家的23号女生，没有一样值得炫耀的地方。因此，他一看到娱乐节目那些才艺非凡的孩子，就羡慕得两眼放光。后来，看到一则9岁孩子上大学的报道，他很受伤地问女儿："孩子，你怎么就不是个神童呢？"女儿说："因为我爸爸不是神父啊！"老公无言以对，我不禁笑出声来。

中秋节，亲友相聚，坐满了一个宽大的包厢。众人的话题，也渐渐转向各家的小儿女。趁着酒兴，要孩子们说说将来要做什么？钢琴家，明星，政界要人，孩子们毫不怯场，连那个四岁半的女孩，也会说将来要做电视的主持人，赢得一阵赞叹！15岁的女儿正为身边的小弟弟小妹妹剔蟹剥虾，盛汤揩嘴，忙得不亦乐乎。大家忽然想起只剩她没说了。在众人的催促下，她认真地回答："长大了，我的第一志愿是，当幼儿园老师，领着孩子们唱歌跳舞，做游戏。"众人礼貌地表示赞许，紧接着追问她的第二志愿。她大大方方地说："我想做妈妈，穿着印叮当猫的围裙，在厨房做晚餐，然后给我的孩子讲故事，给她喝我小时候喝的艾儿口服液，照顾她不会生病很重要哦，我还要领着她在阳台上看星星。"亲友愕然，面面相觑，不知道该说些什么。老公的神情，极为尴尬。回家后，他叹着气说："你还真打算让女儿将来当个幼儿园老师？我们难道真的眼睁睁地看着她当中等生？"

其实，我们也动过很多脑筋。为提高她的学习成绩，请家教，报辅导班，买各种各样的资料。孩子也蛮懂事，漫画书不看了，剪纸班退出了，周末的懒觉放弃了。像一只疲惫的小鸟，她从一个班赶到另一个班，卷子、练习册，一沓沓地做。但到底是个孩子，身体先扛不住了，吊着点滴，在病床上，她还坚持写作业，最后引发了肺炎。病好后，孩子的脸小了一圈。可期末考试的成绩，仍然是让我们哭笑不得的第23名。

后来，我们也曾试过增加营养、物质激励等等，几次三番地折腾下来，女儿的小脸越来越苍白。而且，一说要考试，她就开始厌食，失眠，冒虚汗，再接着，考出了令我们瞠目结舌的第33名。

我和老公，悄无声息地放弃了轰轰烈烈的揠苗助长活动。恢复了她正常的作息时间，还给她画漫画的权利，允许她继续订《儿童幽默》之类的书报，家中安稳了很久。我们对女儿是心疼的，可面对她的成绩又有说不出的困惑。

周末，一群同事结伴郊游。大家各自做了最拿手的菜，带着老公和孩子去野餐。一路上笑语盈盈，这家孩子唱歌，那家孩子表演小品。女儿没什么看家本领，只是开心地不停鼓掌。她不时跑到后面，照看着那些食物。把倾斜的饭盒摆好，松了的瓶盖拧紧，流出的菜汁擦净。忙忙碌碌，像个细心的小管家。野餐的时候，发生了一件意外的事。两个小男孩，一个数理天才，一个英语高手，两人同时夹住盘子上的一块糯米饼，谁也不肯放手，更不愿平分。丰盛的美食，源源不断地摆上来，他们看都不看。大人们又笑又叹，连劝带哄，可怎么都不管用。最后，还是女儿，用掷硬币的方法，轻松地打破了这个僵局。回来的路上堵车，一些孩子焦躁起来。女儿的笑话一个接一个，全车人都被逗乐了。她手底下也没闲着，用装食品的彩色纸盒剪出许多小动物，引得这群孩子赞叹不已。直到下车，每个人都拿到了自己的生肖剪纸。听到孩子们连连道谢，老公禁不住露出了自豪的微笑。

期中考试后，我接到了女儿班主任的电话。首先得知，女儿的成绩，仍是中等。不过，他说，有一件奇怪的事想告诉我，他从教三十年了，第一次遇见这种事。语文试卷上有一道附加题：你最欣赏班上的哪位同学，请说出理由。除女儿之外，全班同学，竟然都写上了女儿的名字。理由很多：热心助人，守信用、不爱生气、好相处等等，写得最多的是乐观幽默。班主任还说，很多同学建议由她来担任班长。他感叹道："你这个女儿，虽说成绩普通，可是做人，实在很优秀！"我开玩笑地对女儿说："你快要成为英雄了。"正在织围巾的女儿，歪着头想了想，认真地告诉我说："老师曾讲过一句格言：当英雄路过的时候，总要有人坐在路边鼓掌。"她轻轻地说："妈妈，我不想成为英雄，我想成为坐在路边鼓掌的人。"我猛地一震，默默地打量着她。她安静地织着绒线，淡粉的线，在竹针上缠缠绕绕，仿佛一寸一寸的光阴，在她手上吐出星星点点的花蕾。我心上竟是蓦地一暖。那一刻，我忽然被这个不想成为英雄的女孩打动了。这世间，有多少人，年少时渴望成为英雄，最终却成了烟火红尘中的平凡人。如果健康，如果快乐，如果没有违背自己的心意，我们的孩子，又何妨做一个善良的普通人。

这篇文章我读过数次，每次读后心中总是阵阵暖意融生。作为研究者，我确信这正是我所希望能够建构的教学生活：教师、家长、学生能够彼此接纳、欣赏、认可，虽有可能经历内心的挣扎但最终仍选择回归自然的默契，还孩子一种能让她恣意挥洒的学习生活，让孩子成为她自己，成为她想要成为的那样。也许有人会说，这太不真实，这是虚构的故事。但是我们有没有想过，当我们怀疑其真实性的同时即从另一层面说明，这正是我们期待和梦想的。我们希望自己的孩子能在校园生活中从容、优雅，我们期待自己的学生能身心健康，我们更期待我们的教育不要那么的急功近利，能够摈弃那些无谓的竞争，还孩子一片纯净的天空。这是我们今天这个时代所迫切需要的。

（二）现实教学生活本质上是一种机械生活

中国目前的教育可以说被人诟病已久。我国自 1897 年废除科举制度，现代教育发展至今已逾百年，即使从 1977 年的恢复高考开始计算，中国当代的教育改革也已走过了 30 多年的历程。毋庸置疑的是我们的教育取得了巨大进步，教育现代化成果丰硕。回顾教育百年的发展，历经数次课程改革，"素质教育""全面发展"的理念从上至下不断地被写入各类报告、章程，但时至今日，"应该教育"仍然是整个教育特别是基础教育阶段各类学校教育的主要手段。校园里"起得最早的人是我，睡得最晚的人也是我……"；"在我心中，老师最凶，晚上补课到九、十点钟，回到家里，老妈最凶，盯着作业不放松"；"有一种酷刑叫写作业，我们已被判了'无期'。所以，我们要好好学习，好好'改造'"[①]；社会上充斥着门庭若市的各类"培优班"，追逐名利的各类"培优机构"，以及畸形发展的"小升初"。在一些老师、家长看来，学习比生活重要，分数比身体重要，知识成为素质的代名词，教育的"育人"功能被"育分"所代替。于是，在基础教育阶段的教学生活中，出现了孩子们永远不能减重的"大书包"，越来越厚的"眼镜圈"，以及各类自杀及心理隐疾等极端事件。"教育界在热衷于打造名校、选拔精英，淘汰平常，把培养杰出人才的社会责任压迫给了未成年人，让基础教育成了全社会竞争最残酷、

---

① 贾立君、张丽娜：《豆蔻年华之困》，《瞭望》2013 年第 7 期。

课业负担最沉重的教育"。① 教育教学被视为简单的技能培训，重视知识、技能的获得更胜于对品德的养成，在这种极端功利主义的教育熏陶下，一批批"精致的利己主义者""脱颖而出"。因此，如今，在象牙塔内类似"复旦大学投毒案件"的恶性事件频发也就不足为怪了，这可以说与基础教育阶段的舍本逐末不无关系。

如果说现代性是工业文明的产物，那么现代教育与现代工业文明的发展也有着千丝万缕的联系。如同现代工业文明以追求速度、效率的机械性为第一要义，现代教育在本质上也是机械思维导向的，以机械论的世界观俯瞰整体的现代教学生活本身及其过程。后现代学者王治河认为机械论的世界观存在三个要素，"其一，总是尽可能地将世界还原为各种基本元素；其二，这些基本元素之间的联系是外在的，它们在空间上分离，在性质关系上彼此独立；其三，认为要素之间仅仅存在因互相推动而形成的表层相互作用，因此这种作用力难以影响事物的内在特性"②。这种以牛顿力学为其哲学基础的机械思维将宇宙及世间万物的存在和运转，视为一种机械的简单机器运动，如同"每块石头都孤独地存在于宇宙之中……无须参照物质的任何其他部分就可被描述出来"③，只看到事物的外在联系而赋予事物客体存在的外在价值。因此，在机械思维的观照下，教育成为教育者对受教育者的设计、加工和塑造的过程，校园越来越像标准化生产的"企业"和"工厂"，学生成为被批量生产出来的割裂其生命血肉联系的"产品"。

以机械论世界观看教学生活，教学生活是物性的工具化存在。机械论世界观以物理学为其核心，崇尚宇宙运动的自然秩序并且认为通

---

① 杨启亮：《普适与朴素：基础教育教学创新的品质》，《课程·教材·教法》2012年第1期。

② 王治河：《别一种后现代主义》，载大卫·格里芬《后现代科学——科学魅力的再现》，马季方译，中央编译出版社2004年版，第6页。

③ Alfred North Whitehead, *Adventures of Ideas*, New York: Macmillan, Inc., 1954, p. 220.

过科学原理人类不仅可以征服自然，而且能够预测整个物质宇宙的发展，认为存在的一切事物都是物质的。因此，在这种世界观的影响下，教育视界中的人是物，物也是物，也就是说教学生活中的教师、学生、知识以及师生生活的校园都是彼此独立且具有外在联系的基本存在"物"，复杂的教学生活被还原为如同机器的零部件存在的教师和学生、作为填充物存在的知识，以及被视为机器和工厂的学校，而且每一"物"都有其固有的属性，且自足、孤立、封闭地存在着，如莱布尼茨的"单子"一样没有可出入的窗口。当教师和学生被当作"物"存在时，师生已失却了作为人的本性和尊严，个体的德性、智慧、审美、情感、身体和心灵都被人为地肢解而失去了作为整体的人存在的意义和价值。卢梭说，人是生而自由的，自由即意味着拥有选择和创造的可能，也就是说人生而拥有主体主动发展的可能，但现实教学生活中作为"物"存在的师生的主体性和责任感却已逐渐消失，教和学成为谋取名利的器物和竞争的手段，这不能不归结于是教育世界中的人为因素的破坏和扼杀，也就是说师生的自由已陷于名利的器物枷锁之中。当师生被视为"物性"存在时，师生之间是彼此分离、相互无涉的二元对立关系。一方面，教师以其先行设定的主体地位对作为对象存在的学生实施规训和控制，以达到对受教育者的形塑作用；另一方面，作为"物"的教师本身也在接受来自社会、文化、制度以及生存压力的规训。正如福柯所言，"规训'造就'个人，这是一种把个人既视为操练的对象又视为操练的工具的特殊技术"①，因此，规训进一步巩固了师生之间控制与被控制的等级关系，异化了师生个体和师生关系，固化了传统的教学模式并衍生出作为"物"存在的知识。"物化"的知识成为现代人改变个人生活境遇和谋划个人所谓的美好生活的工具，不仅如此，尤以可量化的、确定的

---

① ［法］米歇尔·福柯：《规训与惩罚：监狱的诞生》，刘北成等译，生活·读书·新知三联书店 2003 年版，第 193 页。

科学知识最受社会膜拜而被进一步符号化为以数字彰显的成绩单。于是，以"物性"科学知识为追求目标，各种社会辅导、培训机构层出不穷；作业越做越多，题海战术越演越烈；超前学、往难学、重复学，知识成为奴役师生的主体。作为"物"存在的师生专注于对"物性""现成知识"的"灌输"和"吸收"，没有丝毫空隙去批判和反思，甚至于停不下片刻的脚步去看看周围的世界。

在机械思维的观照下，学校作为教学生活发生的重要场域被视为一个封闭、僵化、静止且孤立于社会系统和自然的"圈养"师生的"加工厂"。一方面，作为"物"存在的学校接受着来自上级主管部门和社会的制度规约和机械管理；另一方面，当学校被"物性"奴化时，将呈现僵化态势并发展成类似小型的"集权社会"，以"规范和标准"约束师生的个性化发展，以"不能、不可以、不允许"操控师生的日常生活，以对"整齐、有序、圆满"的追求让师生付出失却"自由、个性、创造"的高昂代价。教育本应让受教育者成为他自己，成为富有个性和德性的独一无二的存在，然而现实的教育却使个体发展陷于功利化的人为设计和单一的发展模式当中。

在机械思维视域里，现实教学生活本质上是操控工具的技术化控制过程。关于技术，我们并不陌生，中国古人将之视为技艺、法术，"医方诸食技术之人，焦神极能，为重糈也"（《史记·货殖列传》），现在我们在一般意义上将之定义为技能和操作技巧。如果要问教学中有技术吗？答案当然是肯定的，技术在建构教学过程中的某一个环节或某一个方面时必不可少，这里或可称之为"艺术"。但是，如果将可操作的技术或普遍模式，脱离时空情境而视为事物或活动开展赖以存在的根本，则可称之为"技术化"。而现代教学生活正可谓充斥着技术化的倾向，追求教学目标的可操作化，教学过程的程式化以及评价的数字化，以整体的技术化倾向僭越了教学生活的本真。

如果我们从理论和实践两个维度审视教育，教学生活无疑是教育在实践层面的真实写照，其中尤以教学最为直接和直观的反映教育的目标和成果，至少，这在现实中已获得约定俗成的认可。于是，在现实教学生活中以对教学目标的可操作性追求代替了教育中对人性的涵养和价值追求。新课程改革以"知识与技能、过程与方法、情感态度和价值观"三个维度设计课程与教学的目标，注重主体的实践和体验，要求在知识与技能中渗透过程与方法，帮助学生形成积极的情感、情绪和健康向上的人生态度。但是，现实中往往只见可操作的知识与技能目标，譬如上文的案例二和三，同样是语文教学，两位老师所采取的不同的教学方法完整地折射出了两位老师不同的教学目标追求。案例二中的 FY 老师选择让孩子自己出一份试卷作为复习的方式，意在让孩子在回顾和整理知识的过程中探索自己的问题并发现文字的乐趣。而案例三中的语文老师对答案的唯一性和标准性的片面要求，则完全体现了对可操作化教学目标的落实。其实，教学目标的可操作化在实践层面我们并不完全否定，它在一定层面上使得教学目标层层分解、便于落实、可测量、可检验，有其积极的一面。但是在现实教学生活中，教学目标的可操作化被频繁单调的"题海训练"、被答案的唯一性和标准性所异化，早已失去其本该拥有的积极的存在价值。

现实教学生活中的技术化倾向还表现在教学过程的程式化方面。所谓程式化是指在长期的发展过程中已形成了自己固有的模式。机械思维中的教育教学生活类似于一台以培养人为目的的机器，教学生活中的各要素如同机器中的各个零部件，当学校成为培养人才的加工厂，教育教学的过程也就降格为训练和生产工具人的过程。如同金生鈜在其《规训与教化》中指出的"现代教育中存在的'科学'式训练，现代教育正日益成为一种通过'教育科学'精心设计的，教育的以管理细致安排的特殊的塑造机制，强制性的教育操纵每个人，把他们造就成特定类型的人"[①]。机械思维的程式化忽视了事物发展过程中的不可预见的创造性，因此教育教学的程式化将造就程式化发展

---

① 金生鈜：《规训与教化》，教育科学出版社 2004 年版，第 17 页。

的个体，以拥有社会崇尚、认可的工作技能和社会地位为培养目标。其实，在社会发展迅猛，科技日新月异的今天，知识永远在变化，技能很快会过时，最重要的应该是培养不断学习的能力，拥有批判性思考的能力，而这些是机械性的程式化教育教学过程永不可能企及的目标。

除了结果的程式化外，被机械思维控制的教学生活尤其表现为教学生活过程中教学内容、方法、手段的程式化。中国人民大学附属中学特级教师肖远骑曾写过一篇题名为《美国教育的秘密》的文章，给我很强烈的冲击。他在文中提到中美孩子在写作方面的差异，由此将中美在基础教育中的创新教育作了比较和批判。他说，美国五年级学生从写作文开始就与中国孩子有很大不同，中国的现状是一个班级几十人以同一个话题或题目作文，而美国则是每个孩子自己找题目，他们称之为找课题（project）。而在中国，找课题只对研究生或以上的人才有此要求。① 其实，自我创作，我写我思才是真正的作文教学。当美国的创新教育从娃娃抓起时，我们甚至还在经历着百万人同写一个作文题的高考作文的炼狱，这难道不值得我们反思？我们的教育教学把孩子约束在固化的时空里，"从制度政策、教育行政和学校管理，到课程设计与教师行为，都以一种程式化的运用某种技术知识的专业行动为标志"②。因此，程式化的时间安排、程式化的座位摆放、程式化的教学内容和教学方法，消解了教学过程以及人的发展过程中的可能性和不确定性，造就的是所谓僵化的"工具式"人才的诞生。

现实教学生活中的技术化倾向更突出表现在追求评价的数字化。评价本身是一种价值判断活动，是主体对客体满足需要程度做出的合理判断。评价作为一种价值判断在教学生活的各类活动（事件）中占据主导地位，直接影响学生对学习的兴趣以及其思想、情感的发

---

① 肖远骑：《美国教育的秘密》，《中国教育报》2014 年 10 月 29 日第 9 版。
② 金生鈜：《何为教育实践？》，《华东师范大学学报》（教育科学版）2014 年第 2 期。

展，甚至对师生关系的建构也有着举足轻重的作用。然而，现实教学生活中的各类评价都围绕学生的学业成绩进行，换言之，以数字符号表征的学业成绩成为衡量和评价个体的重要且唯一的指标，不仅如此，师生关系甚至也趋向于一种以成绩为代表的符号尊重。长期以来，我们习惯于以分数的高低评价学生的好与不好，正常与否，于是，将青春期的叛逆和懵懂归之为不正常；将学生在课堂中表现出的奇思妙想和好奇心视为对正常教学的破坏和忤逆；将考试成绩不好的学生归之为"差生"。其实，数字化评价的标准不仅单一而且狭隘，机械化的数字彰显的是苍白、冷酷且远离儿童生活的世界，数字化的评价让孩子越来越焦虑、越来越沉默和茫然，数字化的评价让孩子的心离我们越来越远。在我们的现实世界中，因承受不了考试的压力，因成绩退步而罹患心理隐疾甚至走上绝路的中学生自杀事件每天都有发生，数不胜数。上文"案例一"中的主人公 JH 仅仅是众多的备受现代考试制度压榨和歧视的学生群体中的一员，她让我们反思，教育的效果是否只有从考试的分数中见得分晓？每个人都知道且相信，考试成绩不能作为评价学生的唯一标准，最多只能是衡量教学效果的一个参考，但现实教育教学世界仍旧选择了它，于是，学生为了提高成绩而夜以继日地做题，接受机械的训练和重复演练，在考试中获得高分成为学习的唯一动力。

教学生活是教师和学生共同参与的生命实践活动，生命实践应该是灵动的、张扬个性的、教人向善且合道德、合人性的[①]，应该是引导师生共同走向生命的完满的过程。然而，在机械思维的技术控制欲念下，现实世界中的教学生活完全南辕北辙，走上了一条技术操作的生产之路，培养的是考试的机器和工具，忘却了对人的生命和价值意义的关怀，如同由钢筋混凝土构造的现代世界般失却了生命的热情和灵动一样。

---

① 金生鈜：《何为教育实践？》，《华东师范大学学报》（教育科学版）2014 年第 2 期。

三 一种过程哲学视域(有机)的教学生活

一直以来,师生的教学生活在现代境遇中被培根的"知识就是力量",福柯的"知识即权力"等所宰制,教学生活越来越以知识的教和学为其重要甚至是唯一的内容,知识成为教学生活的中心和重心。也因此,教学生活成功地扮演着对教师和学生甚至于家长进行改造的角色,这本身即意味着现代教学生活中人的主体地位和价值的式微,以及对人的主体性和价值性的背离。正所谓物极必反,这里的"反"亦是"返",指对教学生活本来样貌的回归,是指当下作为教学生活的"主体环境"的教师、学生自身及其"周围环境"的家长、社会公众等的逐渐觉醒,这种"觉醒"为我们今天置身于现代工具理性驾驭的现代教学生活中而发现过程哲学的曙光,并选择其作为重建现代教学生活的逻辑起点提供了可能性。

(一) 生活的内涵及其意义

生活是什么?人的生活有何意义与价值?这些问题是亘古不变的难题,也是人类心灵深处最深蕴、最奥秘、最永恒的形而上学的问题。在现代汉语语境中,生活是"生存、活着"的意思。对生活最简单的理解就是活着,微生物活着、植物活着,动物也活着。《辞源》对生活有四种解释:生存、生计(指一切饮食起居动作)、工作、手艺。《辞海》中将生活解释为:(1)人的各种活动,如政治、文化生活。(2)生存、活着。(3)生涯、生计。(4)指工作、手艺或成品。① 指为了生存和发展而进行的各种活动。

古今中外的学者根据自己的立场对"生活是什么"也做出了不同的解答。中国生活学首倡者黄现璠给生活的定义和分类是:生活,狭

---

① 夏征农主编:《辞海》,上海辞书出版社 1999 年版,第 4642 页。

义上是指人在生存期间为了维生和繁衍所必须从事的不可或缺的生计活动。它的基本内容即为食衣住行；广义上指人的各种活动，包括日常生活行动、工作、休闲、社交等职业生活、个人生活、家庭生活和社会生活。梁漱溟先生把生活等同于生命，"生命与生活，在我说实际上是纯然一回事，一为表体，一为表用而已。'生'与'活'二字，意义相同，生即活，活亦即生，生命是什么？就是活的延续。"①陶行知先生认为"一个有生命的东西在一个环境里生生不已就叫生活"②。还有研究者将生活的本质界定为一种"人在自然和社会空间中，围绕人的生命存在和发展而实现人生价值和意义的能动的活动，生命存在是生活的焦点，生命价值的实现则是生活的归宿"③。生活成为人的生命动态展开的过程，不是静态的存在，而是动态的生成存在。

生活的内涵已然是感官世界与精神世界的结合，如此，生活才能找到其统一性与意义。离开感官世界，无法让人懂得欢乐与悲伤；离开与人之生命活动休戚相关的精神世界，无法领会并体验生命存在的幸福。世界充盈着意义，生活展示着意义，人的喜、怒、哀、乐都源于人与世界、与生活发生着意义关联。人类都向往有意义的生活，人是追寻意义的存在者，生活过程成为寻求意义的过程。因此，生活的意义成为人的生命支柱，一无所是的无意义的生活成为人类无法忍受的生活，过有意义的生活成为人人向往追求的目标。

生活的意义并不是一个事实性的存在，而是一个价值论的问题，需要追问的是人为什么要选择这样的生活，而不是那样的生活，这样的生活意义何在？有人说，生活的意义在于做每一件事情的具体的目

①　马秋帆编著：《梁漱溟教育论著选》，人民教育出版社1994年版，第263页。
②　董宝良主编：《陶行知教育论著选》，人民教育出版社1991年版，第292页。
③　郭元祥：《生活与教育——回归生活世界的基础教育论纲》，华中师范大学出版社2002年版，第107页。

标，比如吃饭是为了享受美味佳肴，是为了免于饥饿，认真学习是为了在考试中取得高分，与朋友见面是为交流情感等等。这些都可以被视为生活的意义，无可厚非。但仅仅将如此具体琐碎的生活事件、生活目的作为生活的意义存在，又不免过于轻率而经不住反思与推敲。"未经审问明辨的生活，是不值得一过的。"苏格拉底的这个说法意在表明人生的意义蕴于自我省察的过程中，这种省察正是对生活意义的反思和追问。这里所指的生活自然不是指具体的衣、食、住、行，值得一过的生活也非指上文所提到的对美味佳肴的享受等具体的生活目标，而更在于从整体的角度去审问自身"我要过怎样的人生？怎样的人生于我才是有意义的？"以"人生"代替"生活"的表达，重点在于关注生活的整体性，强调由各种具体的生活小事件所组成的整体生活，所有的生活事件目标只关注一个目的意义。美国哲学家诺齐克（Robert Nozick）借用生活的意义论述个人的权利问题时提出："一个人按照某种总体的计划塑造他的生活，也就是在赋予他的生活以某种意义。只有一个有能力如此塑造他的生活的存在者，才能够拥有或者努力追求有意义的生活。"[①] 也就是说，我们的生活所具有的意义是我们自己所赋予的，我们可以通过确立自己的生活目标，制定具体的生活计划而赋予自己的生活以价值。生活是一种能动的活动，在领会世界、体验生命存在的过程中领略生活的意义，使生活成为一种感受和精神的企盼。

（二）教学作为一种生活

近年来，研究者对教学生活的内涵、教学与生活的关系等有诸多论述。有学者认为教学是教师的一种生活方式和存在方式，教学生活

---

① ［美］诺齐克·罗伯特：《无政府、国家与乌托邦》，何怀宏等译，中国社会科学出版社1991年版，第60页。

的价值和意义不仅体现在教学的结果上，更体现在教学的过程中。①
也有学者认为，教学是一种健康、纯真、充满智慧与诗意的生活，它
含有生活的特征、成分和性质，并进一步指出教学之中本来就有生
活，教师在教学中生活着且丰富着生活，所以，教学本身就具有"自
然"的生活意义和价值。② 还有学者将教学世界看作是教师在自己的
生命活动中创造着的有意义的生活世界，在"意义"层面上，教学
"意味"着生活，而不是将教学真正变成一种日常生活或完全等同于
社会生活。③

在分析已有研究成果的意义上，本书认为"教学生活"中既有
"教师之生活"，更有"学生之生活"；既有教师之"教"的生活，亦
不乏教师之"学"的生活；既可见学生之"学"的生活，亦可见学
生之"教"的生活。也就是说，教学生活中教师在"教"的同时亦
不断地加强自我的学习和提升，学生在"学"的同时也在以自身的
知识结构、经验水平影响着身边的同学和老师。鉴于此，研究者将过
程哲学视域中的教学生活定义为，教师和学生以课程为中介，在一定
的教学环境中，通过师生之间、师师之间，生生之间、师生与课程文
本之间，以及师生与自我之间的不同"事件"的生成和流转，从而
不断创造"新质"④ 的过程，是师生在教学活动情境中建构的一种生
态的、整合的、创造的成长方式和生活方式。从这个定义中可以看
出，教师、学生、课程、环境成为教学生活中的主体，并且在不断地
碰撞和"合生"的过程中生成不同事件，从而构成一种有别于日常
生活的教学生活。当然，教学生活中并非只见师生、课程和环境，教
学方法、教学手段、教学的组织形式及教学评价等也是教学生活的重

---

① 徐继存：《教师生活重塑与基础教育课程改革》，《教育研究》2002 年第 9 期，
② 蔡宝来、王立国：《回归生活的教学论：重心位移和主题预设》，《教育研究》2005
年第 12 期。
③ 迟艳杰：《教学意味着"生活"》，《教育研究》2004 年第 11 期。
④ 怀特海认为过程在本质上是创造的，一切过程都面向无数的可能性，都具有一种更
为根本的新质，即新颖性。

要内容。但因篇幅所限，研究者将其归入广义的教学环境概念中，以师生的成长、课程及环境的建构作为本研究的重点。还有一点需说明的是：本书中的教学生活专指学校教育类的师生教学生活，继续教育、远程教育、社会教育、家庭教育等不在此研究范围之内。

1. 教学作为一种生活的内涵及意义

将教学视为一种生活从主体视角可以从两个层面去理解。一方面，教学作为一种生活是教师个体或群体的生活，是教师自我生命的展现过程，教师在教学生活中自成目的性，教学已走出外在于教师身心的异化劳作而成为一种精神享受和精神建构的过程。以一种生活方式来审视教师的教学生活，教学必将超越知识授受的工具性价值，教学不再是教师谋生的手段，"教师的认知活动成为其'在世'的一种存在方式，教师首先是'依寓'于教学世界中，然后才开始进行其他活动（如认知活动）"①。当我们将教学视为教师的生活方式和存在形式时，教师在教学中的主体意识得到了提升，其目光和视线从专注于教学对象——学生，从专注于教学内容——教材转而开始发现教学活动在生活过程中，于是，教师开始关注自身的发展和成长，开始意识到需提升个体的生活质量，从而教师在教学情境中体验到存在的幸福和生命的成长。

另一方面，教学生活不仅仅是教师自我建构生活方式的过程，于成长中的儿童来说，亦是一种超越理性知识学习的立体的多彩的存在。信息技术特别是互联网技术，从根本上动摇和瓦解了现行教育的基础，也催生着教学中主体地位的转移和权利的分散。教育的主体性开始转向学习的主体性，教学生活中"学"的意味开始与"教"的功能并驾齐驱。教学，不再只是灌输和传授书本知识和技能，不再仅仅是学生在教师的引导下进行的对人类过往生活经验、经历和知识的掌握。对于成长中的儿童来说，教学生活也是儿童完整的生活，收获

---

① 罗儒国：《教师教学生活研究》，博士学位论文，西北师范大学，2007 年，第 5 页。

的不仅仅是理性的认知过程和结果，更是个体或群体德性的成长和审美、立美意念及水平的培养，因此，教学生活成为儿童生命价值形塑的始基和过程，成为儿童个体或群体的日常生活，是学生以理性知识学习为基础，开始掌握与自然、与社会、与周围的环境相互授受、和谐相处的开端。

将教学视为师生的一种生活，于教师与学生，以及教学研究、教师研究来说都具有极大的意义，从本体论的视角带来教学观的转变以及教学研究范式的转型。

（1）教学观的转变

教学观包括教学目的观、师生关系观、课程观、过程观、方法观及评价观等方面，是关于教学为什么、是什么，教学应如何的观点和看法。在以生活为目的和存在方式的教学过程中，教师和学生作为生活中的存在具有丰富多样性，教学的目的不是旨在将学生培养成稳定的完人、同一的人或标准的人，而是旨在将学生培养成为有丰富内涵的具有自由个性的个体，尊重"人"的差异性、特殊性和发展性，使个人经验及其所代表的文化在教学生活中得以张扬和肯定。生活过程中的儿童是立体多彩的人，是有个性的存在，教师与学生的关系将摆脱传统的教师权威模式，其传统地位和身份得以"再概念化"，"作为老师的学生"和"作为学生的老师"赋予教师和学生身份以另一层含义，师生开始平等的对话和交流，学生的自主性和创新意识在教学过程中得到最大限度的开发和尊重。教学中打破传统的课程观，课程不再是既有知识的堆砌，课程教学在于为学生创造与知识相遇的情境，让学生自主体验，以自己的经验、情感和情绪展开与文本的对话，以开放的眼光看待并接纳差异和多样，在与差异对话、与文本交汇的过程中建构自我的新知，教学过程成为师生的自我创生的过程，成为一种开放的组织系统。在生活化的教学中，儿童的情感、意志、兴趣和动机得以充分自由地展现，每个人之间的差异得到尊重，对不同的知识和境遇都有个体不同的体悟，每个学生都能体验到自己的进步并产生满足感和自信心。

（2）教学研究范式的转型

自"范式"一词被默顿（Merton R. K）和库恩（T. Kuhn）在特别的学科背景使用后，逐渐被广泛运用于各学科研究，更在教学研究领域频频出现。"教学研究范式是教学研究者普遍拥有的教育哲学观与相应的教学研究主张的统一体"①，张武升在其研究成果中将教学研究范式的发展概括为"逻辑演绎的研究范式、自然类比的研究范式、实证分析的研究范式及人文理解的研究范式四个阶段，并且四个阶段互相融合，并最终实现精确的微观分析与整体理解相结合、定性描述与定量描述相结合、结果研究与过程研究相结合、技术研究方法与主体艺术的把握相结合的科学研究规则"②。将教学视为师生的一种生活，使得教学研究范式实现了上述整合和转换，研究者开始用交互作用、动态生成、相互转换的复杂思维来理解、阐释教学回归生活后所实现的"人作为一个丰富整体，作为具有能动性和多种发展可能性，并在自己的各种实践活动中实现价值选择和生命意义的复杂体"③的意义。现实的教学研究在教师教学生活中，教师生活中有教学，教师作为教学生活的主体开始展现出自己独特的研究个性和实践经验，教师在教育教学研究中开始成为真正的主体和行动研究者，个体作为独特的研究主体的主观能动性得到最大程度的开发，教师成为研究者使研究始于问题、源于实践，教学研究的成果真正能反哺教学，因而提升了教学生活的质量，使每个教师都能获得个体独特的进步和成长。同时，根植于生活实践的教学研究也开始摆脱"跟着文件走、跟着口号走、跟着上级要求走"的虚假研究而呈现鲜活生动的特

---

① 潘涌、水小琴：《"师本教研"：一种新型教学研究范式》，《教育科学研究》2009年第3期。

② 张武升：《教学研究范式的变革与发展趋向》，《教育研究》1994年第12期。

③ 叶澜：《世纪初中国教育理论发展的断想》，《华东师范大学学报》（教育科学版）2001年第1期。

点。将教学视为一种生活也使得理论研究者开始转变自己既往作为"独立于教学世界"的个体的存在方式，从一个旁观者转变成为参与者，"我们想知道什么是生存最基本的东西，关注就是关心我们所爱的人，与之分享我们的一切"①，研究者开始放下身段，走进真实的教学生活，体验师生的真实世界并直面生动的教学活动，研究者的参与意识、人本意识、生命意识和实践意识得以不断强化并开始洞悉教学作为一种生活而存在的价值。因此，将教学视为一种生活有助于教学研究和教学实践的更好开展，有助于催生出专家型、反思型并具备创新性的教师以及具备积极性、主动性和创新性的学生。

2. 教学作为一种生活是过程的存在

可以说，教学作为一种生活是教师和学生建构各自的生活方式的过程，也是"教师的教"和"学生的学"彼此开放融通的过程，是教师和学生的生命充分发展和体验幸福、创造幸福的过程。

将教学视为一种生活，教学成为学生生活的主要时空。教学的时间将不仅仅局限于每节课、每周、每学期、每学年的课堂授课时间，而拓展至儿童丰富的课堂之外的生活体验；教学的空间也不仅仅局限于固有的教室空间，美丽的校园、社区、社会服务场所、广阔的大自然、家庭生活都有可能成为教学场所。教学生活中的儿童以课堂的理性知识学习为基础和开端，但是又不仅仅局限于课堂知识学习这个狭小的空间，他们开始走出课堂，开始拓展自己的思维并进而进行想象、体验、反思和创造，开始学习和掌握与自然、社会及周围世界（the world – about – me）相互授受和理解，在教学生活中将人类过往的生活经验及经历作为知识与个体现实的生活经验和经历结合起来，反复回味、咀嚼、反思，并将自己的体悟与他人进行交流与共享。将教学视为师生的一种生活，教师和学生在教学生活中彼此相互联系，

────────────

① ［加］马克斯·范梅南：《生活体验研究：人文科学视野中的教育学》，宋广文译，教育科学出版社 2003 年版，第 7 页。

是一种动态平衡的存在，师生通过教学生活丰富了个体生活的内涵，提升个体的生命意义；教师以一种发现和欣赏的眼光注视着学生的成长，以一种对生命的敬畏和对真理的不断追求的审慎态度反思个体的教学生活，从而实现对自我的不断超越。

（1）体验的过程

教学作为一种生活，其形式不仅仅包括认知，即对知识和信息的加工和处理，书本化、理性化的知识学习不可能承担重现儿童生活的全部内容和责任，片面强调认知使得儿童的生活中只有具体的知识和结果而没有了儿童的生活。在杜威的教育信条中，强调"教育即生活""教育即生长""教育即经验的不断改造与改组"，这里的经验即儿童的体验，"体验（lived experience）是建立在认知基础之上，以客观对象为中介，通过亲身经历和移情，获得对人生的新的理解的过程，其基本的活动方式是在经历或亲历基础上的理解"。① 将教学视为一种生活，在生活中儿童的本质是获得"生长"，生长的过程充满了动态性和生成性，因而教学生活不可能完全按照设计好的环节进行，不可能完全预料和想象儿童在生活中的言语、行动、结果以及产生的问题，教学过程充满了不确定性和创造性。教学的关键是其内容和形式都应该贴近儿童的生活，让儿童从自己的世界出发，用心灵去感受知识、感受世界。儿童在生活中，其成长不是靠外部灌输或者行为塑造完成的，知识也不是从外界强加给儿童的，而必须依靠儿童自己从主动的体验和经验中去认知。体验的方法有多种多样，通过参观、访问获得身临其境的感受；通过角色扮演实现心理移情而体验人物的情感；通过观察或模仿强化或自我强化认知结果，通过讨论交换彼此的体验并学会欣赏他人并接纳他人。体验是儿童内心反省、内在感受或反应的过程。美国教育家乔治·布朗（George I. Brown）在他

---

① 郭元祥：《生活与教育——回归生活世界的基础教育论纲》，华中师范大学出版社2002年版，第164页。

的《生动的课堂》一书中称体验为"精神的幻想旅行"（fantasy trip)，并认为学生只有通过"精神的幻想旅行"，才有可能在精神上获得"高峰体验（peak experience)"，因此，体验能促进儿童道德感、审美感和理智感的形成和完善。课堂教学是学生学校生活的主要阵地之一，课堂体验就是学生的主要生活方式，在体验的过程中儿童得以进一步强化认知和理解，以弥补理性认知在情感和方法上的缺憾。

（2）感悟的过程

"感悟"（reflection and insight）是指人们在接触事物后有所发现、有所感触从而领悟一些道理或思想情感的过程，是在认知、理解和体验的基础上的一种自我觉醒，是一种对意义的追问的心理过程，强调"意会"和"不可言传"。感悟不是通过教师的知识讲解就能获得，感悟是一种综合性的生活形式和过程，既在认知、理解和体验基础之上，又内在地包含了认知、理解和体验。感悟的过程是一个感知和觉悟的过程，是一个由低级到高级，由感性到理性、由浅入深的认识过程。儿童通过对知识及周围世界的潜心学习和体验，反复咀嚼、体验情感，在由感而悟的过程中充分发挥并体现个体的主体性和创造性，因此感悟是一种过程性的存在，它与顿悟不同，顿悟是指突然就明白了某一问题的解决办法，但是却很少顾及和意识到寻找这一方法的过程，顿悟是一种特别的认知现象。

感悟是理解、是领会；感悟是一种素养、是一种能力。"'悟'的结果是'道'，'道'不是某种具体的的技术和策略，而是人生的目的，是人的生存方式。"[①] 教学中的感悟能力非一日而成，需要培养和激发，感悟的结果是生成意义，实现从意义的生成至精神生命的升华。

---

① 郭元祥：《生活与教育——回归生活世界的基础教育论纲》，华中师范大学出版社2002年版，第169页。

89

（3）交往的过程

一般而言，交往是人类的基本生活形式，每个个体的人生都是在交往中度过的。"人类世代积累的知识经验可以凝聚在物质财富和精神财富之中，但每一个个体掌握知识经验却是在与人类知识经验活的载体——成人的直接交往中开始的。"①"交往"的实质是人与人之间为达成某一目标，凭借语言或非语言而进行的一种沟通、协调的过程，是一种心灵的对话过程。正如印度的伟大诗人泰戈尔用诗性的语言所阐述的：交往的本质即"心灵与心灵相见"的过程。教学生活中师师之间、师生之间或生生之间为了达成某一目标进行协调、沟通的过程就是一个完整的交往过程，交往使生生之间学会分享与合作，交往使儿童的主体意识得以凸显并发现自我，因为"人起初是以别人来反映自己的。名叫彼得的人把自己当作人，只是由于他把名叫保罗的人当作是和自己相同的。因此，对彼得来说，这整个保罗以他保罗的肉体成为人这个物种的表现形式"②。因此，交往使儿童发现自己的存在，教学作为一种生活充满了师生及生生之间的交往活动，儿童正是在这种交往活动中成长并生活着，在交往过程中发现自己、发现彼此的差异、学会彼此尊重和协作。交往的过程又是师生之间关系重建的过程，正是在教学交往中，儿童体验到了关爱、尊重、信任、理解和宽容，丰富了个体的人生体验和情感，交往使师生分享生动活泼、丰富多彩的教学生活成为可能。

（4）反思和创造的过程

反思又可称为"反省"或"反映"，是一种不同于直接认识的间接认识，不同哲学家对其有不同的定义。英国哲学家洛克将"心灵内部活动的知觉"称为"反思"，认为反思是知识的来源之一，人通过

---

① 肖川：《教育的视界》，岳麓书社 2003 年版，第 160 页。
② 中共中央马克思恩格斯列宁斯大林著作编译局：《马克思恩格斯全集》（第 23 卷），人民出版社 1995 年版，第 67 页。

反省心灵的活动，获得关于知觉，思维、怀疑、信仰的观念；德国哲学家黑格尔将反思看作是把握绝对精神发展的辩证概念，认为反思是从联系中把握事物内部的对立统一的本质的过程；荷兰哲学家斯宾诺莎认为，反思是认识真理的比较高级的方式。现在，人们通常把反思或反省视为对自己的思想、自己的心理感受等的思考，将教学反思定义为"教师以复杂的教学情境中的困惑和惊奇的现象为起因，对教学行为及其背后的理论和后果进行反复的、持续的和周密的思考，从而赋予活动以意义，寻求改善实践可能方案的过程"[①]。教学生活中不仅有教师教的反思，更让人欣喜和期待的是学生的反思，反思带来个体行为活动的变化，更带来价值、情感、信念和伦理的改变。反思能够使师生从行走中的教与学中暂时停顿下来，以行为的停止换来思维的活跃，让已发生的教学情境中的困惑和惊奇进入自己的思维层面，或者对行为背后的主观思想进行深入思考，这是原有认知从平衡到不平衡，直至再次走向平衡的过程。这种过程伴随教与学的始终，给师生带来"渐进性"的改变抑或"根本性"的改变，或者说使师生产生一种创造的热情和激情。

　　教学作为一种生活是生成的，而非预设的；教学中的教师和学生是在不断生长中的；教学生活中的一切事件都直指向个体的生长、成熟和发展。教学的生成过程中伴随着对未知的探索，即创造的过程；个体反思的背后更存在新的理论再造和行为再生。教学作为一种生活既是反思的过程，更是创造的过程。教学中的师生需要通过反思和创造来展开并生成新的意义，但这种反思和创造于师和生来说并不一致，教师以反思和创造为教学生活中的追求和方向，学生的学习生活中虽有反思与创造的成分，但并不是其显著的特征，学生在占有、享用教师的反思创造性成果中生成，并随着年龄的增长和思想的成熟，

---

　　① 赵明仁、黄显华：《从教学反思的过程看教师专业成长——基于新课程实施中四位教师的个案研究》，《教育研究与实验》2007 年第 4 期。

其反思和创造的能力日益增强。

如果研究者固守单一的、特定的研究视角（认识论视角），就容易导致教学生存价值与意义的遮蔽与遗忘。正如有学者指出的那样，"将教学仅仅视为达到既定教育目的的手段，从而人们关注教学的是其科学性或有效性，至于教学本身的目的或价值的合理性常常被忽视甚至被遗忘。"① 语言哲学大师维特根斯坦的一句话为我们提供了启示。他说："洞见或透识隐藏于深处的棘手问题是艰难的，因为如果只是把握这一棘手问题的表层，它就会维持原状，仍然得不到解决。因此，必须把它'连根拔起'，使它彻底地暴露出来；这就要求我们开始以一种新的方式来思考。……难以确立的正是这种新的思维方式，……一旦我们用一种新的形式来表达自己的观点，旧的问题就会连同旧的语言外套一起被抛弃。"②

如此，怀特海的过程哲学再次进入研究者的视域，以过程哲学的整体、多元、节奏、关系思维观照教学生活，克服现代教学生活的种种弊端，使教学作为一种生活，在过程中更加灵动、更加从容。

（三）过程哲学视域中教学生活的意蕴

1. 过程哲学视域中教学生活的主体和要素分析

解读"教学生活"，首先需提出的是"教学生活"中的主体是谁？即"教学生活是谁的生活？"教学生活由哪些重要的因素构成？首先要对"教学生活"本身作一番具体的分析。传统哲学总是将人视为主体，相对于人之存在的物和世界被定义为客体。因此，反映在教学生活中总是将教师或学生视为作为人的主体存在，是教学活动的积极能动的参与者，而教科书、教学环境、教学手段、教学媒介等其

---

① 徐继存：《教师生活重塑与基础教育课程改革》，《教育研究》2002 年第 9 期。
② ［法］皮埃尔·布迪厄、［美］华康德：《实践与反思——反思社会学导引》，李猛等译，中央编译出版社 2004 年版，第 1 页。

他非人因素都只能是客体。即使在同为"人"之存在的师生关系中出现了"双主体说""单主体说"和"主导主体说"，甚至后来主张的"主体间性"思考，但仍旧未走出将具有生命的人视为教学生活中主体的局限。

教学生活中充满着各种培养人的教学活动，因此，在教学生活中既存在着人与人之间（教师与学生、教师与教师、学生与学生）的关系，也存在着人（教师及学生）与物（包括教学目的、教学内容、教学环境等）之间的互动；不仅是人与人、人与物之间有着关系性的存在，人（教师及学生）自身的思想、行为及彼此之间的关系也在发生着变化。也就是说，教学生活由若干教学活动，或者可称之为"有意义事件"组成，教学生活就是许多的有意义事件的有机联系和发展，其中既有人，也有物的存在。在过程哲学视域中，世界万物都是平等的，都可以是主体，也可以是客体，它们相互依存，相互生成，相互把握（prehansion），"主体是唯有在现实经验发生中加以指称的存在，主体不是实体，是作为'事件'的发生状，即作为'实际存在物'来把握"①。"把握"是其中的关键，当一事物被他事物所把握或者把握他事物时，事物才能成为现实的存在物；当"把握"与"被把握"之间相互发生关系时，事物在认识论和价值论层面意义生成，此时，事物成为真正的"活动性存在"。因此，以过程哲学论及主体和客体问题时，无论主体和客体都不仅仅限于人，更不是预设的，从自身本体的角度考察现实中的事物时都是主体，而从他者的立场去考察又都成为客体。从主体到客体、从客体到主体的不断变换，怀特海视其为"过程"的真意所在。因此，在过程哲学视域的教学生活中，主体不是唯一的，教师、学生、教材（课程）、教学环境、教学手段、教学媒介等的主客体身份在面对不同事件时处于不停

---

① ［日］田中裕：《怀特海有机哲学》，包国江译，河北教育出版社 2001 年版，第98 页。

地生成和变化中，都具备成为主客体的性质，都有可能成为教学生活的主体或客体。但是，只有"真正"进入教学过程的因子，"真正"成为"活动性的存在"，才能成为教学生活中的主客体。因此，课堂上"神游、开小差"的学生、脱离了学生实际理解接受能力的教学内容、作业试卷批改过程中经常出错的老师，成为摆设而不被教学所用的设备等都不可能成为教学生活的主体。因此，从此意义上可以说，过程哲学视域探讨教学生活中的主体，坚持的是一种"泛主体论"，但又并非泛泛而谈，而是针对具体的教学活动或事件而言，唯其真正参与其中并发生作用才有可能。

要素指构成事物必不可少的因素。譬如人物、环境、情节是写小说的三个要素，词汇是语言的基本要素。要素具有层次性，一要素相对它所在的系统是要素，相对于组成它的要素则是系统，在系统中相互独立又可以按比例彼此联系构成一定的结构，并在很大程度上决定系统的性质。教学生活也必然有其重要的组成部分，即要素，以构成完整的充满活力的教学生活。

怀特海的过程哲学认为，世界唯一的基本存在是万物的变动过程，世界即过程，过程即世界。构成过程的单位被称为活动性存在（actual entity）或事件（event），是世界的最后终极性构成物。所有活动性存在的集合叫活动性世界（Actual World），也叫事件世界。怀特海在其著作中描述："笛卡儿明确坚持身心二元论，坚持物质世界与精神世界是相互独立的两个世界，尽管这两个世界具有难以说清的偶然联系，但物质活动和精神活动是难解难分地相互交织在一起的。"[①] 也就是说，世界不是传统哲学所说的物质实体构成的世界或者精神构成的世界。从过程哲学视角研究教学生活，以关系—过程的思维分析教学生活的各组成因素，教学生活将不再仅仅如大多数教科书所分析的那样由教师、学生、教材、教学环境、教学手段等独立的

---

① ［英］怀特海：《过程与实在》，杨富斌译，中国城市出版社2003年版，第594页。

个体组成，而只能是由一系列的教学活动或事件构成，教师、学生、教科书、教学环境、教学手段只是这些活动和事件的参与者。"教学不是一种单纯的物质或精神实体，仅仅讲学生、教师、教材，或者讲教学思想、教学目标、教学方法，都不能构成教学。教学生活是教师、学生、教学环境、教学方法和目标之间的关系，是一种相互作用，一种双边活动或多边活动。"[①] 因此，"事件"或称之为"活动"，构成了教学生活，是教学生活中存在的要素，教学活动或教学事件表现为过程，是一种过程的存在。

作为教学生活要素的"事件"所指有两重含义，一是作为教学生活本体的事件，也就是说教学生活本身就是一种事件；二是作为教学生活有机构成的具体性事件，可以指教育者可预设的活动或事件和非预期突发的事件或活动，也可以指作为教学内容的文本事件（课程），或作为教学媒介的话语事件等等，这里不一而足，将在后面的章节中详细论述。教师、学生、教学环境、教学方法、教学目的、教学手段等都融合在事件之中，各种事件共同整合生成师生完整的教学生活。

2. 过程哲学视域中教学生活的内涵及特征

怀特海的过程哲学思想涉及哲学、科学和宗教等诸多领域，并以其深刻性、广泛性、建设性和兼容性而日益显示出强大的生命力。从与教育相关的角度，可以概括出相关命题，并有助于我们进一步加深对教学生活的理解。

怀特海反对"自然（机体）是死的"的机械观，认为"自然是活的"，只有赋予自然以生命、生成、目的、创造、享受等内涵，它才有意义，一切都是发展变化的，过程才是根本，发展变化着的一切又都是内在相关联的，世界是一个有机的整体，"现实事物的共同体

---

① 赵鹤龄：《当代过程哲学与中国教育思想及其实践研究——三种哲学观下的课程与教学》，《湖南第一师范学院学报》2010年第4期。

是一个机体，但又不是一个静止的机体，它乃是生成过程中的一种不甚完善的状态……在这个意义上，一个机体就是一个关联……都是其后续阶段走向完善的现实基础"。① 怀特海认为宇宙的进化和文明的进步都必须有历险，纯保守的力量是和宇宙的本质相抵触的，一切事物都包含了无数可能性的实现，宇宙的发展就是由一而多，由多而一。由一而多叫分离，多个分离叫共在（together）；由多而一叫合生（concrescence），所谓合生就是多个共在又综合为新的"一"。这个"一而多，多而一"的过程隐含了一种创造性关系和进展。基于这种过程思想考察教学生活的内涵，教学生活成为教师和学生与自然、社会等"周围世界"密切接触，通过教学活动（事件），以自己的方式共建和开拓"共同世界"的充满着新颖性和创造性的自由生活，是一种有根的生命活动。

这里所谓的有根的生活，包含两层意思。第一是指教学生活有其"归属感"，因为与"周围世界"的密切接触，必然摆脱现代教育教学局限于机械思维而引发的与自然、社会、传统和实践割裂的现状，从专注于分析物的构成要素，开始对活生生的植物、动物、星、云、天气，乃至整个自然界发生兴趣。有根的教学内容必须打通书本世界与师生的生活世界，书本知识与发现问题、解决问题、形成知识过程的联系，一种富于生命力的生态教学生活将使师生实现个体创造性的转换。对自然和社会的归属感使师生摆脱了对固化的知识和分数的目标追求，开始意识到人并非是一个由皮肤包裹起来的脱离世界的自我，而是"社区中人"，其存在应包括与他人及自然世界的关系，个体的成长当从自然与社会中汲取养分，自己仅仅是自然生态系统中的一个有机组成部分。因为产生对自然及社会的归属感而使个体的内心趋向于平和，因为根系自然，而有未来之根深叶茂的成长风景。

---

① Whitehead, *Process and Reality*，转引自曲跃厚、王治河《走向一种后现代教育哲学——怀特海的过程教育哲学》，《哲学研究》2004 年第 5 期。

教学生活是有根的生活的第二层含义是指其"整体性"。从整体关联的视角看待事物是怀特海过程思想对教育教学生活研究极具启发性的观念。怀特海认为，如果在某个场域内存在着某种现象，必然是因为这个场域里各处物质之间都有关联且都发挥作用，即该场域内的所有物质之间的协调配合导致了这个现象的产生，这个场域是个整体，其中的方方面面都与里边产生的现象息息相关，不可能存在任何不相干的物质、光波或特定空间。① 从这样的思维出发，教学生活实际上是由各种有生命的人、各种事件及各种活动组成的整体，而且各组成部分之间以及各部分与其所处环境之间都有着错综复杂的关系。教学生活在不停地进行中和变化中，师生也在不断地经历着变化和整合的过程，每一次变化和整合都是一次历险，又进一步成为教学的有效资源，在不断的发问和历险的过程中师生亦可不断挖掘自身的体验和经验，不断实现创造性的转换。

根据过程哲学的"生成"原理和"整合性"特征，"生成"就一般意义而言，表现为"过程"，世界是由各种相互联系的事件所构成的"有机体"，有机体的特征是活动或事件，而活动或事件表现为过程，过程又存在于事件之中，存在于此事件与他事件的相互依存之中，这些事件整合成更为广阔的、相互包含、相互影响的共同体。② 在过程哲学视域中，教学生活中的教师、学生、课程、教学环境构成相互依存、相互整合的活动过程。教师的教学活动、学生的学习活动、课程的实施、学习环境的营造等是一个个充满生机和活力的事件之生成过程，彼此之间相互联系、相互影响，不断创生，形成过程哲学视域中教学生活的基本特质。

（1）"整合"视角的发展

整合性是过程哲学的本质特征，过程哲学主张消解二元对立，整

---

① 科布：《过程教育》，马晓梅译，《湛江师范学院学报》2011年第2期。

② ［英］怀特海：《过程与实在》，杨富斌译，中国城市出版社2003年版，第30页。

合个体的身心发展，实现知识多方面多角度的联系，整合多元教学，实现和谐统一。

学生的身心是一个有机的整体，既包含肉体也包含精神，是整合成一体的具有创造性和审美旨趣的具体存在。因此，教学生活在强调知识生成的同时应强调对学生身体的重视，强调身心娱悦在学习生活中的重要性。在怀特海看来，教育教学的最重要的原则是视学生为鲜活的生命，"当教师进入课堂的时候，他首先要做的第一件事是使他的班级的学生高兴在那儿。"① 身心分裂的不快乐的学生不可能快乐地学习、健康地成长。

在当下的课程与教学实践中，对书本知识的把握、对分数的追求一直居于主导地位，然而，空泛无益的知识是微不足道的，知识的重要意义在于如何去应用，在于人们对它积极的掌握，即存在于智慧之中。过程视域中重视跨学科知识的学习，关注知识与生活实践、与师生过往生活经历的整合，更重视将知识学习与解决具体问题相结合。在追求充满生机的、五彩缤纷的生活的过程中，知识学习只能是载体和工具，教学生活的中心和重心并不在于知识本身，而应是以对知识的掌握过程或掌握知识的方法为平台实现个体生命的和谐发展。

（2）"互依"关系的存在

"互依"（Bing – for）指一种彼此间相互依赖，以对方为存在前提的一种"共在关系"。在教学生活中，教师与学生都不是孤立的、单子式的存在，而是一种与他人交互作用的"共在关系"，是一种伦理性存在。正如齐格蒙特·鲍曼所说："我们注定是或本质上是一种道德存在，即我们不得不面对他者的挑战，处于相依状态。"② "互依"概念突破了学术界一直以来以实体思维为指导的师生主客体关系

---

① Alfred North Whitehead, *Essays in Science and Philosophy*, New York: Philosophical Library, 1947, p. 171.

② ［英］齐格蒙特·鲍曼：《生活在碎片之中——论后现代道德》，郁建兴译，学林出版社 2002 年版，序言第 1 页。

和师生主体间关系的藩篱，走出了"师生关系"这一典型的外在关系思维，使师生真正成为一对不可分割的教育学范畴。"互依关系"使师生成为"共同体"，彼此间动态生成，是一种本质的、内在的构成关系，这种关系是师生间的内在本性。

"互依关系"中的教师与学生只有在与他者的互动中才能形成自身。教师用自己的知识和才能，品德和智慧，在与学生的共同活动中影响着学生，教师自身既是主体、也是手段，二者融为一体；学生作为发展中的人集可塑性、依赖性和向师性为一体，有获得教师教育关怀的需要，同时也具有其独特的经验、情感和价值，学生需要向教师学习，教师也同样需要向学生学习；教师并不先天地拥有真理和"权威"，他的权威是后天建立的，是通过他对学生的真诚和关爱赢得的。师生间互依关系的形成是彼此间展开互动，增强其现实性和生命性的过程，这种关系已达到了一种唇齿相依、休戚与共的地步。和谐是互依的体现，矛盾与冲突也是互依的表现，师生的人生在这种互依关系中得到丰盈和升华。

（3）"节奏性"的师生成长

怀特海认为，教育过程必须保持适当的节奏，对比于黑格尔的"命题——反题——综合"三阶段，他提出了学习过程的三阶段理论，即浪漫（传奇探险）阶段、详细精确阶段与综合运用阶段。[①] 浪漫阶段的重点在于激发学生的好奇心，好奇心是发现的原动力、是学习激情的源头，在这个阶段直接认识事物，只是偶尔对事物做系统的分析；精确阶段代表一种知识的增加和补充，重视知识的条理性并开始学习分析事实的方法；最后的综合运用阶段在补充分类概念和有关的技能后重又回归浪漫。

在浪漫阶段和精确阶段，教师是学生的旅伴、向导，而非强者、

①　［英］怀特海：《教育的目的》，徐汝舟译，生活·读书·新知三联书店 2002 年版，第 34 页。

领袖或权威的角色。教育正是这样一种不断重复的循环过程，在这样的过程中，课程教学及师生个体发展也实现了自身节奏性的成长。每一节课以自身的方式构成一种涡式的小循环，引导出它的下一个过程；学生个体智力发展的节奏及知识呈现的节奏也在经历若干不同的循环期；教师在陪伴、引导学生的同时实现自身从个性化的体验、专门化的掌握乃至个体理论生成及实现完满人生的节奏性成长。

（4）连续性的教学环境

学生作为教学生活的主体处于一种复杂的环境中，著名过程哲学家科布在《过程教育》一文中将之概括为五种学习环境。感官与身体状况是最直接的学习环境，学生通过感官获取直接经验，一定的直接经验与身体条件是学生自主学习的基础。学生个体是学习共同体中的重要成员，彼此互相爱护、互相支持，以自己的专长为他人提供支持，共同体成为重要的教学环境之一。教科书及上课班级、学校（社会）环境及自然环境等同时构成丰富完整的教学环境。

学生的成长离不开教学环境。当我们将怀特海的生态、整合、好奇、创造等理念融入教学环境的建设中，构建一个连续性的、充满爱与关怀的教学环境时，不仅对学生的身心发展、学业探索有很大促进作用，同时亦可将环境资源与教学资源充分整合，为教学环境建设服务。"学生的发展需要时空条件，需要搭建一种互动的连续性的关系。"[1] 这种连续性的关系不仅关涉构建一种协调完满的班级文化和学校文化，使之具有内在的统一性，而且要使教学与周围的社会生活环境及学生个体的家庭教育相结合，学生才能得到真正的成长。教科书中呈现的知识当与学生既有的个人生活经历相连接，同时也须与他们的未来生活相连接。学生需要在相当长的时间内在同一个教学场所与特定的人保持一定时间的交往，因此理想的教学环境中教学场所、

---

[1] ［美］内尔·诺丁斯：《学会关心——教育的另一种模式》，于天龙译，教育科学出版社2003年版，第2页。

人员和课程知识等都应保持一种连续性，以培养学生对环境负责任的态度并在师生间和生生间建立一种关心和信任的关系。

（5）关键事件的连接

"事件"是怀特海过程哲学的中心概念之一，怀特海认为应该将事件作为自然要素的终极单位，事件与一切过程都相关，尤其与其他事件相关，过程的生成由一系列事件构成。[①] 世界的变化意味着数不胜数的事件的连接，大至宇宙爆炸，小到粒子间的互动，无论是经验的产生或解释，甚至观念的建构都是事件，没有事件即没有宇宙。

过程哲学视域的教学生活中，"事件"的另一说法即教育教学活动。每一事件（活动）在教学生活中都是瞬间事件，都在为下一事件（活动）的转变作准备，教学生活中充斥着各种教育事件（活动）的连接，只有对教育教学活动或发生的教育教学事件进行研究，对与师生发展有重要价值的关键事件进行记录、分析，并找出可以通约的规律性，才能使发生在教师与学生身上的教育事件发挥更大且持久的作用。以师生的研究性学习为例，研究性学习可以为教学过程提供新鲜的空气，消解训练造成的沉闷气氛，对保持教学的趣味性非常重要，因此应该充分挖掘教学资源设计研究性学习，使其发挥作为教学生活中的关键事件所应有的作用。再比如，学生需要在各种事件（活动）中发展其心理能力和社会能力，因此可以充分发挥传统文化经典的作用设计组合性教学事件（活动），使活动既具有教育性，同时又兼顾学生的兴趣。类似的这种关键事件（活动）在教学生活中随处可见并对教学发展有非常深刻的启示。

3. 过程哲学视域中教学生活的价值考察

教学生活发轫于教学世界并创造着新的教学世界，对教和学而言具有生存意义。生成性的教学情境和联系性的、整合性的教学知识以及教学活动过程中的互动关系和关键事件等要素之于教学生活是其活

---

① ［英］怀特海：《过程与实在》，杨富斌译，中国城市出版社2003年版，第15页。

力之源泉。它们的存在使过程哲学视域下的教学得以摆脱模式化的樊篱，克服和超越现行教学中传授知识与启迪智慧的对立，倡导自由和遵守纪律的对立，摆脱碎化分离思维带来的片面重视求知而忽视对实践、创新、审美等素质的追求的弊端，由此使教学生活生成更有意义的价值目标。认真对其进行价值澄清，是避免使其内涵和特质被简单化理解的必需，也是丰富其价值和意义的关键。

（1）唤醒主体对智慧、审美及创造的追求

现代教育教学理论是在泰勒的课程理论、布卢姆的学习理论、斯金纳的行为主义、马斯洛的需要层次理论、布鲁纳的关于认知结构早期研究的精神之中创立的，这些主宰者们仍然在教育的所有层面主导着我们的话语和实践。在实际生活中，很多教师在其教育教学过程中仍然运用着这些理论，但却造成教育教学中主体士气低迷、失却自我、社会公众不满等种种严重问题。因此尽管那些理论对过去有所贡献，但在应对现时世界时已经无能为力了。现代教育教学需突破那种缺乏想象力和创造力的僵化观念的束缚，走出传统教育教学模式和秩序的限制，规避过分重视"知识"与"纪律"，而忽视"智慧"与"自由"的偏颇状态，在对立的两者间找到平衡点。

过程哲学视域中的教学理念主张对斯金纳、布卢姆等人的现代性的结构化前进式教学范式进行解构，主张"教无定法"，进行灵活多变的教学，摆脱对师生的限制与强迫，肯定"机会""无序"的存在价值，激发教学活动的创造性和学生学习的主动性。反映在教学中，教学由于师生身体和心灵的成长而表现为一个不断更新发展的活动过程，教学活动本身不是目的，作为教学中的主体的教师和学生的身体和心灵的成长才是最本质的教学生活的目的。对于认识结果的检验问题，怀特海提出一个非常重要的思想："恰当的检验不是最终的检验，而是过程的检验"[①]，这在现代西方哲学中可谓独树一帜，与教学中

---

① ［英］怀特海：《过程与实在》，杨富斌译，中国城市出版社2003年版，第24页。

重视过程性评价的思想又是如此的切合。因此，教学生活中知识的传授和学习本身不再是唯一的目标和要求，而更涉及知识的运用和处理。牢记"一个学生可以很容易地获得知识却仍然没有智慧。成功的教育所传授的知识必有某种创新，这种知识要么本身必须是新知识，要么必须是在新时代新世界里的某种创新运用"①。过程哲学视域中的教学生活是一种创造性活动，绝不是一个机械的、被动的、往行李箱里装物品的过程，教学生活中充满了历险、享受和自由，在历险、享受和创造的过程中，生成学生的好奇心、想象力、创造力和感受万物之美的能力，唤醒学生对自然、社会、他者的敏锐的同情心，使教学生活成为有血有肉的审美生活。

（2）营造"和谐共生"的有机教学生活

生活是真实的，也是具体的，教学生活亦是如此。在过程哲学的视域中，教师的教和学生的学是一个相互依存、有机整合的活动过程。其中教师的教学活动、学生的学习活动、课程实施、教学评价、教学改革以及学习环境的营造等都是一个个充满生机和活力的事件生成过程。教学活动的共同体事件之间，主体与环境之间，互相关联，和谐地整合在过程之中。

过程哲学视域中的教学生活是一种和谐共生的教学生活。其和谐共生有两层含义：一方面非指静态的、停滞的、均质化的和谐，而是一种现代的、永远处于流动中的动态和谐，是一种多样化的和谐，存在诸多的差异性。教学生活正是因这种差异性和谐的存在而具有了生命力，教师与教师、教师与学生、学生与学生之间实现优势互补的生成发展。在和谐共生理念指导下，形成师生间的"合作式教学"和生生间以小组为单位的"合作式学习"。这种共同体的存在使课堂成为师生间合作教学、共同提高，学生主动参与、主动发展并合作学习

---

① ［英］怀特海：《教育的目的》，徐汝舟译，生活·读书·新知三联书店 2002 年版，第 54、83 页。

的生命场域，师生都能体验到快乐与成功感，这种积极的情感情绪继而成为进一步引发和推动师生为了发现而探险，激发创造力和创新的冲动。

和谐共生的第二层含义强调教学生活中知识的学习源于直接经验，应走出课堂教学与学校教育，密切与自然及社会的关系，调整个体的行为以解决人与环境的矛盾，在亲近自然和接触社会的过程中丰富情感，提高个体的审美情趣和鉴赏能力，走出对繁陈杂多的具体知识的表面把握，生成对思想的美和力的深刻认识。

（3）超越本质主义对外在价值的追求，回归激活心灵的教学生活

当下的教学改革应超越本质主义对外在价值的追求，使教学生活成为师生激活心灵、释放情感的生命历程。本质主义的思维方式是近代思维方式的统称，"相信任何事物都存在一个深藏着的唯一本质，把反映了事物唯一本质的知识（概念、命题与理论体系）尊崇为'真知识'，即真理，其他都是不反映客观实在因而无足轻重的'伪知识'、'意见'甚至'谬误'"。① 人的本质和事物的本质都是先在设定的，教学过程的本质也是先在地、在活动之前就设定了。这种本质主义的思维方式着力寻求事物背后的"本质"，并从中推演出事物的现在和未来，因而必然忽视人现时的存在状态，使得教学生活中对知识的认识和追求取代了对人当下存在的关怀。对考试分数的过度重视直接导致对学生身心的伤害，对科学的过度崇拜导致人文关怀的缺位，过度的学科专业知识条块分割导致在应对重大现实问题时的无力。其结果是师生在教学生活中体会不到快乐和幸福，得到的不是灵性的滋养而是精神的荒芜。近年来发生的所谓的"校园灰色儿歌"的流行、学生"过学死"的惨剧等，从一个个侧面折射了本质主义思维下现代教学生活的阴影。

---

① 石中英：《本质主义、反本质主义与中国教育学研究》，《教育研究》2004 年第1 期。

因此，反思和超越本质主义思维下的现代教学生活，发展一种后现代的教育理念成为历史的必然。过程哲学强调整合、多元、异质，善于将故事、观念、图像和情感融汇于教学生活这个生命体中。引导学生首先关注社会，将自身置于自然之中，教学不仅仅是发生在学校、课堂中的活动，任何一种旨在发展和传递思想与经验的活动都是教学；师生的教学活动不再以考试为目的，考试让位于发现、求知、创造、革新、发明的过程，开始学会运用所学的抽象原则去解决生动具体的现实问题，知识学习的过程成为师生激活心灵、释放情感的旅程。试问，这难道不是我们这个时代所迫切需要的教学生活吗？

第二章 节奏与联系：过程哲学视域中的师生成长

> 说到智力的发展，我要用浪漫阶段、精确阶段和综合运用阶段来描述这一过程。不同的科目和不同的学习方式应该在学生的智力发育达到适当的阶段时采用。
>
> ——怀特海

教育教学的最终目的是培养"人"，关注且收获的应是人的成长和发展。这里的"人"不仅仅指学生，教师在教的同时也在成就着自我的成长。因此，本研究首先以教学生活中的师生及其成长发展作为研究的起点。

怀特海的过程哲学以量子力学和相对论为基础，明确否定旧唯物主义实体观，其核心思想在于以全部现实存在都是相互关联的为出发点，坚持认为世界本质上是一个不断生成的动态过程，世界的实在性在于其过程性，过程即世界，世界即过程；过程就是实在，实在就是过程。过程思想将每一种实际存在物本身描述为一种有机体过程，认为"实际存在物在微观世界中重复着宏观世界的宇宙，它是从一种状态到另一种状态的过程，每一种状态都是其后继者完成继续前进的实在基础"①。马克思说：一个人怎么生活，他就是怎么样的人；一个

---

① ［英］怀特海：《过程与实在》，杨富斌译，中国城市出版社 2003 年版，第 392 页。

社会是什么样的，不在于它生产什么，要看它怎么生产，一个社会怎么样生产，这个社会就怎么样……因此，用动态的、发展且具体的"存在者是如何存在的"代替传统实体思维中关注"存在者"的思维方式。在这种过程哲学的思维下，教学生活中的生命体——师生的成长发展应遵循一种普遍联系的过程意识，以对"如何是"的追问代替"是什么"的追问，从关注结果转向关注过程。因此，本章从过程哲学的视角以师生成长的过程和节奏性的把握、师生的自组织发展以及师生共同体的形成，聚焦教师与学生在教学生活中的成长历程。

一　师生成长的实质：过程性与节奏性的统一

唯物主义认为，人首先是一种自然生物，具有与动物所共同的生物性，即"种生命"的存在，然而，与"动物和它的生命活动是直接同一的，……它就是这种生命活动"① 不同，人类更具有一种能够有意识地支配并超越自己的生命活动的能力，即人之为人的"类生命"。类生命使人摆脱自然的束缚，成为超越种生命的融合了价值、精神、文化及智慧等诸要素的生命体，而教育正是人的类生命得以实现的必须且重要的途径，"平常的人之所以有好有坏，之所以有用或无用，十有八九都是教育造成的。人与人之所以千差万别，都是由于教育的不同"②，其中，尤以学校教育对个体类生命的发展有着举足轻重的作用。学校教育成为除家庭教育之外的促使个体社会化的重要媒介，学生成长成熟的主要任务应由学校教育承担。然而，现代社会的学校教育生活为学生提供的是残缺不全的背景，学校惯于传授知识和技能，以抽象式的训练作为主要教育教学途径，并以对等级化的评价及考试分数的追求作为最终目的，这种将师生视为纯粹的客体，片

---

① 《马克思恩格斯全集》（第42卷），人民出版社1979年版，第96页。
② ［英］约翰·洛克：《教育漫话》，徐大建译，河北人民出版社1998年版，第3页。

面重视教育教学的工具性价值，强调教学过程的可控性的实体性思维方式使师生失却了与自然、社会及周围环境的联系，从而丧失了面对现代多元社会独立思考的批判能力，成为"单向度的人"①。

学校教育教学占据了个体有限的生命时空，同时影响着个体对生命的体验及个体生存方式的形成，这是毋庸置疑的事实，同时也是学校教育关注生命问题、自觉确定价值取向的必要前提。学校教育作为一段生活、一个世界而介入到个体生命之中，应承担起对生命的责任，师生作为教学生活的主体，具有生命存在的一次性、不可逆性、生命成长的整体性、节奏性等诸多特征。因此，师生主体的生命成长和发展应成为理解和把握教学生活世界的重要且关键的要素，将师生的成长和发展置于学校与社会及自然的、现实的相互依存关系中去思考和考察，这应该是摆脱实体性的思维而走向过程视域理解中的教学生活的必然途径。

（一）个体生命成长根本样态之"过程性"

过程思想认为，一切现实事态都非静止、孤立、完成的自在之物，而是一个个过程，现实事态之存在即其生成的过程。世界万物无非过程，过程既是继承性的，同时亦具有创造性，是在创造性的推动下实现"现实实有"向"新颖将来"转化的创造性进展。纵观人类个体生命的成长过程，显性化表现为从过往个体到现实个体，再到将来个体的发展；隐性化地表现为从"混沌状态"走向"秩序状态"，以及伴随之产生的教育的从"私密"走向"公开"，从"自然教育"走向"理智化教育"的过程。"过程"是生命存在及成长的根本样态，个体生命正是在过程中因不同境遇而得到丰富和发展，同时在纪

---

① 《单向度的人》是马尔库塞一部读者最为广泛的著作。书中注明"单向度"（one-dimension）又可译为"单面"和"一维"，但"单面"的译法难以体现其中包含的"趋势"之意，"一维"之译法过于抽象而不易于理解，故取"单向度"之译法。所谓"单向度的人"即指丧失批判能力和批判意识，丧失自由和创造力的人。

律和自由的节奏中保持一种张力和平衡，也正是这种复杂的过程存在成就了个体不同的生命质量。

1. 从混沌走向秩序的过程

柏拉图认为，"凡事开头最重要，特别是生物，在幼小柔嫩的阶段，最容易接受陶冶，你要把它塑造成什么形式，就能塑造成什么形式。"① 在个体生命存在的初始阶段，"个体生长在世界之中，与周遭世界混沌地融为一体，个体本身先行被周遭世界所建构"②，因此，个体生命成长于原始的自然之中，成长初期正是奠基于这种先行的、与周遭世界的混沌性联系，生命个体与周围世界融为一体彼此互相接纳、互为内涵。因此，人之生命之初并不是一种表面的简单纯粹，与周围世界相融而致的"混沌"状态实则暗含了生命之初的复杂性特征。个体生命之初是"自然人"的存在，其混沌状态表现为一种懵懂无知，于是，生命个体向他所在的世界完全敞开，对周遭的一切都保持着无限的"好奇心"和"新鲜感"，"是什么"和"为什么"的话题在懵懂的孩童那里最容易产生并勇于表达，周遭的一切对他都有着无限的魅力。也就是说，个体早期的经历实则奠定了个体内在的生命发展结构，于是，个体生命早期的这种混沌状态越持久，则个体生命与自然、与社会、与世界的融合越丰满；这种混沌状态越复杂难晰，则生命之初的背景越幽深，且越能够保持长久的生命力。

然后，在个体生命后序的发展阶段，个体开始与周遭世界构建一种主动交往的"秩序性联系"。所谓"秩序"即意味着有条理、不混乱；意味着存在某种程度上的一致性、稳定性和确定性，意味着目标的存在并且在目标达成过程中的努力。如果说生命之初与自然及世界的联系是一种"生存性联系"，那么生命成长的秩序化则是个体生命

---

① ［古希腊］柏拉图：《理想国》，郭斌和、张竹明译，商务印书馆 1986 年版，第 71 页。

② 刘铁芳：《返回生活世界教育学：教育何以面对个体生命成长的复杂性》，《教育研究》2012 年第 1 期。

与自然和世界的"发展性联系"，是可见并可触摸的。当然，秩序化并非按部就班、一成不变，而是一种生成发展并且不断产生新质，不断迈向更高水平的秩序。如果将生命之初的那种与自然及世界的"混沌联系"比作生命中之"无"①，将"秩序性联系"比作生命之"有"，这种从混沌到秩序，从无到有的发展历程即是一种生命发展的过程性的存在，并且，这种"无"越广阔、越绵延，"有"则越厚重、越深邃。"无"之于"有"，是先行、是底蕴、是光明和希望，"无"中生成"有"，"有"孕育于"无"；"有"之于"无"，是后序、是发展，是可触摸的成就。正如"黑暗就在光明之中，显即隐地二重着"②，从"无"到"有"，是厚积薄发，二者是一种相辅相成的辩证关系，"混沌联系"之"无"潜隐于"秩序联系"之"有"中，是基础，亦是必经的"过程"，是生命成长的必要的蒙昧时期。

2. 从私密走向公开的过程

与个体生命发展早期阶段的混沌性相应，个体在生命发展早期表现为懵懵懂懂，保持着对周遭世界的强烈的兴趣，生命发展充满迷魅和神秘。个体生命发展早期的教育应是一种自然教育，与自然及世界保持着一种混沌的联系，生命发展早期注重教育的私密性的家庭教育尤为值得重视。卢梭在《爱弥儿》中选择了家庭式的教育模式，他认为体制化的学校教育是扼杀儿童生命成长空间，破坏其私密性的罪魁祸首，如果不能避免学校教育则至少应推迟它的到来。作为自然主义教育的倡导者，卢梭在18世纪即提出了这一教育主张，他说："人类是恶的，假如他们不幸天生就有知识的话，那么他们就会更坏，……知识没有随着人们理性能力的提高而使人们过得更好，而

---

① "无"原是佛教经义中的用语，指相对"有"之"非有"，或相对于"存在"之"非存在"。哲学范畴中的"无"，指无形、无名、虚无等，或指物质的隐微状态。老子言："天下万物生于有，有生于无。"本书即借用老子的辩证思想。

② 墨折兰：《如何回归经典》，载刘小枫、陈少明《政治哲学中的莎士比亚》，华夏出版社2007年版，第165页。

是进一步激化了人们妄想的倾向。"① 这里的知识是指实体思维下的固化知识和工具性知识，这种知识遏制了人类的生命发展，遮蔽了孩童鲜活的生命。卢梭的自然主义教育本身虽并未被当时的人们所接受和理解，甚至被斥责为非现实的教育，但自然主义教育主张遵循儿童的自然本性，保护儿童的私密性，培养身心和谐发展的人的理念却充满了对儿童鲜活生命的尊重和理解。正如刘铁芳教授所认为的："自然主义教育作为一种教育理念，作为置身于纷繁复杂现实牵扯中的当下教育的精神镜像，使教育得以可能超越即时性的社会需求对教育的挤压，借以来甄定当下教育实践的走向，为当下教育空间的敞开与教育诸种追求的秩序化提供可能的基础。"② 因此，如自然主义教育理念所倡导的那样，个体生命早期应与自然及周遭世界保持亲密的接触，在自然中丰富生命的内涵和个体的经验世界，尽力延长家庭教育这个相对私密的教育时空。儿童是家庭这个相对私密的空间中的主人，得以被尊重和呵护，生命中的敏感品质、同情心和好奇心被唤醒和保护，开始细致地体味自然的生命力和人类生命本身的新鲜感。

儿童自六七岁开始进入体制化、规范化的学校教育领域，开始接受目的明确、计划周密、组织性强且由专人和专门机构实施的教育，开始系统地接受文化知识、社会规范和价值观念的学习，逐渐进入个体社会化的过程。体制化、规范化的学校教育本身即是一种敞开式、公开化的教育模式，儿童在学校生活中"被安排"学习各种科学知识，"被要求"在各门学科考试中获得高分，"被塑造"成父母和师长所希望成为的模样，师生的教和学"被监督"在各种制度和规范的枷锁之下。其实，从私密走向公开是教育本应当经历的过程，并且公开化、体制化的学校教育为人类文明的进步也确实做出了巨大的贡

① ［法］卢梭.《论科学与艺术》（修订版），何兆武译，商务印书馆 1997 年版，第19—20 页。

② 刘铁芳：《古典传统的回归与教养性教育的重建》，北京师范大学出版社 2010 年版，第 98—100 页。

献。然而我们在欢庆学校教育所取得的伟大成就时，也不得不反思教育的过度公开所带来的后果，就如钱穆先生所说的那样："学校兴起，皆重知识传授……一校之师，不下数百人，师不亲，亦不尊，则在校学生自亦不见尊。所尊仅在知识，不在人。"① 过度公开的学校教育中知识被尊重、被呵护，师生陶醉于碎化的知识的获得和考试中的高分这种表层的"量"的成就，儿童与自然及周遭世界的接触和体验的机会被公开化的学校教育公开地掠夺，儿童的大脑成为无生命的学习工具，而漠视了生命的整体感和在自然中对灵性的滋养。

应该说，个体生命本身的私密性应伴随人的一生，在生命的任何阶段都需要去保护，而且，生命早期发展阶段的迷魅性越久弥深，将为个体生命发展提供丰富的养料；早期生命发展越为私密，则个体生命发展的细微性及个体对生命的体悟能力越能得到更好的呵护和发展。因此，儿童早期教育的私密性是否得到尊重和呵护与其在学校教育中的表现乃至一生的幸福密切相关，这也是之所以学校教学生活中有的学生情感丰沛、梦想美好，而有的学生则缺乏感悟能力，留不住心中之梦想的原因。现代教育对效率的过度追求使得人类的生命发展历程越来越全方位地且过早地袒露于公众的视线之中，教育的公开化使得孩童生命中的自然经验及蒙昧期被过度压缩，理智化教育被过度提前，且教育中人为的设计和控制的痕迹越发明显，"以人为器"和"划一思维"使得教育教学中看不到师生鲜活的生命，"学校在一定意义上成为加工厂，在其中，学生作为原材料将被制成产品以满足生活各式各样的需求"。②

个体早期生命之成长以及学校教育教学生活中的生命发展体现了早期混沌的启蒙教育的私密性向学校教育教学的公开性发展的过程，

---

① 钱穆：《现代中国学术论衡》，岳麓书社 1986 年版，第 168 页。
② Elwood P. Cubberly, *Public School Administration*, New York: Houghton Mifflin Co., 1916, p. 338.

生命之自由及生命之美好即孕育于这种从混沌走向秩序的过程之中，或者可以说人类生命成长发展的秩序早已孕育在早期生命的混沌状态之中，这里的秩序并非指循规蹈矩和按部就班，而是一种生成和发展着的秩序，一种不断经历历险和创造的秩序。现代教育应归还、尊重教育原本应享有的私密空间，或者说应尽力推迟公开的理智化教育的准入时间，使得人类生命的发展在混沌和秩序之间，使得现代教育在私密与公开之间保持应有的张力，唯有如此，才能让人类享受到生命成长过程中的自由和教育本应馈赐给人类的幸福。

3. 从自由到纪律的平衡

"自由"是一内涵丰富且复杂的概念，用源于拉丁语的"liberal"和源于希腊语的"free"解释"自由"的概念，内含"解放"的意味，因此，自由的原意指免除恐惧、免于束缚和奴役并进一步满足自身的欲望。《现代汉语词典》中的自由解释为一是指在法律规定的范围内，随自己的意志活动的权利；二是指把人认识事物发展的规律性自觉地运用到实践中去的活动。从传统的认识论角度解释，自由成为"通过认识和利用必然，主体在活动中有目的、有能力、有权利做他应该做、能够做和愿意做的事情，从而达到自觉、自为、自主的状态"① 的一种认识和改造客观世界的活动。

"自由"和"纪律"在实体思维的机械观中是对立的两极。作为西方哲学思想的重要概念，对自由的定义和阐释可谓众说纷纭。古希腊罗马时期的哲学家以对自由和必然的关系的认识开启了对"自由"遐想，赫拉克利特提出必然性是自由的前提。苏格拉底认为人的自由活动是一种意识活动，将自由视为一种普遍的精神层面的认识。柏拉图将善视为一种理念，认为人至于善的境界即获得了自由，人类只要借助于自己的灵魂去参与观念世界即可达至善或自由的境界。亚里士多德对自由进行了系统的理论探索，最早提出"人本自由"的命题，

---

① 田海明：《自由的价值》，《中国社会科学文摘》2001 年第 1 期。

将自由视为人的本性，认为人是为自由生存而生存，而不是为别人的生存而生存。① 在黑格尔的视界里，自由是"对必然的认识"或"对偶然性的超越"，他认为精神是人的本质，以精神的自由论证了人的自由本性，认为自由是一种内在的必然性；恩格斯在黑格尔自由思想的基础上进一步提出"自由不是在幻想中摆脱自然规律而独立，而在于认识这些规律，从而能够有计划地使自然规律为一定的目的服务"② 的思想，认为自由是有限度的，是理性、受约束的自由。马克思视自由为人的"类特性"，他认为人的本质是自由的，自由自觉的活动是人的本质特征，是人作为特殊的生命存在物的内在本性，同时，他从实践论意义上认为"自由不是主体的随心所欲、为所欲为，而是主体和客体的统一，权利和义务的统一，自由和责任的统一"③。

关于"自由"的研究可谓源远流长，这里无意再做进一步的梳理和深究，只试图借助主体、社会和个性自由的三维自由④视角对生命成长过程的自然历程，以及教育教学生活过程中的自由和纪律限制的辩证关系略作审视。

从三维自由的视角看个体生命之成长发展，个体早期生命在主客体关系、与自然及周遭世界的关系以及与自身的关系中自主发展，即个体在生命早期是可以按照自己的意志采取行动或活动的，也就是说，个体可以"在一定范围内不受外力的强制而按照自己的意志去自主活动，亦即自由状态"⑤。在这个自由发展的混沌阶段，给予个体生命成长以充分的自由，自由地对待他人和周遭世界，自由地

---

① ［古希腊］亚里士多德：《形而上学》，吴寿彭译，商务印书馆1983年版，第5页。
② 石中英：《教育哲学导论》，北京师范大学出版社2004年版，第238页。
③ 袁贵仁：《马克思的人学思想》，北京师范大学出版社1996年版，第217页。
④ 三维自由出自贾高健的《三维自由论》，认为应从不同视角来把握自由，即人与外部世界的主客体关系的主体自由视角，人与他人社会关系的社会自由视角，以及人与自身关系的个性自由视角。
⑤ 涂艳国：《走向自由——教育与人的发展问题研究》，华中师范大学出版社1999年版，第12页。

为自己做出决定和选择，让生命在自由状态中保持生命应有的神秘并进而产生对生命的敬畏，生命早期的混沌使个体灵魂缓慢成长，以灵魂的缓慢的生长和精神的自由夯实生命的根基。在过程哲学的视域中，自由即意味着创造的产生，意味着对成规和旧习的打破，意味着多种可能性和"新质"的引入，还意味着拥有了更多选择和判断的机会和生命主体性精神的彰显。现代教育就是要还儿童以发展和选择的自由，还儿童从妨碍其身心和谐发展的障碍中解放出来的自由，让儿童免除过多的干扰和压抑，让儿童学会发出自己的声音，以儿童的自由为基础和目的进行合科学的体力和智力教育。① 这就意味着卢梭所倡导的自然教育作为对过于强调功利性结果的现代教育是一种有益的补充，在现时代需重返自然教育的重要地位，为个体生命的自由发展提供足够的空间，还教育教学过程中本该充溢的情景性和丰富性。

在个体生命成长从混沌走向秩序，教育从家庭的私密性走向学校教育的公开化的过程中，自然教育的自由状态空间越来越逼仄。教育中对人的存在的基本规定性——自由②的追寻本是教育过程的题中应有之义，然而在教育教学的实践中却出现个体个性自由被剥夺，与他者及周遭世界的关系愈来愈紧张的状态，生命自由发展的内在法则被人为地纪律过度规训。孩童生命的成长和发展需要自由作为雨露，但是，自由并非喜欢怎样就怎样，想做什么就做什么，因此，纪律伴随着学校教育公开化的过程逐步应运而生。夸美纽斯即非常重视教育中纪律的重要性，他认为学生想上学就上学，不想上学就不上学，是一种非常有害的风气，并指出只有严格的纪律才能改变这种坏风气。面对复杂的教育教学事件，孩童在公开化的教育教学实践中有做出选择

---

① 罗瑾：《论蒙台梭利的儿童自由教育观》，《西安联合大学学报》2002 年第 1 期。
② 裴娣娜：《现代教学论生成发展之思——怀特海过程哲学的方法论启示》，《教育学报》2005 年第 3 期。

和决定的自由，同时也需要纪律进行约束和限制；教师作为生命自由独立的个体，有选择教学资源、决定教学方法的自由，但同时也要接受孩童的身心特点和环境发展的约束和限制。"教育不应当是专制、压抑、武断、粗暴的控制，同时教育也不应当是迎合、屈就、放任于时下泛滥的浅表的快乐"①，只有当师生的自由和约束在合理的境遇中达到完美的匹配并与彼此的期待相一致时，个体的生命发展在教育过程中才能臻至真正的自由，才能使教育真正达到使人"是其所是"的自由状态。

因此，在个体生命成长过程中，特别是在教育的公开化历程中，自由和纪律是在彼此的对立和冲突中存在和发展的，同时两者之间又相互依存、相互联系且有着一定的内在一致性。在自由和纪律两者间保持合理的张力，是教育教学必须去平衡和面对的重要议题。自由可以孕育生命发展的多种可能性，自由可以延长生命的混沌期并保持教育的私密和蒙昧，自由可以避免理性教育的过度参与和设计；但是教育总有其强制的一面，没有完全的"自由教育"，斯普林格（Joel Springer）说："孩子不学习的自由会限制孩子未来的自由和幸福。"因此自由也是有限度的，需要纪律的限制和平衡，从某种程度上说，限制亦是一种自由。教育教学的过程中充斥着自由与纪律彼此间的较量和平衡，和谐的教学生活即是自由和纪律之间的有机协调，而具体到个体生命发展历程中的自由和纪律，莫过于生命体的自我决定、自我选择的自由与外在施加于个体的约束和限制力量彼此之间的张力的平衡和维持。因此，重提个体生命发展历程中的自由，倡导向自然教育的不断回归，是对现代教育教学过度人为干扰的合理补充，并以此保持自由——作为人的存在方式本身之于理智化教育教学过程的生动张力。

---

① 刘铁芳：《古典教育的回归与教养性教育的重建》，北京师范大学出版社 2010 年版，第 89 页。

（二）教学生活中师生成长之"节奏性"

在怀特海的《教育的目的》一书中，认为智力的发展表现为一种循环的节奏，他将这种节奏概括为"浪漫、精确、综合"三个阶段，节奏中又包含着一种交织在一起的若干循环周期，每个循环周期如同发展中的小漩涡，浪漫阶段、精确阶段及综合运用阶段始终存在于各个循环周期中，但是占主导地位的阶段交替出现。"浪漫阶段是开始领悟的阶段，在这个阶段，知识不受系统程序的支配，人们处于直接认识事实的阶段，只是偶尔对事实做系统的分析。在这个阶段中，容易产生浪漫的遐想，大脑容易兴奋并产生活跃纷乱的思想。"① 在此阶段，个体借助于观察或想象将大脑中的思想进行有序的排列，开始对认知的对象有所感悟，开始意识到自己与其他个体及周遭环境的差异。"精确阶段代表了一种知识的增加和补充，在这个阶段，知识的广泛关系开始居于次要地位，从属于系统阐述的精确性，人们按照有条理的顺序获得其他事实，对浪漫阶段的一般内容做出揭示和分析。"② 在精确阶段，个体开始接受一种特定的分析事实的方法，开始具备对浪漫阶段的广泛意义进行分析和推理的能力，这种分析涉及自身和他人，并能够对新的事实进行揭示。最后是综合运用阶段，"这是一种补充了分类概念和有关的技能后又重回浪漫的过程"③。在这个阶段中，一般概念的细节的掌握已不是重点，在更广阔的范围内加深对一般概念的理解、研究和运用则成为主要的任务，在理解和运用的过程中更透彻地明晰一些普遍的原理，正如怀特海所言的达到"摆脱了教科书，烧掉了听课笔记，忘记了为考试而背熟的细节，遗留下一种真正为己所用的智力习惯"的境界。

---

① ［英］怀特海：《教育的目的》，徐汝舟译，生活·读书·新知三联书店 2002 年版，第 32 页。

② 同上书，第 34 页。

③ 同上书，第 35 页。

人的一生及其每个阶段的发展都贯穿着浪漫、精确及综合运用三个阶段，各阶段相辅相成、相互接续，同时又相互交叉、螺旋前进。如果将人生视为一个完整的循环周期，浪漫阶段覆盖了儿童生活最初的 12 年，精确阶段则包含了青少年在中等学校接受教育的整个过程，综合运用阶段则是青年迈向成人，以及今后一生的发展阶段。同时，儿童期有儿童期的浪漫、精确与综合三个阶段，青春期同样也由这三个阶段组成。这种发展的循环周期不仅针对人生的每个阶段存在，在个体成长的每个方面，面对不同的主题时同样适用。科学知识的掌握、语言能力的进步都以自身的方式构成一种漩涡式的循环，引导出它的下一个循环过程；教学生活中学生个体智力发展的节奏、知识呈现的节奏，以及教师个体的成长都在经历若干不同的循环周期；教师在陪伴、引导学生成长的同时也实现着自身从个性化的体验、专门化的掌握乃至个体理论生成及实现完满人生的节奏性成长，在成长中体味职业的幸福感。

1. 教师专业发展的节奏与路径

这里的教师专业发展一是指将"教师职业"作为专业的发展，二是指教师所教学科专业的发展，所谓发展不是指教师成长过程中达到一系列规定性的僵化的指标，而是指教师专业成长的境界或者水平，是一种渐进中的发展、一种节奏性的发展。

杨启亮老师在其关于教师发展的课题研究中，从教师道德的发展境界、教师学科发展的层次以及教师职业发展的水平等方面阐述了其观点。杨老师在其研究中将教师道德的发展境界分为重视外部规定性的、非自我的、被动遵守的规范道德的基础境界，追寻内在自觉和生成的责任道德的良心道德境界，关注教师主体体验和专业成长的幸福道德境界三个层次，认为教师职业道德的发展是一个渐进的运动变化的过程。关注教师专业发展的特殊性，从教、学、教学过程及效果的统一性来分析，将教师学科发展的层次概括为掌握学科知识的基础层次，探究学科智慧的提高层次，以至于体悟学科创新的更高层次，认为不同的发展层次影响着不同的教育教学实践，制约着解决教育实践问题的可能性，这样的层次划分，与教师本身的学历、职称水平并无绝对的正相关关系，低学历低职称未必就是学科专业发展的低层次，高学历高职称也未必就能臻于教师学科发展的高层次。教师的职业专业即教育专业、师范专业、教师专业。它是我们通常说的教师专业发展或教师专业化的核心内容，是与"教什么"不同的一个关于"如何教"的特殊的学问领域。杨老师认为，教师职业专业发展中交织着经验的、科学技术与艺术的、教育文化的诸多因素的发展，从质的规定性来分析，依据各因素的发展程度不同，教师职业专业发展可以大致概括为依次提升的教育经验水平、教育科学技术与艺术水平、教育文化水平。[①]

上文所概述的教师专业发展的目标和衡量尺度非为教师学科知识量的增加，而是以是否胜任教师职业以及胜任的层度为标准，专业发展的不同方面的各个阶段依次推进，浪漫、精确及综合运用的三阶段发展节奏暗含其中。以上分析是从教师职业专业发展的宏观的角度的阐述，笔者在此就不同教师的个体成长的轨迹从微观的角度再作分析。

在此特别指出本书之教师特指取得教师准入资格正式进入教师编制的教师个体，因而规避了将作为准教师的师范生的发展作为研究对象的可能，虽然我们也可以将作为准教师的师范生对专业知识的掌握和寻觅过程归之于发展的浪漫阶段。按照教育行政部门对教师发展的规划设计以及现代科层制对教育系统的控制和影响，教师个体发展常规化地可从职称序列、荣誉系列以及行政管理系列的角度去分析。从职称序列的角度，正高级教师应对应专业技术岗位一级至四级，高级教师对应五级至七级，一级教师对应八级至十级，二级教师对应十一

---

① 参见杨启亮老师的课题报告《教育变革中的教师发展》。

级至十二级，三级教师对应十三级①；从荣誉系列可将教师归为特级教师、特级教师后备、学科带头人、优秀青年教师等；而从行政系列，又可分为备课组长、年级组长、科室主任、各分管副校长、校长等从低到高，层层递进的类别。这种浸染了较为沉重的功利性色彩的发展追求，虽然教师个体也为之付出了巨大的代价和心血，但并非本书所关注的教师的成长和发展的重心。这里选取某中学（以下简称 F 中学）为例，从教师个体的角度以及学校管理机制促进教师个体发展的措施角度再现该中学教师发展的美好节奏，以期成为大多数教师个体职业生涯发展的普适愿景。

F 中学是本市教师教学水平以及生源质量较好的一所中学，关于其教师发展的研究虽不具有绝对的代表性价值，但从教师个体以及学校教学管理水平提升的角度仍具有借鉴意义。F 中学将本校教师的发展分为四个阶段。

（1）第一阶段为从初为人师到站稳讲台阶段

从初出大学校门到在中学里站稳讲台，因人而异往往要 3—5 年的磨炼。在这一阶段，就新教师本人而言，在走上讲台之前，首先需要面对三大境况：一是自身角色落差的巨大变化。从天之骄子的大学生、研究生到终日与半大孩子为伍的中学教书匠，其中还包括要适应生活环境和节奏的变化。二是教学对象的复杂性境况。信息爆炸时代的学生，其视野日渐宽阔且心智成长和变化十分迅速，同时又正处于青春叛逆期，学生个体的复杂情况使新教师诚惶诚恐。三是在大学里并没有完全参透甚至于基本不熟悉的教学内容，比如新课程、新教材等。这个阶段的教师在讲台上的最大特征是其注意力仍主要集中在自身。

---

① 参见《关于印发〈深化中小学教师职称制度改革试点工作方案〉的通知》，（人社部发［2009］29 号）。

我上课的音量怎么样？

我刚才那句话连贯吗？

我下面要走进过道吗？①

……

此阶段的教师还顾及不到如何自如地展现自己准备的教学内容，更不必说将注意力放在学生的反映和状态上。这一阶段的教师正处于人在教室神不在、和学生之间距离最远的阶段。

为促进这一阶段教师的快速发展，F中学往往不安排他们满负荷的教学工作量，而要求他们跟着本学科同年级的备课组长或学科负责人听课，以"导师带教制"促使新教师尽早步入职业发展的良性循环轨道。

我刚到F中学的1—2年，每天很忙，不过也很开心，像一只到处采蜜的蜜蜂忙着到处汲取养料，忙着看别人怎么上课，忙着邀请导师听自己的课。这两年是打基础的关键期，每周要提前听同进度教案的课2—4节，认真做听课笔记，课后及时与指导老师交流听课感受；每周撰写一篇《听课一得》，记录听课中最有收获的地方；邀请导师每周听1节以上自己的课，课后及时倾听意见、及时请教；每月要撰写一篇《教学一得》，要记录自己的课被听课教师肯定的地方；每学期在导师指导下，先向同年级组、再向全校各开设一节公开课，完成完整的教案撰写，并完成课后的教学反思的撰写；平时还要协助指导教师做相关的组内外教研工作、校内外课题工作等辅助性工作……总之，很忙啦，可以说是痛并快乐着！②

---

① 来自于F中学的教师访谈记录。

② 同上。

通过如此2—3年的磨炼，F中学的新教师基本上可以做到以下四个"心中有数"：一是对自己所教的内容心中有数；二是对自己所教的学生心中有数；三是对教学目标的设定心中有数；四是对围绕教学目标完成恰当的教学设计心中有数。这四个心中有数标志着"站稳讲台"的实现，基本做到"不误人子弟"。这个阶段相对于整个职业发展期来说可谓是"浪漫阶段"，新教师忙于了解学校的文化、历史，忙于建立与他者教师的良性关系，教师生活于他们而言是新鲜的，正以各种形状和色彩进入他们的感情世界，激发着他们对教师生活的鉴赏力和感悟能力。同时，这2—3年的磨合浪漫阶段本身又孕育着多个完整的浪漫、精确和综合运用周期，每一堂课的精心准备、每开设一次公开课、每走近一位学生的过程都是这三个阶段有节奏的发展过程。

（2）第二阶段为从站稳讲台到站好讲台阶段

课堂教学具有很大的生成性，教师的发展过程亦如此。在经历初始阶段2—3年的磨炼后，不少教师在讲台上能够渐渐从关注自己到关注自己的教学内容和教学设计，有的也开始更多地关注学生。这时候，在学生的视野中，他们的课堂思路清晰、讲解透彻，方法得当有效，教学目标设定科学，教学资源也开始丰富多彩。他们所教的学生往往能够在学业测试中取得较好的成绩，学生对他们的信任度较高。这一阶段，大约在5—10年教龄的阶段，是F中学产生所谓各级"优秀青年教师""教学能手"的阶段。教师们的教学技能各有所长，尽显风采。同时，这一阶段的前半段可以说是教师专业发展的激情期，但到了后期往往因为已具备熟练的教学技能而出现教师职业生涯中的第一个倦怠期或高原期，也因此进入职业发展相对的缓慢期。为促进这一阶段教师的发展，F中学借助简捷可行的研究方法，引导教师走教学研究之路，从反思自我着手，达到超越自我、追求更加自如和有效的教学境界。采用微格教学（Microteaching）方式对自己的教学状况进行自我剖析。

我的课堂教学有序、有效吗？

我的教学方法和组织形式是否符合课程标准的要求？

我是否有效利用了教室空间？教学时间和教学资源是否均被高效利用？

我的设问是否有助于对知识的理解和探索？我设计的教学活动是否能够激励学生的思考？

课后作业是否强化并拓展了学生的学习？

学生和我的关系是否是积极的、相互支持的？我对学生的褒奖是否恰当？[1]

通过一系列的微格研究，教师开始进入谋求有效教学技能的历练旅程，进入所谓"教师即研究者"的状态。

（3）第三阶段为从站好讲台到站美讲台阶段

这一阶段大约是教龄具有 10—20 年的教师，有些教师逐渐获得"学科带头人""名师"等荣誉称号。教师的教学行为的关注中心已经做到以学生为主，他们与学生之间的相处游刃有余，亦师亦友，学生被他们的教学风格所吸引甚至迷恋，学科知识和教学技能得到美化、活化甚至神化，该学科亦成为学生最爱学习、成绩突出的学科，很多学生对该学科的探求有欲罢不能的感觉。

在这个阶段，由于教师开始从"一桶水"逐渐转向到"汩汩清泉"的状态，他所处的高度在周围的视野中已经鲜见可以继续引领他的对象，教师生涯也因此有可能出现第二次、也是真正的"高原反应"。但是与第二阶段中初次的职业倦怠不同的是，这一阶段的教师自身有进一步发展的需求和愿望，积极创造条件谋求自我的成长和发展。

---

[1] 摘自 F 中学 SXY 老师的教学日志。

这个发展阶段的教师自我的主动性特别强，他们开始重返高校进行在职的学位学习，有的选取本学科的学科前沿进行深度探索，有的开始关注教育学、心理学学科的深造，旨在站在高于现学科的高度，透视、俯视自己的教育成果，科学提炼自己的教学风格；有部分教师开始对自己过去的教学经历和行为模式进行深度反思，并着手编写自己的教学设计类文集；有些教师开始涉足研究领域，主持与国家新课程实施相关的课题研究，并撰写彰显本学科独特风格和本人教学风格的个人专著；还有的教师开始为所在城市、省甚至全国承担培训教师的任务，以远程教学、专题学术讲座等形式辐射同行，贡献自身在本学科的研究成果，彰显学科之美。①

这个阶段的教师不仅研究学科专业、研究学生，同时更研究自身。其教学生活中充满着教学的美、研究的美以及学生的美；这个过程不仅是激发学生内心美和善的过程，同时也是教师不断发现自我和提高自我的过程。是师生间的一种双向激发，教学过程中已不仅仅充斥知识的传递，更是师生间一种精神的交流。教师开启其"教学艺术之路"，完成从"教书匠"到"教育专家"的蜕变。第二和第三阶段可谓是教师职业发展周期中的"精确阶段"，教师竭尽所能开始关注对学科知识的精准把握和教学技能的钻研反思，开始进行独立的研究和实验，精湛的专业素质和勤奋的学习品质在此阶段的教师身上非常显著，教学智慧逐渐养成并升华。

（4）第四阶段为从站美讲台到超越讲台阶段

这一阶段的教师追求对教育对象价值观和人生观的终身影响，追求形成大师风范，成为学生终生难忘的人。这一阶段的教师教龄几近20年左右，还有不少于10年的教师生涯，这就到达了教师专业发展

---

① 摘自对F中学特级教师SXH的访谈记录。

的顶级阶段。普遍意义上认为能达到这个发展水平的教师可称为"专家"，或称为"专家型教师""特级教师""教授级教师"。这一阶段，他们成为大多数教师学习和研究的对象，自己也基本处在一种"输出"的阶段，教学风格独特，教育思想也日臻完善，这是他们职业生涯的最后一个高原期了。在这一时期，从教学策略、教学风格和教学思想等方面都很难向他们提出更明确的提升空间，如同教学过程中的"教学有法但无定法"的道理一样，这一阶段的教师的专业发展已经很难有什么相对明确的策略，如果有，也只能意会成庄子所说的"各美其美"的一种境界。

在这一阶段，出色的教师往往会因其自身高尚的人格魅力成为影响学生终生发展的重要人物，类似所谓"一日为师，终身为父"的状态。他们教学的主要关注度依然在学生，但不仅仅关注学生的现在，而更加关注学生未来的成长。他们和讲台的关系早已超越教室和学期的时空，渗入到学生未来的生活中。第四阶段可谓教师发展的"综合运用阶段"，在这一阶段中，教师的学科专业知识和教学技能已完全内化整合成为个体丰富的教学智慧，在教学生活中游刃有余、挥洒自如，开始逐渐回复到浪漫阶段的探险中，教学的细节开始退回到潜意识的习惯中，进入到一种自由状态，教学中方法的把握和知识的传递越来越成为一种无意识的过程。

这里研究者所阐述的 F 中学教师成长发展四阶段贯穿了教师发展从"浪漫阶段""精确阶段"到"综合运用阶段"的完整历程，是较为理想和圆满的发展状态。但是虽完整却并不对每个教师都具有借鉴意义。反观现实生活中我们身边的教师个体的发展，我们不难发现，上文所论述的只是教师发展的具有典范意义的发展思路，并非涵盖了一切发展的可能路径。现实生活中少部分教师一直踯躅于"浪漫阶段"的发展，注重对"专家教师"的观察和模仿，关注教学的表象，系统分析的能力较弱；大部分教师会流连于"精确发展阶段"，专注于学科知识的学习和不断深化，致力于教学方法的研究，此阶段的教师能够在对事实一般规律的理解基础上进行分析、整理和提升。当然，即使已发展至"综合运用阶段"的专家教师，其个体发展仍不可避免地存在浪漫因素，因为始终存在一些新鲜事物需要他独自去行动，去冒险，需要他在发现的过程中去吸收和领悟。

教学生活中教师的成长是过程性的、有节奏的。过程性的成长是必然，成长的节奏性有偶然的因素。浪漫、精确与综合运用三阶段的节奏性发展并无绝对的界限，这种节奏显示出某些可确定的规律，而且这种规律对大部分教师来说都是合理的，不能夸大一个循环周期中三个阶段之间的明显差别，也不能忽略每个阶段中仍存在完整的小循环周期的发展事实，只是"各阶段的侧重点不同，主要特质不同——浪漫，精确，综合运用，自始至终存在着。但是，占主导地位的阶段交替出现，正是这种交替构成了各个循环周期"①。

2. 与智力发展节奏相适应的学生成长

所谓成长，泛指动植物或事物走向成熟的过程，简而言之，就是自身不断变得更好更强更成熟的一个变化过程。从学校教育教学生活的层面阐述学生的成长与发展，将其从时空范围上宽泛地涵盖从幼儿园、小学、中学至大学的学习历程中。虽然 20 世纪后半期认知心理学的发展已确证学习并不只是单纯的知识点的掌握，但是在当下的时空语境中论及学生的成长与发展，在公众价值秩序偏离的背景下，知识学习和学业水平的提高仍成为大众普适的追求。正是基于对此现实境遇的思虑，研究者期望从过程思维的视角寻求与人类的智力发展节奏相适应的学生个体发展。"人的教育应按照其本性连续地、协调地促使他们在各方面得到发展，反对那种把人类的发展和训练看作是一种静止的、完结的，似乎始终仅仅是以更大普遍性重复着的东西"②，

---

① ［英］怀特海：《教育的目的》，徐汝舟译，生活·读书·新知三联书店 2002 年版，第 51 页。
② ［德］福禄培尔：《人的教育》，孙祖复译，人民教育出版社 2001 年版，第 18—19 页。

应将发展置于自然秩序之下，使学生的发展摆脱过多的人为（教师和家长）的操控和训练。就发展阶段而论，怀特海将从幼儿到成年的整个发展时期概述为一个大循环周期，他认为"浪漫阶段覆盖儿童生活的最初的 12 年，精确阶段包含青少年在中等学校接受教育的整个时期，综合运用阶段则是青年迈向成人的阶段"①。为研究收集素材之方便，更因为当下现实教育环境之原因，研究者将上述分段调整为"学前生""作为少年的学生"及"作为青年的学生"进行分段研究，各阶段间并无严格绝对的划分界限，相互间有分叉也有交集。

（1）作为幼儿的学生的成长与发展

"人的幼儿时期，主要是生活的时期，是生活本身的时期，仅仅是为了生活而生活的时期，这是一个使内部的东西成为外部的东西的时期。"② 这一时期的幼儿严格意义上不能将之界定为学生，之所以仍旧将其作为研究的对象，主要是基于我们现实的教育现状的考虑，当下的儿童需接受"学前教育"，学习"学前课程"。因此，笔者将这一阶段的研究对象界定为 3—6 岁的"学前生"，对其发展作一简单论述。

对应怀特海的教育节奏理论，作为幼儿的"学前生"毋庸置疑处于发展的"浪漫"阶段。幼儿的感官、身体和四肢活动开始自动地向外表现其内在本质，言语开始分化，力图向外表现自己，宣告自己的存在，塑造自己的形象，开始描绘事物，认识物体与空间和时间的关系，以及物体彼此之间的关系，此时方可以进行真正的人的教育。游戏和说话成为此阶段的幼儿的生活要素，"由于儿童开始把他的内在本质向外表现，所以在他看来，他周围的其他一切东西也能进行与他相同的活动，不管它是一块石头或一块木头，不管它是一棵植物、

---

① ［英］怀特海：《教育的目的》，徐汝舟译，生活·读书·新知三联书店 2002 年版，第 47 页。

② ［德］福禄培尔：《人的教育》，孙祖复译，人民教育出版社 2001 年版，第 68 页。

一朵花或一个动物，都是如此。"① 因此，此时的幼儿视每一个事物为有生命、有感情和有语言能力的，并相信每一个事物都在听他说话。也正因此，此阶段幼儿的生活应当加强与自然的密切联系，而游戏正是"自然的生活"的最好途径，通过游戏并在其中实现现阶段的成长与发展，完成幼儿内在本质的自发表现。幼儿在游戏中实现他的欢乐、自由、满足以及与周遭世界的和平相处，各种游戏成为幼儿整个"未来生活的胚芽"，幼儿的性格、与父母及他人的关系都可从游戏中初见端倪。因此，福禄倍尔说："游戏于幼儿来说并非无关紧要的小事，它有高度的严肃性和深刻的意义。培养它、哺育它吧，母亲！保护它、关心它吧，父亲！"②

3—6 岁的幼儿发展处于个体一生发展的"浪漫阶段"，但这个阶段仍旧包括若干小的循环周期。当幼儿认识到自己并开始注意自己的感觉与身体活动之间的协调时，这是他最初的浪漫体验；当他掌握口语并以此为工具对所观察的客体进行理解时，即进入了个体发展的第一个精确阶段；当他开始用语言去分类并学会表达其对客体的欣赏时，他的第一个综合运用阶段开始了。这可以称之为发展的第一个循环周期。在这个发展周期内，幼儿以游戏为主要课程学习的内容，幼儿主体成为课程的本质，课程成为幼儿之经验、之体验的过程，因而游戏也就成为课程的主要表达形式。这是作为"学前生"的幼儿的一种较为理想的发展节奏和状态，但现实往往并非如此。有研究通过选取经济发展水平和幼教发展力量具有一定差异的三个城市（湖北武汉市、湖北荆州市、江苏南京市）共 15 所不同类型的公立幼儿园，将幼儿园课程设置情况作为研究对象，调查结果显示：每所幼儿园每天都会安排组织实施当地教育部门统一要求的基础课程，同时会针对自己的需求设置游戏课程，幼儿园还会为凸显自身特色而自主开发或

---

① ［德］福禄培尔：《人的教育》，孙祖复译，人民教育出版社 2001 年版，第 38 页。
② 同上书，第 39 页。

自行选择一些特色课程。但是，大部分幼儿园的特色课程挤压了幼儿游戏课程的时间，侵占了幼儿的户外活动时间或生活活动时间；作为促进幼儿身心发展的游戏课程虽然名目繁多但多以对幼儿实施控制的教学游戏为主，游戏成为"裹着糖衣的教学"；课程设置有严重的"小学化"现象，且大部分幼儿园集中教学活动超过了应有的工作量，预设和控制的课程窄化了幼儿自由、自主的游戏时间。① 研究者本人曾经亲历过南京 H 幼儿园大班幼儿的一堂主题课程，竖式排列的一行行 10 以内加减运算题目赫然呈现在教室的黑板上，本应以游戏形式展开的课程被教学所代替。这种"教学"形式不仅普遍存在于幼儿园一日生活的组织过程中，还充斥着幼儿的园外生活时间，其实，"幼儿远没有成人的时间观念，对他来说，事情并非如此紧急。他无法如您一样，会对未来认定计划。对他来说，他的生活只存在于目前这个时刻"②，作为"学前生"的幼儿的成长应是浪漫的。

（2）作为少年的学生的成长与发展

"人的少年时期是使外部的东西成为内部的东西的时期，即学习的时期。"③ 这一阶段，个体被看作一个统一体并被作为一个统一体来要求，开始懂得并理解事物间的特殊关系，开始进入少年期的"教学"时期。少年期学生的发展，不仅需要遵循人本身的发展特质，而且要遵循事物本质中包含的一定的、不变的和明确的法则，教学必须借助认识、见解、洞察力和觉悟来进行，也就是教学更多地借助于学校来进行。借助于学校引导人去认识事物并把握事物的本质，此时，作为少年的人同时成为学生，因此作为少年的学生得以产生。

---

① 张娜、陈佑清：《我国学前教育课程结构现状分析》，《教育发展研究》2013 年第 6 期。

② Terry Malloy：《童心·同步·成长》，萧丽君、张淑琼译，及幼文化出版股份有限公司 1991 年版，第 3 页。

③ ［德］福禄培尔：《人的教育》，孙祖复译，人民教育出版社 2001 年版，第 68 页。

根据怀特海智力的节奏的发展理论，作为少年的学生的发展可分为两个阶段，13—14 岁以前延续作为幼儿的学生的浪漫阶段，从 14 岁到 18 岁是精确阶段。[①] 这里研究者将之界定为少年早期至少年后期。13 岁以前的少年早期对应的是小学教育阶段，也是一个与幼儿园教育有显著差别的时期，各种概念、故事、事实、关系，各种历史的影响、艺术的想象及发展的可能以语词、声音、形状和色彩的形式进入儿童的生活，唤起他们的情感、激发他们的想象力和鉴赏力。当然，不可否认的是在这浪漫成长阶段也存在若干较小的循环周期，其间浪漫阶段和精确发展阶段也在不断地重复和交叉出现，例如：在此阶段书写、拼读和计算能力的提高都属于精确的内容；在 11 岁左右，其语言能力发展达到相对精确阶段，但同时又与科学能力的浪漫阶段相融合；13 岁以前正是作为少年的学生善于探险、发现，重视体验的过程，对事物的新颖性和兴趣的激发在此阶段更为重要。在此阶段学生的发展相对于精确性的把握而言更重要的是应该将其推向精神世界的生活，享受精神世界的洞察和美。然而令人可悲的是，当下儿童时代的金色年华却常常笼罩在为应付考试而进行的填鸭式教学的阴影里，知识教学成为现当下教学生活的主要内容和目标，成绩被当作一切表现的指标。许多家长和学校"更早起跑"，过早过量地对他们进行知识灌输，即使面对小学一年级的刚入学的儿童，学校便开设语文、自述、英语、管乐、五线谱、绘画等诸多课程，周日还要进行剑桥英语、钢琴等课外学习。其实，知识并非学得越早越好，亦不是越多越好。"大自然希望儿童在长大以前就要像儿童的样子，如果我们打乱了这个秩序，我们就会造成一些早熟的果实：它们长得既不丰满也不甜美，而且很快就会腐烂，我们将会造出一些年纪轻轻的博士和

---

① ［英］怀特海：《教育的目的》，徐汝舟译，生活·读书·新知三联书店 2002 年版，第 67 页。

老态龙钟的儿童。"① 儿童智慧的开发首先应遵循自然规律，智慧的开发也并非指过早地进行识字、算数；于教育者而言，应将教育教学融入生活，让生活融于教育教学，应遵循儿童本能的成长节奏，与其"揠苗助长"，不如以等待的教育智慧与儿童共守成长的秘密。

13 岁、14 岁以后至 18 岁以前，是作为少年后期学生的学习关键期，对应于当下学校教育的初高中学习阶段。在这一阶段，"语言上的精确发展和科学领域的浪漫阶段都已开始接近尾声，继之而来的是语言上的综合运用时期和科学上的精确时期"②。各种科学课程如代数学、几何学、物理学、化学等课程的原理的掌握开始进入学生的学习视野，语法和作文方面的严格训练逐渐淡出语言学习的重点领域，而代之以阅读的加强以及作品思想的深入理解和凝练。学生按照自身的发展兴趣和节奏将各自的重心专注于不同的科目，初步养成在科学领域里的独立思考的能力。在这个阶段，学生的发展越来越个体化、个性化，意图确立一个适用于所有学生的发展的节奏和目标并无现实的可能，每个学生个体的发展都可分解成不同的个案的发展。正如怀特海所说："知识众多，决非一个人所能掌握，每一个科目都有其存在的价值。罗列每个人都应掌握的各种科目，用这种方法来对待这个问题是毫无希望的。虽然智力教育的一个主要目的是传授知识，但智力教育还有另一个要素，比较模糊却更加伟大，因而也具有更重要的意义：古人称之为'智慧'，你不掌握某些基本知识就不可能聪明，但你可以很容易地获得知识却仍然没有智慧。"③ 既然众多的知识绝非每个人所能掌握，那么对于每个学生个体来说，最重要的是掌握什么样的知识以及如何掌握这些知识并使其得以进一步运用，即生成智慧。前者在于如何去选择，这关乎学生个体发展的兴趣所在，而兴趣

① ［法］卢梭：《爱弥儿》（上卷），李平沤译，商务印书馆 2011 年版，第 91 页。
② ［英］怀特海：《教育的目的》，徐汝舟译，生活·读书·新知三联书店 2002 年版，第 43 页。
③ 同上书，第 53—54 页。

正是是否能够专注和颖悟的先决条件；如何掌握知识并进一步运用则关乎学习方法的问题和学习的节奏的把握。当前普遍存在中小学生课业负担过重的现象，社会将中学生的学业发展以高考是否成功为标志归入成功与淘汰二类，并将成功者冀以未来社会之"栋梁"和"精英"的期许，在这种氛围下如何让学生保持一种发展的平常心？在追求快节奏、高速度、成功率、欲望不达、加分不止的氛围里，学生更容易失却发展个人兴趣的从容，教学中失去了方法、目标的循序渐进，而置换成为操之过急、斧锯加身，个体的成长和发展越来越远离内心世界而留恋于外部生活中。

（3）作为青年的学生的成长与发展

18—22岁是智力发展的综合运用阶段，对应当下学校教育的大学教育阶段。"在中学阶段，从智力培养方面来说，学生们一直伏案专心于自己的课业；而在大学里，他们应该站立起来并环顾周围。"①作为少年的学生，通过艰苦的努力实现从特殊具体的事实到一般概念原理的掌握，而作为青年的大学生关注的是如何从一般概念着手进而研究如何将这些概念应用于具体的实际场合中，对普遍的规律进行探究。虽然在面对某些具体问题的解决时仍包含从浪漫、精确到综合运用的三阶段循环过程，并且作为精确阶段的学习过程仍然存在并占据重要地位，虽然个体的发展在每天、每月、每学期仍存在若干发展的小漩涡，但是，相对于18岁以前的从浪漫到精确的发展时间而言，作为青年的学生的个体成长毋庸置疑是走向自由生成的创造性进展的阶段。"大学是实施教育的机构，也是进行研究的机构，单就传授知识这个作用来说，自15世纪印刷术普及以来，可以说大学已经没有任何存在的理由……大学存在的理由是，它使青年和老年人融为一体，对学术进行充满想象力的探索，从而在知识和追求生命的热情之

---

① ［英］怀特海：《教育的目的》，徐汝舟译，生活·读书·新知三联书店2002年版，第47页。

间架起桥梁。"① 因此，大学教育更侧重于培养学生的创新思维和解决问题的能力，融知识学习于对现实问题的关注和解决过程之中。大学教学单纯的学科知识传授作用已然弱化，大学生已从知识、文化的接受者转变为探究者，从精神深处点燃对学术的探索和追求，个体的成长过程是自我反思过往人生经历，并与已有的知识体系和科学发现成果建立联系，努力扩展个体的知识外延的过程。②

　　钱学森曾说过：人才要熟悉科学技术体系，需哲学、理、工、文、艺相结合，需有智慧。在钱学森看来，人才培养与发展智慧密切相关，杰出人才不仅在知识和技能方面卓越，更要具有较高水平、较全面的内在智慧。大学生的成长非在知识的增加，更应该是智慧的生成。大学是培养创造性人才的摇篮，青年学生智慧的生成需要创设一种自由生长的环境，教师当以充满想象的方式去传授知识，师生共同实现"引领自由、专注运用、促进首创"③ 的教学愿景。从过程哲学的视角关注青年学生的成长，其智力水平已达到能够归纳、整合并进行综合运用的阶段，亦可以说正踏上重新回归知识追求的浪漫之旅。通过 12 年左右的专注学习，青年学生已深刻的认识和体悟了知识的基本原理，开始关注现实生活，学会换位思考，多学科整合的实践性知识积累丰硕。青年学生喜欢浪漫和激情，渴望运用知识去解决现实世界中的问题，在这种成长的过程中个体的心理世界也发生着一系列的嬗变，诸如：深刻的注意力自我定向；思维深入中的元认知自我监控；内在情绪调节中的有意识的自我转换，等等。这一系列的嬗变促使青年学生能够对学习进行主动的探究和钻研，继而生发出对自然、社会、对人生穷究其理，并在此过程中产生自我教育和自我认知的意向性。

---

　　① ［英］怀特海：《教育的目的》，徐汝舟译，生活·读书·新知三联书店 2002 年版，第 137 页。

　　② 魏善春：《大学有效教学：目标、要素及实现可能——一种过程哲学的审视》，《现代大学教育》2013 年第 1 期。

　　③ 杨丽：《论怀特海的课程思想》，《教育探索》2010 年第 1 期。

二 师生成长的机制：自组织系统的自我救赎

个体生命成长从混沌走向秩序，同时亦接受教育从私密向公开的转化，生命在各种复杂的系统中或自然成长、或被设计、组织和控制。生命到底是如何活动的？需要一系列的规则来描述和界定。如果说生命的成长有可能面对多种截然不同的模式，那么现实的教育教学则使个体生命模式趋于单一，个体被过度的理性设计，来自教育教学系统外部的强加于系统内部各组成部分的组织和控制的模式被定义为"他组织"的模式。

然而，在怀特海的过程哲学视域中，一个现实实有是如何生成的，决定了该现实实有是什么；它的存在是由它的生成构成的，即个体的生成变化没有终极原因，他自己就是自己的原因，就是自己生成的理由，因此个体的生成是一个自我组织与自我建构的过程，他就是在持续不断的生成、满足、再生成、再满足地不停变化着[①]，这是一种完全不同的生长路线——自组织的路线，也是过程哲学视域中的师生成长机制。

（一）自组织理论与教学生活系统的自组织机制

师生成长从"他组织"走向"自组织"，是过程哲学的生成发展观的内在规定性。这集中反映了教学生活中的教师、学生的自我成长的能力，并对教学生活系统内各因素的存在、发展及其彼此间的能动关系提出了要求。

1. 自组织及自组织理论

自组织原是宇宙变化的根本方式，是现代非平衡热力学和非线性科学的重大发现之一，通过对物种起源、生物进化和社会发展过程的

---

① Whitehead, *Process and Reality*, New York: The Free Press, 1978, p. 23.

深入观察和研究，从系统论、热力学、统计学和进化论的视角都对自组织理论给予了不同的界定。从系统论的视角看自组织，是指系统在内在机制驱动下自行从简单到复杂，从粗糙向细致，不断提高自身的复杂程度和精细程度的过程；以热力学观点看自组织，是系统通过不断地与外界环境交换信息、物质和能量，通过不断降低自我的熵含量从而提高其有序程度的过程；从进化论看自组织，指系统在遗传、变异和优胜劣汰作用机制下，组织机构和运转模式通过不断的自我完善，从而不断提高对环境的适应能力的过程。因此，自组织是一种"没有外界干预，仅仅只是控制参量的变化，通过子系统间的合作就能够形成宏观有序结构的现象"①。

在自组织理论（self – organization theory）形成和发展过程中，学术界对其概念有诸多解释。普利高津作为耗散结构（Dissipative Structure）的创始人认为自组织是系统及其各要素自发地由各种无序状态向有序状态转化的内在机制；德国物理学家，协同学的创造人，被视为"在物理学的最前沿拼杀"的物理学大师哈肯给自组织作了如下定义，他认为"如果系统在获得空间的、时间的或功能的结构过程中，没有外界的特定干预，我们便说系统是自组织的。'特定'一词是指那种结构和功能并非外界强加给系统的，而是外界以非特定的方式作用于系统"②。也就是说自组织是从无序到有序的产生过程，是"一个系统的要素按彼此的相干性、协同性或某种默契形成特定结构与功能的过程"③，并以开放性、非平衡性、非线性和涨落四个条件促进系统内在的自组织演化进程的展开。因此，以静态视角看自组织系统，它是一个充分开放且不受外界干预的自我调节、自我发展、自我生成的复杂系统。

过程哲学认为，"世界是自我创造的，……每一个实际存在物都

---

① 李曙华：《从系统论到混沌学》，广西师范大学出版社2002年版，第152页。

② ［德］哈肯：《信息与自组织：复杂系统的宏观方法》，郭治安等译，四川教育出版社1988年版，第29页。

③ 关士续：《自然辩证法概论》，高等教育出版社1988年版，第9页。

有其自身绝对的自我造就能力"①，也就是说世界是有生命的，并且组成世界的每一个主体也有着自我生成的主体能力，即自组织能力。以此观照教学生活，教学生活中的师生是自我成长的，教育是师生自我的生命创造活动。然而，现实中，我们总以为教育的目的是改变人，或说是让人改变，于是，承载着教育行为的教学过程外显为"他组织"或称之为"被组织"的教和学的过程。其实，教育是为了促进以儿童本能活动为中心的心理机能的不断成长和发展，学校教育教学的价值即在于使儿童生发生长的意愿，尽可能地呵护儿童对自然和周遭世界的好奇心，归还儿童自我发展的自由并营造使儿童迫切想要生长的环境。教育的最终目标是为了不教而会，或者说少教而会，因此，自我教育成为教育的最高境界，"孩子生来是聪明和现实的，假如成年人不给他约束，他会尽他可能地去发展"②，来自外界的教育和帮助最终只有依靠孩童自我的吸纳、转化和内化才能完成，如果孩童拒绝接收，则一切影响将毫无意义。也就是说，教育教学中潜隐存在着儿童"自组织"的生成和发展能力。然而，在个体生命从混沌走向秩序并开始接受公开化的学校教育的过程中，儿童所承受的纪律的约束越发明显，生命成长过程中的新颖和创造逐渐弱化甚至丢失，原本应该日渐丰盈的生命内涵因过于功用化的、粗鲁的教育教学模式的影响而趋于平淡、简单甚至平庸，教育没有赋予生命以生长的自由反而使生命的发展受到了宰制，教育的纯粹中掺杂了过多的外界因素的干扰，因而使得教育的纯净和教育机体的自组织功能被破坏。

2. 教学生活系统的自组织机制

学校教育历程中的生命成长与教学生活的生成运转密切相关，生命发展的自组织性与教学生活中各系统的自组织生成能力紧密相连，

---

① ［英］怀特海：《过程与实在》，杨富斌译，中国城市出版社 2003 年版，第 109 页。
② 张人杰、王卫东：《二十世纪教育学名家名著》，广东高等教育出版社 2002 年版，第 280 页。

两者之间互相牵制，你中有我，我中有你。只有当生命体在教学生活过程中享有自我选择和自主决定的权利时，个体才能感受到生命的意义，在教学生活过程中才能体会到幸福。在被他者掌控命运的过程中，在"被长成"的境遇下很难感受到教学生活的乐趣。如此，我们可以说，教学生活作为一个生命机体，应该是一个具有自组织能力的有机整体，是自为教育与原初的自在教育合理整合的有机整体，是能够自我指导、自我决定、自我调节的生命体。只有具有如此"自组织"能力的教学生活，才能养育出具有强烈的求知欲望，拥有广阔且自由的思维空间的，并具有"自组织能力"的生命个体。因此，有必要在此对教学生活系统的自组织机制和特性作一番阐释。

系统是指"具有相互作用的诸元素的集合体"[①]。"元素是构成系统的最小部分或基本单元，即不可再划分的单元。"[②] 教学生活系统本身是一个复杂的大系统，由教师、学生、教材、教学设施（环境）等构成了实体的教学生活系统，教学方法、教学组织形式、教学内容、教学评价、教师教学水平、学生学习状况等元素构成了非实体的教学生活系统。同时，教师、学生、教学内容、教学方法、教学评价和教学环境又是一个个相互联系、相互依赖并相互制约而形成的子系统，彼此间的关系纵横交错。因此，教学生活系统本身可以说是由若干子系统交错构成的复合系统。根据耗散结构理论，当一个系统呈封闭状态而不与外界有任何信息、物质和能量的交换时，系统的熵增[③]会逐渐增大且系统呈无

---

① ［奥］L. 贝塔兰菲：《一般系统论》，秋同、袁嘉新译，社会科学文献出版社1987年版，第27页。

② 苗东升著：《系统科学精要》，中国人民大学出版社1998年版，第27页。

③ 熵的概念由德国物理学家鲁道夫·克劳修斯首次提出，用来表示任何一种能量在空间中分布的混乱程度，在物理学、生命科学、信息论、控制论、数论等领域都有重要应用。以热力学定义熵增，指系统的总能量不变，但其中可用部分减少，因此熵增过程是一个自发的由有序向无序发展的过程。熵增过程也体现在生命体系之中，生命的代谢建立在生物化学反应之基础上，因此，从某种程度上讲，生命的意义即在于抵抗熵增，保持生命的有序性。本书在教学生活系统中引用熵的概念，是希望通过教学生活系统的自组织机制，使教学生活中的熵保持一种平衡态，从而使教学生活保持自身生长的有序度，尽可能免受或较少地受到现实世界的挤压。

序状态。教学生活是一个复杂的系统，当教学生活呈封闭状态不与自然及周遭世界产生任何联系时，其熵也会逐渐增大而使得教学生活的无序程度加大，教学生活空间逐渐狭窄，教和学的效率大幅降低从而使得师生面对教学生活产生一种无趣和厌弃感，甚至萌发逃离的冲动。因此，我们所能做的是尽量让师生的教学生活敞开，与外界进行有效的物质、信息和能量的交换，为教学生活输入负熵以应对熵增，从而提升教学生活的活力，以系统的自组织机能使其恢复有序状态。

第一，教学生活系统的自组织演变与发展需要一个逻辑起点，或说是最基本的先决条件，即教学生活系统的开放性。教育何以成就师生生命的超越？教学生活何以为师生搭建生命成长的平台而不被师生厌弃？教学生活被体制化和平庸化，一个最重要的表征即是教学生活本身存在的自我封闭性，先在地设定了师生生命发展的围栏。

教学生活是占据了师生生命时间中的重要阶段的，因此，教学生活对于个体生命的引领及生存质量的维护首要的就是引导个体发展的开放性。然而，要成就个体生命的开放性，教学生活本身需保有一种向外和向内的开放姿态。一方面是教学生活本身作为一个整体的复杂系统对外的开放性。过程哲学视域中的教学生活作为生命机体与自然环境、社会系统及周围世界保持着密切的联系，实现着信息、能量及物质在彼此间的或显性或隐性的互换和交流。显性地表现为教育系统和社会系统对教育教学进行的物质层面和制度层面的输入，包括教育教学的目的、要求及施加的影响等等；同时隐性存在着的还有整个社会的文化系统的影响，甚至包括那些不能"合法化"彰显，但却仍居于重要地位的社会系统中的各种价值观念的侵入，影响着师生的教育观、教学观和学习观念。当然，教学生活中的各种信息和成果也会向教学生活系统之外输出，会反作用于社会和家庭，使社会观念、舆论、结构及家庭教育观念发生变化。另一方面是教学生活系统内部各因子与外部世界以及在彼此之间保持着的开放特征，如师生之间、教师和课程内容之间、学生和课程内容之间以及师生和教学环境之间无时无刻不在发生着的信息和能量的交流。师生作为教学生活中的生命体，是最具活力的因子，其本身所具有的来自家庭、社会的前经验和各种知识、习惯在教学生活场域中一方面进行彼此间的碰撞并实现信息和能量的交换，同时，师生已有的前经验还与课程、与教学环境进行着隐蔽的且多样化的信息交流。因此，教学生活系统是开放的，外界各种信息和能量的进入，以及系统内部因子间信息和能量的交换，使教学生活因时间的延续而产生的熵增逐渐减少，从而使教学生活在无序和有序之间保持一种张力和平衡。这种开放性特征既是教学生活本身所拥有的固有特性，同时也是教学生活能够保持有序状态和鲜活的生命力的保证。

第二，使教学生活系统远离平衡态，即保持一种非平衡状态是使教学生活系统进行自组织运转的必要条件。平衡通常指事物在量或质上相等或相抵，系统内部在长时间内不发生变化，相对稳定。换言之，则是一种相对停滞不前的状态。而远离平衡则预示着系统内部物质能量间存在差异，内部结构在生成变化着并有可能得到不断更新。保持着平衡状态的教学生活犹如一潭死水，波澜不惊，要么是因为教师统得过死，教学生活被纪律所束缚；要么是放得过松，导致学生在懒散的节奏下维持了一种认知能力的低水平徘徊。无论是哪种情况都使得学生的认知结构因无任何有效的刺激而无法对学习产生兴趣和热情，从而使教学状态走向无序，教学在低效率水平上运转，因而不可能产生任何自组织的行为。

如果说保持教学生活系统的开放性是教学生活自组织行为发生的先决条件，那么，开放只是教学生活呈现的一种状态，可交换的信息、物质和能量是先在存在的，如果没有师生的主体性吸纳行为，则只能是信息、物质和能量在浅表层的接触和滞留，并不能有效激发师生的思维运转。因此，教学生活的平衡状态的打破有赖于师生主体性吸纳行为的产生以及学生在学习过程中的问题意识的萌发，以"惑"的解决打破教学生活的平衡。从宏观层面的整体教学生活过程看，

"非平衡态的产生有这样几种情况：新信息骤然激增时，认知连续性突然改变时，意外现象发生时，强烈冲突致使无法决断时"①，也就是说平衡态的击破有赖于教师在教学生活中主动创设环境和事件以改变常态化、程式化的教学生活状况；从微观层面看教学生活中的课堂，不同性质的课堂教学当以不同的教学方法引领学生的认知冲突和思维发展，因为方法是教学过程中引发非平衡态的重要参量，它贯穿于整个知识领域中，是一门学科的逻辑语言和符号规则。② 譬如，以数学课堂为例，可通过设计思维陷阱、提问、实验等方法构建学生思维的非平衡状态，人文学科的教和学可以以表演、阅读经典、个人或集体的创作行为等事件激发学生的认知热情和情感变化，从而打破课堂教学生活的平衡态势。只有当教学生活系统呈非平衡态势远离平衡状态的简单、无序，教学生活系统中的各因子才有可能接受到新的刺激，彼此间产生新的竞争或协同关系，从而使教学生活系统通过自组织行为而在新的水平上臻至新的平衡。

第三，教学生活系统能够发挥其自组织功能还在于系统内部各因子的非线性生长状况和各因子之间非线性的相互作用关系。所谓非线性是指各种变量之间的关系不是直线而是曲线或曲面的，是一种不确定的属性，突出了自然界的复杂性而且更接近客观事物的本质。哈肯认为："控制自组织的方程本质上是非线性的，这些非线性项起着决定作用。"③ 教学生活系统是一个常常出现混沌状态的非线性系统，系统在运转过程中，作为教学生活终极目标的师生生命成长是非线性的，这种非线性的成长路线表现在若干方面。譬如：在个体智力的发展节奏方面，经历了从浪漫到精确、再到综合概括三个阶段，浪漫阶

---

① 张诗亚：《惑论——教学过程中认知发展突变论》，西南师范大学出版社 2005 年版，第 83、225 页。

② 参见邢红军、林崇德《论教学过程的自组织转变理论》，《课程·教材·方法》2006 年第 11 期。

③ 庞海波：《论创造性思维的自组织机制》，《心理科学》2000 年第 2 期。

段中充斥着孩童对世界的好奇心之旅，精确阶段的学习开始经历发现和研究探索的过程，而到了综合阶段则创造力和直觉思维的能力越发凸显。这样的发展节奏并非呈简单的直线型关系，而是一种过程中有低谷、有起伏的非线性态势，直至综合运用阶段师生的学习动机的真正内化才使得师生的创造力得到发展并获得一种创造性的成长，此时，学习才真正成为学生个体生命中的重要事件，成为一种自组织的行为。

当然，排除师生个体成长的这种非线性状况，教学生活系统中各因子间的互动关系也时常出现非线性态势。传统教学生活中，教师习惯于将学生的学习和生活逐一安排，学生也习惯于被安排，教师习惯于将知识逐一讲解甚至讲透，认为这是对学生最好的并且能使学生取得好的学习成绩，"这种教学方法的最大弊病在于它把一个年轻人维持在小孩子的状态，老师要他怎么学，他就怎么学"①。但实质上教师"如此的努力"却并不一定能获得相应的回报，甚至于师生即使共同努力也不一定获得期待中的成果。原因即在于：人作为一种具有高级思维能力和复杂情感的动物，本身即是一个非线性的系统，其认知结构的变化、情感情绪的体验以及学习情境的改变都会影响输入和输出的状态并使输入和输出呈非线性关系。我们会发现，教师在课堂上苦口婆心的讲解和启发对学生学习积极性的影响有时甚至不如一个赏赏的眼神、一句鼓励的话语更能激发学生的学习动力；在课堂上花费若干时间进行道德说教，有可能学生根本置若罔闻，远不如一件不经意的事件或者让学生走出校园与自然和田野亲密接触所产生的教育效果。因此，师生之间的输入和输出并非对等，正是这种不对等、不均衡的非线性互动关系使教学生活系统中的生命体在不断反省、调整彼此间的互动，从而使教学生活保持着旺盛的生命力，这种彼此间产生的协同作用，正是教学生活系统自组织增殖的基础和保证。

---

① 《杨振宁文集》，华东师范大学出版社1998年版，第839页。

还有一点不能忽视，即系统要素的涨落是系统实现从他组织向自组织转变，从无序走向有序的重要契机，通过涨落使系统远离平衡，通过涨落使系统重新达到有序状态，这是普利高津耗散结构理论的又一重要观点。所谓涨落，又可称之为起伏或干扰，从系统存在状态看，涨落是系统对平衡状态的一种偏离；从系统演化来看，涨落是系统演化过程中出现的差异，无论是偏离或是差异，都有可能使系统发生突变从而产生新的有序的结构。因此，与系统的开放性、非平衡性和非线性特征一样，系统作为一个整体以及其内部各因子的涨落同样是使系统产生质变和创新的重要因素。

现代教学生活（或可称之为现实的教学生活）与师生日常生活脱节，呈独居于一隅、自说自话的封闭状态，死板、孤立、千篇一律的学校生活使师生画地为牢，师生被具体的知识学习和考试分数所绑架，教学过程中只有知识而没有师生的生命和生活，课堂上只有对教学目标的追求和教学任务的简单、规律地重复，而缺失了对课堂中的文化、故事及突发事件的体味和深度挖掘。"自组织的教学生活尊重个体的生命性，视教学生活为复杂、丰富且与外界密切联系的开放体，对自然和周遭世界怀有敏锐的触觉和深度的体察，教学生活系统内外一个随机的微小的扰动都有可能对系统造成最终的巨大涨落，恰如巴西一只蝴蝶翅膀的震动将引发北美一场飓风。"① 一个新的教学方法的实施，一次走出校园的田野玩耍、一次师生的深度合作、一篇引起共鸣的范文阅读，都有可能对师生的教学生活的存续产生影响，甚至有可能使系统内各因子的发展产生质的改变。因此，涨落可以制造平淡教学生活中的涟漪，通过连锁效应，微弱的涟漪有可能被放大形成整体的涨落，从而导致教学生活系统内部的突变。教学生活系统中的小涨落是无处不在的，自组织的教学生活系统中师生能够把握住

---

① 卢建筠：《自组织教育与他组织教育的实践差异》，《现代教育论坛》2007 年第 5 期。

涨落的契机，或者说能自主地创造有利涨落的时机，营造一种有利于师生自主成长的支持性环境，并进一步通过教学生活系统内各因子及彼此之间的非线性作用使系统远离平衡，促进教学生活向有利于师生生命成长的方向转化。

"教育系统是复杂的，几乎一切有序性都是自组织的结果，是自然而然的"①，后现代过程哲学视域中的教学生活是一个开放的、自组织的系统，开放的系统保持着与自然、社会及周围世界的亲密接触和双向沟通，教学生活系统不断从家庭、社区及周遭世界吸收能量和养分，以保持教学生活鲜活的生命力和教学生活系统稳定有序的耗散结构。教学生活的有序性以及系统内部各因子的生长，皆是系统及其内部各因子自组织的结果，是自然而然发生的，是对自我协调、自我激发、自我反馈的自组织机制的鲜活诠释。

（二）自组织机制下的师生自我成长

我们探究教学生活系统的自组织运转机制，最终目的仍旧是希望以此去研究教学生活系统中的教师、学生、教学内容、教学方法、教学评价、教学环境等各子系统的自组织性，其中又以作为生命体存在的教师和学生的自组织生长状况最为关键。

怀特海认为："人的大脑从来不是消极被动的，它处于一种永恒的活动中，精细而敏锐，接受外界的刺激并对刺激做出反应。你不能延迟大脑的生命，像工具一样先把它磨好然后再使用它。不管学生对你的主题有什么兴趣，必须此刻就唤醒它；……不管你的教学给予精神生活什么潜在价值，必须现在就展现它。这是教育的金科玉律。"②从此意义上看，教学必须以引导学生思维的主动性为先，教学生活中

---

① 项贤明：《泛教育论：广义教育学的初步探索》，山西教育出版社 2002 年版，第 486 页。

② ［英］怀特海：《教育目的》，徐汝舟译，生活·读书·新知三联书店 2002 年版，第 11 页。

师生处于一种自主的、积极的互动过程中。以皮亚杰的心理建构观看，人的成长的本质过程就是心理与行为层面不断进行自组织的过程，也就是说，人的成长本应是一种自然而然的自组织行为，教育教学的作用在于创造环境和机会帮助和促进个体的成长。但从现实情况分析，我们现在的教学生活是以现代范式为导向的，源于一种牛顿机械论物理学和笛卡儿的极端理性哲学的思维方式，这也是一种重视外因的思维方式。① 机械论对事物发展及其结果的评价都基于一种封闭的事件系统，在日常教学生活中以规律性的简单机械重复代替教育的复杂和丰富，以对学生的结果式的评价代替过程中的评价，导致生命体否定性且不协调的发展状况，学生被培养成"考试机器"，而教师成为运作机器的"操作工"，分数、荣誉、金钱、职位、声望这些外在的价值凌驾于教学生活本应追求的内在价值之上。对学习的热爱和尊重、对知识的渴求和发现的喜悦，以及作为教师原本应不懈追求的自我更新这些根本的目的被遗忘，从而导致师生之间关系紧张，并进一步沦为一种臣服与被臣服、控制与被控制的等级关系。学生的生命成长需要一种轻松、自由的能够助其实现自我成长的开放的氛围，教师的职业发展也只有在一种良好的外部环境的支持下才能实现。现代教育呼唤一种后现代过程视域中的自组织思维方式的导向，呼唤对师生生命成长的尊重，期待对师生身心的解放和创造力的发现，期待话语中心从教师向学生主体的彻底转移，以师生自组织的生命实践促进教学生活从混沌走向秩序的不断生成和发展。

1. 自组织机制下师生自我成长的可能性

从前文论述看自组织机制下的教学生活，教学生活本身及其内部各因子都是一个开放的系统，在系统与外界世界以及系统各因子彼此间的信息、物质和能量的交换过程中，系统内部和外部在不断的发生

---

① 卢建筠：《自组织教育与他组织教育的理论差异》，《课程·教材·教法》2006年第2期。

非线性的相互作用，并抓住涨落的契机将教学生活在混沌和秩序之间保持了一种有效的张力和平衡。

在教学生活自组织运转过程中，教师、学生、教学内容、教学方法和教学环境在一定时空下勾连在一起，既自主建构了教学生活整体，同时又各自自成系统，其中尤以师生生命体系统自组织的生成演化过程最为明显。师生的自组织成长之所以成为可能可从以下两个层面加以阐释。

（1）教学生活中的师生是一种"生命性"的存在

"教育系统是一种目的性行为系统，其目的性包含两方面含义，一是类似于自然界系统的自然目的性，一是系统外在的目的性。"[①]现代教学生活也同样包含内在和外在两层目的性。教学生活系统外在的目的性不言自明，从大处着眼通常指社会的需求和国家对学校教育教学提出的目标和方针，从小处可视为对知识的传授和掌握。这里，我们重点审视一下教学生活系统类似于自然世界的自然目的性的生成和发展。

众所周知，教师和学生都是不断成长、成熟的发展中的生命体，从人类种族遗传的视角看，其成长具有明显的自组织的内在特征。从理论上说，生命体的身体机能和心理成长可以在没有外界干预的情况下独立进行，生物学层面上的"成熟"或可对师生"生物生命性成长"的自然目的性作一番解释，身体的骨骼、肌肉、大脑的发育和成熟在一定程度上是自组织且不受外界干预的。作为教师则应清楚地了解和尊重学生生命成熟的内在规律，并在此基础上创造环境有效地促进学生自然生命的发展。同时，教学生活中的师生还拥有各自独特的"精神生命"，教学生活应以尊重师生的精神生命和养育师生旺盛的精神生命力为核心。

---

① 郑和钧、陈峰：《自组织理论与教育整体改革》，《教育研究与实验》1993 年第 4 期。

自组织的教学生活是一个内涵丰富、运转复杂的系统，间接地加速了师生精神生命的成长。它认为越是丰富且复杂的系统越有助于促进自组织行为的产生，也就是说，个体的经历越复杂、知识越深厚、认知方法越丰富则自我效能感越强、精神生命的内涵越深刻，越有可能与外界产生高效的物质和能量交换，从而出现师生自组织发展行为并产生个体生命自我成长的主动性。因此，教育应提供给受教育者自由发展的空间以及类似于万花筒般的认知方式，以此促进受教育者自然生命的生长并涵养其精神生命的丰富性。

（2）教学生活中师生的自组织成长还基于师生是拥有"自主性"的"生成性"存在，使师生的自组织成长成为可能。

首先，儿童是生成性的存在。犹如中国山水画中对空白的匠心独具的运用，空白往往决定或影响整幅画的韵味甚至画作的成功与否，教育中人的发展也是如此。我们所看到的、已经拥有的也许并不是真正最重要的，或者可以说儿童的发展现状并非一成不变，也不是最重要的，更重要的在于他的生成潜力和未来性。康德说："教育艺术的原理就是……孩子们应该不是以人类的当前状况，而是以人类将来可能的最佳状况，即合乎人性的理念及其完整规定——为准进行教育。"① 儿童的发展有着无限生成的可能性和不确定性，"就像他是人类的创造者一样他也可能成为人类的改造者，儿童给我们带来了无限的希望和新的前景"②。在牛顿的机械论世界观下，儿童的发展是规律的、确定或可预测的，教学生活沦为一种"机器隐喻"的世界，追求的是合格的产品和产量的最大化。然而，"合格的教育总是并且总将是在揭示人类潜能的意义上进行，纯粹功利性的教育最终只能与

---

① ［德］伊曼努尔·康德：《论教育学》，赵鹏、何兆武译，上海世纪出版集团2005年版，第8页。

② ［意］蒙台梭利：《蒙台梭利幼儿教育科学方法》，任代文译，人民教育出版社2001年版，第397页。

人类的目标背道而驰"①，也就是说，儿童是具备无限潜能的正在生成发展的生命体。教育的职责在于给予儿童自我生长的空间，让其自由选择并自主决定，在教学生活过程中还其自由的空间以涵养儿童的生命底蕴。于是，学习不再是已有固化知识的内化和过去教育过程的再现，而是一种主体精神的焕发和自我教育能力的彰显。

其次，还需为儿童的"生成性"发展可能加一定语，即儿童的生成性是一种"自主的"生成性发展。"能动性这个本原，……纯粹存在于它自身之内，它确实是力量而不存在于它自身之外；而且这种力量不是被推动和发动的，而是自己使自己运动的"②，也就是说儿童是具有主观能动性的生命体。当来自社会的需求、家庭的期望、师长的教导被儿童吸收并真正内化时，儿童在教学生活中的运动以及与之关联的其他关系将具有了自主的能动特性，其在教学生活中的表现包括速度、方向、方法、成果等将不再轻易接受来自自身之外的外界干扰，而只接受内在的自我规定性的制约和督促。在儿童自主的生成发展之下，看似外在的各种目标和要求将成为对儿童的自我规定性的有效揭示，于是，目标和要求被儿童内化进而促进了儿童自组织行为的发生，并使得教学生活从不平衡走向平衡，从混沌走向有序。

与学生的自主生成发展的自然目的性相关，教学生活中的教师角色也有着同样的烙印。教师在明晰学生的发展规律的基础上创造环境陪伴学生的成长，教师不再是传输者或操作工，而成为陪伴者和管理者。教师必须清醒地意识到，"学生是积极探索宇宙奥秘的主体……伟大的教师应本能地意识到这一点并自发应用于教学，在学生中唤起对学习的持续热爱和激情"③，如此，传统教书匠的形象将被涵养精

① 李曙华：《从系统论到混沌学》，广西师范大学出版社 2002 年版，第 11 页。
② ［德］费西特：《论学者的使命·人的使命》，梁志学、沈真译，商务印书馆 1984 年版，第 72 页。
③ 费劳德：《一种怀特海主义的教育理论——兼论中国教育改革》，李大强译，载李方主编《过程教育研究在中国》，福建教育出版社 2012 年版，第 23 页。

神生活的艺术家所代替。在这个过程中，需要教师在明确自身的责任、义务后进行有效的自我激活，凭借内在的自我激励自组织地进行知识、能力、观念等方面的"自我更新"。师生在教学生活这个时空中产生非线性的相互关联作用，这种相互关联已不是简单意义上的相互联系，而是一种为了共同的目标，既合作又竞争，既相互激励又相互约束，彼此合作提升"经验的开放性"（openness to experience）①，从而促进师生在教学生活中的自组织成长。

2. 自组织机制下师生自我成长的基本特征

为了进一步深化对教学生活中师生的自我成长的认识，还有必要对师生自我成长的特征作较为深入的分析。所谓特征即"可以作为事物特点的征象或标志"②，是对事物本质的表达和反映。我们研究教学生活中师生的"自组织成长"，并非意指师生的成长只与自我个人因素相关。虽然所谓"自组织"（self - organization）即"自我自主地组织化、有机化的意思"③，但是，教育教学的存续和演化以及教学生活中的师生成长与来自国家、政府及社会的相关指令和影响都有着密切的联系，因此可以说，教学生活本身即是一种自组织与他组织共存的现实体。之所以将自组织的教学生活和师生成长作为研究对象，只是因为这种更重视个体的独特性，更尊重自由、平等，以及更关注个体的生命和生活的成长范式更切合现代教育教学的需要，是师生追求幸福完整的教学生活的基础和师生成长的动力源泉。因此，我们将关注的中心转向师生内在的自然自发的生成演化，对自组织教学生活中的师生自我成长的特征作一番具体描述。

（1）自组织教学生活中的师生成长是一种互动协同成长的过程

---

① 所谓"经验的开放性"指个体对经验本身的积极寻求和欣赏以及对不熟悉情境的容忍和探索，经验开放的个体表现出对新鲜事物感兴趣，通常被认为是勤于思考、好幻想、知识丰富和富于创造的。经验开放的个体更倾向于产生自组织行为。

② 商务印书馆辞书研究中心：《新华词典》（2001 年修订版），商务印书馆 2001 年版，第 964 页。

③ 吴小鸥：《论教学场的自组织》，《全球教育展望》2007 年第 9 期。

教学生活系统是社会生活系统的子系统，作为子系统的教学生活与社会生活之间保持着密切的信息、能量和物质的交换。教学生活并非在真空中运转，它与外部环境间保持着一种复杂的交往关系，"包括外部环境对教学生活的输入影响，其中既有物质层面的输入，也有制度层面的输入，更有文化层面的输入"①，而且这种输入并非简单的套用或挪用，而是在更高层次上的融合和创造；同时，教学生活也通过文化的传播和人才的输出对外部环境产生着影响。教学生活系统与社会系统之间的这种输入和输出的互动避免了使教学生活陷入"死寂"的状态，而呈现出充满挑战和生机的景象。

除系统内外的这种互动外，系统内部各子系统间（包括教师系统、学生系统、教学系统、管理系统、服务系统等）的互动于我们也并不陌生，其中尤以作为生命体的师生彼此之间以及与外部环境之间的互动最为丰富和生动。自组织的教学生活中教师与学生之间、学生与学生之间、教师与教师之间，以及师生子系统与外部环境之间总是在进行着包括知识、背景、思想、经验、情感情绪等的交流和互动，而且这种互动并非机械和毫无章法，也并非是彼此间的摩擦和冲突，而是一种相互的协同作用。所谓协同，在哈肯的概念里即"系统中诸多子系统相互协调的、合作的或同步联合作用的集体行为。协同是系统整体性、相关性的内在表现"②。正是通过内部的这种互动协同作用，使教学生活中的师生子系统不断相互协调、相互配合和相互竞争，而竞争不仅能打破系统的平衡，而且竞争是能够促使系统进一步演化的最活跃的因素，竞争使得教学生活系统充满了活力，"活力洋溢之处，便充满生之乐趣，而无须借助任何愉快的情境。活力能增加快乐并减少痛苦，活力使人们对周边的一切产生兴趣"③，因此活力

---

① 吴康宁：《课堂教学社会学》，《教育研究》1997 年第 2 期。
② 佐斌：《师生互动论》，华中师范大学出版社 2002 年版，第 126 页。
③ ［英］伯特兰·罗素：《教育与美好生活》，杨汉麟译，河北人民出版社 1999 年版，第 36—37 页。

是事物自组织生长的动力和源泉，活力使师生在教学生活中自发地在个体成长以及群体配合方面形成有序的状态和结构。

（2）自组织教学生活中的师生成长是师生自我超越和自我更新的过程

人是带着潜能来到这个世界的，因此，人总是处于一种"未完成"状态。"人永远不会变成一个成人，人的生存是一个永无止境的完善过程和学习过程，他和其他生物的不同之处即在于他的'未完成性'。"[1] 这种未完成性也说明人是潜力无穷的存在。当我们过早地事先定论将学生划分为"优等生""差生"或将之区别为"理科生""文科生"，当我们固执地代为安排学生的各种时间并将之完全塞满，当我们以有色的眼光评价教师的专业成果和专业能力时，恰是遗忘了师生未来发展的无限可能性。

其实，"具体的教育教学实践活动展开的起点，不在于教师，也不能简单地归之于学生，而是居于教师与学生之间的，既能对教师起引导作用又能对学生的发展起引导性的事物，这个引导性的事物即发展的'可能性'。"[2] 人的未完成性也预示着无限可能性的存在。这种未来发展的可能性使得人的追求不是止步于"自我实现"，而是在把握先天禀赋和能力的基础上的不断自我超越，是一种不满足于当下的平衡状态而敢于不断冒险和创造的过程。

实现学生未来发展可能性的诉求，需要来自学生个体之外的他组织的教育力量的帮助，但关键还在于学生内在的自我渴望和不懈追求。苏联心理学家维果茨基提出其著名的最近发展区理论时认为："我们始终应该确定教学的最低阈限，但事情并未止于此，我们还应该确定教学的最高阈限，只有在这两个阈限之间的教学才能

---

① 联合国教科文组织国际教育发展委员会：《学会生存：教育世界的今天和明天》，华东师范大学比较教育研究所译，教育科学出版社1996年版，第196—197页。

② 刘铁芳：《古典传统的回归与教养性教育的重建》，北京师范大学出版社2010年版，第88页。

取得成效。"① 也就是说，教育教学应当以儿童发展的明天为其目标和指向，而且，仅仅以明天为目标和指向仍然不够，教育教学的终极作用应该是促使儿童能够主动地踮起脚尖，或者跳起来以尽可能地去碰触那个较高的阈限，促使自己不断地进行自我超越，发展自身的延展性结构，然后在新的阈限水平上重新出发。

怀特海的过程哲学认为实际存在物拥有自身的自我造就能力，认为人其实就是一个创造性存在者，是一种超越性的主体，因此，学习的动力应该回归学生这个本来的所有者。自组织的教学生活中师生作为教学生活的主体都旨在不断地超越自己，而教师的自我超越更恰切地说应该是一种不断地自我更新。这种自我更新主要表现在两个方面：一是指教师的专业发展过程和结果不仅仅是他组织导向和外在控制的，更重要的是一种教师自我的专业发展自主和自觉，是内生、自发和自我引导的；二是指教师的发展是基于个人原有知识和能力基础上的专业结构的不断调整改进，不断打破原有知识和能力的平衡态，在与教师团队和学生的互动中产生新的信息和物质的交换，以巨涨落促进自身的发展。也就是说，这里的教师成长和发展特指基于教师专业结构和能力的自我提升，而并非指外在的职业"阶梯"的成长。过程哲学视域中的教学生活是一种重视师生自我造就能力的自组织生活，教学生活本身即包含着一种责任，让师生不断地回到原点，不断地在新的水平上重新出发，不断地实现自我超越和自我更新。

（3）自组织教学生活中的师生成长还是师生内在的自我调节和外在的自我完善相统一的过程

应该说，教学生活中的师生主体是一种受着多元化影响的主体，一方面，在教和学的过程中个体逐渐拥有了各自的知识、能力、情感

① ［苏］维果茨基：《维果茨基教育论著选》，余震球选译，人民教育出版社 2005 年版，第 52 页。

和思维方式，同时，不同的个体还接受着来自不同生长环境——家庭的各种因素的影响。因此，每个个体的生成在进行具有大致共同的方向和目标的社会化成长的同时，还在进行着持续分化的有着各自特色的自我成长。而后者就是真正自我负责的、自组织的主体性成长。这种自组织成长机制的动力不仅来自师生与外界的信息和能量交换，还来自师生基于自身的认知发展以及师生之间的认知冲突而发生的各种微涨落或巨涨落。自组织的教学生活中师生主动应对涨落，使教学生活成为开放的、远离平衡态的系统。自组织的教学生活中，师生主动调节自己的行为，教师从原本的习惯于对知识点的"讲深讲透"向对学生进行"画龙点睛"的引导转变；学生也从一直以来依赖教师的"讲明白"向依靠自身的"悟出来"转变[1]；教与学的方法从机械训练和死记硬背走向师生进行共同的"参与式"小组合作学习。师生都在主动调节自己的行为以应对教学生活中的涨落，以非线性的直觉思维和科学洞察力摆脱时间顺序和逻辑顺序对教学和学习的束缚，寻找"最生态"的学习和解决问题的方法。而且需强调的是这里的调节、转变需是师生主动地、自主地意识和行为，因为"我们所遭的事在多大程度上由外界原因决定，我们相应地受到多大程度地奴役；我们有几分自决，便有几分自由"[2]，只有当这种调节和改变源自内心的愿望时，才会发生真正意义上的自我成长；只有听从内心的声音所采取的行动，教和学才是快乐和幸福的事情，才能使调节和改变成为一种自觉和自由的行为，成为一种向善的行为。

如果说"让儿童自由发展是避免他将来不正常的最佳方式"[3]，那么，让教学生活中的师生自主决定、自觉调整自己的教和学的目标

---

① 邢红军、林崇德：《论教学过程的自组织转变理论》，《课程·教材·方法》2006年第11期。

② ［英］伯特兰·罗素：《西方哲学史》（下），马元德译，商务印书馆1976年版，第97页。

③ 张人杰、王卫东：《20世纪教育学名家名著》，广东高等教育出版社2002年版，第289页。

和方法，应是一种让教师和学生回归自然的教育，一种让个体寻求自我完善的方法的教育。雅斯贝尔斯说，"教育只是根据人的天分和可能性来促使人的发展，而不能改变人生而具有的本质"①，这句话再次确认教育在人的发展过程中的作用在于唤醒，在于引发人自身的自由、自觉的行动，教学生活中教师的作用更多在于唤醒，唤醒师生内在的、潜在的生命活力。

三　师生共同体的阐释："联结"与"创造"的统一

师生关系是"学校组织中一种最为重要的人际关系"②，是"支撑教育大厦的基石，人类的教育活动在师生关系中展开并完成"③。因此，讨论教学生活中的师生发展自然离不开师生关系这个话题。

对师生关系的研究和阐述一直以来经历了"教师主体论""学生主体论""主导主体论""教师学生双主体论"以及主体间性等观点的演变。但无论是"教师主体论"抑或"学生主体论"，其观点及研究方法仍未走出二元对立的实体对象性思维的窠臼，总是试图在对教育中师生关系的理解上打上主客体关系的烙印，为教育教学过程的参与者贴上"主体"或是"非主体"的标签。"师生双主体论"对教育教学中的主客体论争是一种超越，但仍旧维持了对象性思维的二元对立的思想，只是在一定层面上将视野聚焦于教育教学中师生主体性的发挥，将师生视为独具主体性的主客体存在。直至在师生关系中引入以现代西方哲学的"主体间性"理论为基础的"我—你"关系，理论和实践研究者们开始对师生关系进行重新理解。然而，肇始

①　［德］雅斯贝尔斯：《什么是教育》，邹进译，生活·读书·新知三联书店1991年版，第65页。
②　李瑾瑜：《论师生关系及其对教学活动的影响》，《西北师大学报》（社会科学版）1996年第3期。
③　徐洁：《民主、平等、对话：21世纪师生关系的理性构想》，《教育理论实践》2000年第12期。

于存在主义哲学家马丁·布伯（Martin Buber）的著作《我与你》的"我—你"关系强调的是我—你之间一种"源于自然的融合"①的精神上的相遇和平等对话，"我—你"师生观中教师和学生已不再视对方为可利用之对象，而是向彼此敞开自我的经验、知识、智慧等一切精神层面的东西，将对方视为"伙伴"而与之相遇。"我—你"师生关系虽然较之"教师中心论"和"学生中心论"等主客二元对立的师生观已有了较大的超越，但不容忽视的是，这种师生观过于浪漫和理想，使师生远离真实的生活世界而独居于臆想中的精神之地。而且，这种带有浓厚的宗教神秘色彩的通过皈依上帝而达至相遇的师生关系，从理论层面和精神层面虽让我们折服和崇尚，但在教学生活实践中却很难被具体化和操作化。②

因此，研究者在这里以过程哲学的视角对教学生活中的师生关系重新进行反思和界定，非为对"我—你"关系以及"教师主体论"和"学生主体论"的完全否定，只是希望在此基础上提出师生"共同体"的概念，以过程哲学的领悟、把握、多元、整合、生态、创造等关键元素重新探讨师生关系，或者说希望师生能够在过程哲学所建构的"共同体"关系中真正实现创造性成长。

（一）相互摄入："共同体"的"联结"

从教学生活中的师生成长的角度去探讨教师与学生谁是主体谁是客体，似乎并无多大意义，因为教学过程并非单指教师的教或学生的学，而应该是"老师和学生始终站在同一个平面——两人共同努力去弄明白事实真相，并激发各自兴趣"③的过程，这正是过程哲学视域

---

① ［德］马丁·布伯：《我与你》，陈维刚译，生活·读书·新知三联书店1986年版，第41页。

② 参见李瑾瑜《布贝尔的师生关系及其启示》，《西北师大学报》（社会科学版）1997年第1期。

③ ［德］雅斯贝尔斯：《什么是教育》，邹进译，生活·读书·新知三联书店1991年版，第157页。

中的师生"相互依存"和"相互摄入"的"活动性存在"关系，师生间无所谓谁是主体或谁是客体，而是一种互相摄入的"共同体"关系。因此，研究者在这里借用"共同体"的概念，以此为师生的成长构筑一个平等的、生态的成长环境。

1. "共同体"原初的内涵解释

之所以用"借用"一词在这里阐述"共同体"概念，是因为这一概念早已存在而且寓意宽泛。在滕尼斯的社会理论中，共同体指"一种共同生活的秩序，基本建立在和睦的基础之上，并通过习俗和宗教产生并改良，表现为同另一种共同生活秩序的对立"①。在马克思看来，原始群、氏族、家庭、部落、农村公社、国家、阶级、货币、资本甚至共产主义社会等都可被视为共同体。从规模看可大可小，是从家庭到社会，从国内到国际的各种单位；可以是有形的现实存在的共同体，也可以是无形的虚幻的共同体；从发展阶段来看，有"自然形成的共同体""抽象共同体""虚幻共同体"，还有未来"真正共同体"——自由人联合体等。② 可以宽泛到罗尔斯所指的"政治共同体"诸如国家和社会，也可以细碎到以地域为属性的"社区"或者以更加细致的共同的兴趣和利益归属划分的"社团"。而且，伴随全球化的发展和大数据时代的到来，这种以血缘和地域为媒介而结合的人与人、群体与群体之间的联系和交往关系越来越淡化并被瓦解，社区共同体的概念逐渐淡出共同体研究的领域，而代之以在"脱域"（Disembdeding）意义上重构共同体的新的内涵，即"从生活形式内抽出，通过时空重组来重构原来的情境"③，于是，诸如"政治共同体""经济共同体""学习共同体""科学共同体""职

---

① ［德］斐迪南·滕尼斯：《共同体与社会》，林荣远译，商务印书馆 1999 年版，第 328 页。

② 秦龙：《马克思对"共同体"的探索历程及内在旨趣》，《中国浦东干部学院学报》2010 年第 11 期。

③ 杨超：《西方社区建设的理论与实践》，《求实》2000 年第 12 期。

业共同体"等层出不穷且更为具体的新概念越来越频繁地出现并被使用。

在诸多学者的研究视域里，共同体不仅作为一个组织存在，并且其作为一个充满想象力的精神家园的意蕴越来越凸显。以"学习共同体"为例，学习共同体与其说是学习者群体，不如说是一个系统的学习环境，一种多元、民主、平等且安全的开放式学习环境。[①] 民族成为一种"想象的政治共同体"，"因为即使是最小民族的成员，也不可能认识并相遇大多数的同胞，甚至听说过他们，但是，他们相互联结的意象却活在每一个成员的心中"。[②] 也就是说，当代共同体的生成更在于一种"精神实践"和"关系实践"，在于拥有共同的目标、身份认同和归属感，这已在诸多理论研究者和实践研究者中达成共识。

在教学生活中提出"共同体"的概念我们并不陌生，诸如教师与教师组成的"专业共同体"，教师与学生组成的"教学共同体"，以及学生与学生之间的"同伴学习共同体"，这些共同体的生成过程和彼此间的关系完美地诠释了那种被社会学家所赋予的，为了特定的目标而聚集在一起生活的群体、组织或团队的含义。而且，无论是专业共同体、教学共同体抑或同伴学习共同体都既是一个学习者群体，同时也构成了一种滋养师生成长的教学环境。关于这一点，本研究将在第四章中给予具体阐述。

2. 相互摄入："共同体"的"联结"

在教师和教师、教师和学生以及学生和学生组成的"共同体"中讨论谁是主体谁是客体，并非本研究的主要目的，研究者认为关键之处在于探讨"共同体"为何形成及其形成的过程。作为一种"活动

---

① 郑葳、李芒：《学习共同体及其生成》，《全球教育展望》2007 年第 4 期。
② ［美］本尼迪克特·安德森：《想象的共同体：民族主义的起源与散布》，吴叡人译，上海人民出版社 2005 年版，第 6 页。

性存在"的共同体何以能够促进师生的成长和发展？拥有共同的目标、身份认同和归属感只能是教学生活中"共同体"形成的基本条件，更重要的是共同体内部成员之间通过"相互摄入"的过程而形成一种"联结"的关系，这种"联结"基于彼此的"联系"之上，以相互间的联系为基础，是"共同体"得以形成且师生真正成为活动性存在的关键之处。

"摄入"（Prehension）是怀特海独创的概念，又可译为领悟、把握、摄受，是二者之间相互影响、相互吸取并施加影响的作用方式。"pre -"有在先、预先、事先、前定的意义，"Prehend"本义是抓，"Pre - hension"兼具了抓和领会、忧虑的含义。怀特海认为宇宙万物都以某种方式相关，因此摄入便被定义为"关于相关性的具体事实"。① 而且一切摄入都包含了三个要素，即摄入的主体、被摄入的材料以及主体摄入材料的主观形式，于是，摄入可理解为把客观的东西组合为主观的东西，或是从"转变的创造性"转化为"共生的创造性"② 的过程。

而且，从摄入的材料所产生的效果看，摄入又可分为"肯定的摄入"和"否定的摄入"。所谓肯定的摄入即将摄入的材料包含进摄入主体际遇的综合之中，是对主体本身现实性的内在气质的肯定性贡献；而否定的摄入即将材料排除在了主体际遇的综合之外，是对主体本身现实性的内在气质的否定性贡献。③ 至此，我们可以明了怀特海所说的摄入即"某个经验际遇将任何其他现实体包容在内的一般方

---

① Whitehead, *Process and Reality*, New York：The Macmillan Company, 1929, p. 32.

② 对转变的创造性和共生的创造性的理解，可回溯到怀特海关于"一"和"多"的基本概念的解释，怀特海称其为终极范畴。他认为宇宙的发展就是由一而多，由多而一的过程，即"创造性进展"。由一而多称为分离，由多而 叫合生（又可称之共生），前者可称为转变的创造，后者称为共生的创造。

③ ［英］怀特海：《过程与实在》，杨富斌译，中国城市出版社2003年版，序言第17页。

式"①。按照怀特海的说法，"无论是'肯定的摄入'还是'否定的摄入'都离不开主体的形式，比如激动、评价、意向、反对、厌恶、意识等。"② 当现实实在通过摄入从而建构自我并获得一种确定、复杂的感受时，这个最终的阶段被称之为"享受"和"满足"，换言之，摄入可以说是一个自组织的创造过程，它从感觉、领悟、觉知开始而终于满足。因此，以过程哲学的摄入概念看教育教学，传统意义上的"讲授"被悬置而代之以主体之间的相互学习，并且视学习为一种过程中的享受和满足。

以过程哲学的"摄入"理论解释教学生活中的师生关系以及教师和学生的成长，本研究认为这是一个需要去探索和反思的问题。教师和学生是构成教学生活的最基本的"活动性存在"，因为共同的目标和生活内容而形成"共同体"，教师和学生的关系也并非"主体"或"客体"的非此即彼的选择关系，而且过程哲学视域中的主、客体，也并非特指教师或学生。也就是说，无论主体或客体都不仅仅限于是人，更不可能预成，而是由社会现实关系决定的。在过程视域中，世界万物之关系是平等的，都可以成为主体或客体，彼此之间是一种相互依存、相互摄入（Prehension）的关系。因此，"现实中的事物，从其自身角度考察皆为主体，而从他者的立场看便有可能是客体。从主体到客体，从客体到主体的相互变换，怀特海视其为'过程'的真意所在"③。而且，以过程哲学的泛主体论（pan - subjectivism）看教学生活，教学生活中的教师、学生、教材、教学方法、教学手段、教学环境等都可能成为主体或客体。但是，谁或者说哪个因子才是课程教学或者是教学生活中的主体，要看其是否真正进入教学过程或真正成为教学生活中的"活动性存在"（Actual Entity）并起作用，即产生

① Whitehead, *Adventures of Ideas*, New York：The Free Press, 1933, p. 300.

② Whitehead, *Process and Reality*, New York：The Macmillan Company, 1929, p. 35.

③ 赵鹤龄：《当代过程哲学与中国教育思想及其实践研究——三种哲学观下的课程与教学》，《湖南第一师范学院学报》2010 年第 4 期。

"活动性发生"（Actual Occasion）。也就是说，师生"共同体"内的主客体关系是处于变化中的，就共同体本身事件而言，共同体因其活动性存在而成为主体，而就共同体与其他事件的关系而言，它又有可能被其他事件所把握而成为客体；教师和学生作为共同体的组成部分，当一方作为现实存在被另一方所把握或反过来把握另一方时，此时"共同体"内部教师和学生因互相把握的关系而成为主客体。因此，共同体中谁是主体谁是客体，并不绝对，取决于个体在共同体中所起的作用和地位。

共同体内部师生之间的互相把握就是一种互相摄入的关系。教师和学生因教学活动或教育事件而联结成"共同体"，教师并非是永恒的主体存在，学生当然更不可能成为永恒的主体或客体，更恰当地说，"共同体"中的师生是一种教育教学过程中的"共同参与者"的身份。当教师的教学方法、情感发展、性格特征等赢得学生的接纳、肯定和欣赏，同时学生在教学过程或教育事件中的表现及收获也获得教师的赞扬、认同或鼓励时，于是在师生之间产生了积极的相互摄入的过程，而且这是一种肯定性的摄入，也可称之为肯定性的感受。当然，师生之间并不必然产生积极的摄入过程，因为不同的生存背景和人生阅历使二者之间在诸多方面必然存在差异，这种差异会对师生之间的互相摄入产生约束和限制，也因此教师和学生会努力排除不适以调整彼此的感受，而这正是一种消极摄入的过程。消极的摄入为积极摄入的产生做好准备；积极的摄入使师生不仅向彼此彻底打开心扉，同时也向教学生活本身打开心扉，使教育教学生发出无限的自由和可能性。

在教学生活实践中，如果师生之间持续产生这种互相摄入、互相把握的关系，新的摄入通过整合先前的摄入而不断出现，那么，美好的师生关系将不断得到巩固和整合，也因此，师生自我成长的欲求和成长的空间将不断疏明，教学生活成为一个不断创造的过程。拉兹洛在其著作《用系统论的观点看世界》中曾评价苏格拉底问答法："按照柏拉图的看法，通过相互质问和对答，两个人就能更接近真理；他们当中任何一个，通过自己的努力，都不可能接近这种程度。这种辩论的结果，绝不仅仅是一个人的知识同另一个人的知识加在一起了。它造成的是某种他们俩原先谁也不可能知道的知识，并且单靠各自的努力，他们俩谁也不可能知道。这种由两个人组成的整体所拥有的性质，不可能还原成他们每个人自己所拥有的性质。"[1] 这段话恰是对师生"共同体"中的相互摄入关系的完美诠释，师生作为共同体中的两个独立个体，由于相互摄入而产生 1+1 大于 2 的整体功能大于部分功能的效果。而且，在现实教学生活中，师生彼此之间的这种互相接纳、认可、鼓励和包容也从未间断过。"教师不要认为自己比学生优越，对学生耳提面命，不能与学生平等相待，这样就不能向学生敞开自己的心扉"[2]，这样的教师必然是以自我为中心的，必将不可能与学生产生相互摄入，而只可能是单向的输入和被输入。这种因彼此的积极摄入而生成的"共同体"作为一种环境，将对师生的价值定向和自我的生成方式产生积极的影响。

事实上，教学生活中并非仅仅在师生之间产生这种积极的相互摄入的关系，教师与教师之间，学生与学生之间皆以积极的互相摄受联结成为形神统一的"共同体"，甚至于包括师生个体自身，在对具体事物中的观念和环境的积极摄入的过程中而形成"与自我的共同体"，"我"就是我所摄入的，我的身体与环境涵融统一，我成为一个摄入的统一体。[3] 因此，师生作为摄入者的每一次积极摄入的过程都是一次自我成长和自我更新的过程。

---

① ［美］拉兹洛：《用系统论的观点看世界：科学新发展的自然哲学》，闵家胤译，中国社会科学出版社 1985 年版，第 24 页。
② ［德］雅斯贝尔斯：《什么是教育》，邹进译，生活·读书·新知三联书店 1991 年版，第 1 页。
③ 王立志：《怀特海的"摄入"概念》，《求是学刊》2013 年第 9 期。

（二）由"一"而"多"，由"多"而"一"：在分离与合生中实现创造性发展

在传统教育教学过程中，为了促进学生的发展，人们（教师和家长）往往为其设定了种种目标，并以此作为儿童发展的标杆。在过程哲学的生成发展观看来，恰恰是这种种标准阻碍了学生的发展，因为它让学生的多种发展可能只剩下了一种，让不同学生的不同可能趋向了同一。正是这种所谓科学的、过于理智的计算精神使得教学生活成为作为设计者的教师和作为执行者，或说是被设计者的学生两者间的"虚假"合作，师生都将自我投入到这种集体性平庸行为之中，消解了个体对自我行为的整体性担当，同时也泯灭了作为生命体的人在其生命成长过程中的创造性。

怀特海认为："实际存在物是如何生成的构成了这个实际存在物是什么……它的'存在'是由它的'生成'构成的。这就是'过程原理'。"[①] 并由此提出了过程哲学的几个关键术语，以"一"和"多"作为描述过程发展的基本概念。"一"作为术语并不代表"作为整数的一"，"一"作为一个复合概念代表的是存在物的唯一性；"多"这个术语以"一"为前提，"多"传达了"分离的多样性"概念。[②] 怀特海认为："宇宙的发展就是由'一'而'多'，由'多'而'一'的过程，由一而多叫'分离'，多个分离称之为'共在'（together），由多而一称之为'合生'（con - crescence），合生就是将多个共在又综合为新的。"[③] 这个"由一而多，又由多而一"的过程就是事物的创造性进展过程。

在怀特海的观念里，创造性是所有形式背后的终极原因，事物因互相把握、因不断的分离和合生的过程及关系而进行着永不停息的转

---

① ［英］怀特海：《过程与实在》，杨富斌译，中国城市出版社2003年版，第40页。

② 同上书，第35页。

③ 赵鹤龄：《当代过程哲学与中国教育思想及其实践研究——三种哲学观下的课程与教学》，《湖南第一师范学院学报》2010年第4期。

变和创造性活动。"事实的所有相互关系按其本质而言都包含了转化，所有的实现都包含着创进（creative advance）的蕴涵。"① 因此，在过程哲学视域里，个体的生存发展并非是简单的"生命的存活"，而在于一种"生存着的存在状态"，它永不可能是某种终极的、确定的状态，而总是向着未来，向着新的可能性伸展，它永不可能被理智化地、精确地计算。

1. 学生的创造性发展

教学生活中学生的成长是如何展开的呢？在怀特海的过程哲学思想中，构成这个世界的并非是无数的物体和思想观点，而是很多相互结合和相互作用的事件，也可称之为活动。因为"物只是在事中出场的各种实在，只有事或事件才是人在生活中的有意行为"②。因此，对课程与教学理论和实践而言，建构教学生活中的事件（活动）是学生实现不断自我创造的基石，因为学生是在活动中并通过活动得到发展的。

对于这样的命题我们并不陌生，从 17 世纪的夸美纽斯到卢梭、杜威、怀特海、拉兹洛、皮亚杰，无不将活动教学视为教育教学中的核心概念。夸美纽斯就曾说过："师傅并不用理论去耽搁他们的徒弟，而是从早就叫他们去做实际工作，比如，他们从锻炼去学锻炼，从雕刻去学雕刻……所以在学校里，应该让学生从写字去学写字，从谈话去学谈话，从唱歌去学唱歌，从推理去学推理，这样一来，学校就可以变成一个忙于工作的工场，凡是获得成就的学生就会体验到一句真理，就是：我们同时形成了我们自己，也形成了我们的材料。"③ 也就是说，学生在事件（活动）中既创造了自己，也创造了各种材料。从这种认识世界的角度去理解学生的成长，事件（活动）成为学生

---

① ［英］怀特海：《思维方式》，刘放桐译，商务印书馆 2004 年版，第 129 页。

② 赵汀阳：《共在存在论：人际与心灵》，《哲学研究》2009 年第 8 期。

③ ［捷］夸美纽斯：《大教学论》，傅任敢译，教育科学出版社 1999 年版，第 149—150 页。

学习行为发生并获得成长的重要中介，或者说各种教育教学活动是学生获得创造性发展的重要环境。学生在各种教育教学事件（活动）中与自然、社会、周围环境及他人密切接触从而不断"摄入"各种学习材料、已有的经验和知识，这可以说是个体成长的第一步；然后，通过自己主体主动地吸纳和体会，进一步与个体原有的经验及知识背景相整合，使其成为自己经验的一部分并在此基础上创造新的经验，这是个体成长的关键步骤。

这就是一个学习的"合生"过程和经验的"创造"过程，在这个过程中学生对学习的兴趣和持续的热情被唤醒，个体得以不断丰富，获得创造性成长并臻于一种自我满足的状态。当然，这只是间歇性的阶段性成长和成熟，于此获得的经验和知识将成为新的学习活动中的摄入对象和材料，不断循环往复。因此，学生的成长是一个自由的、永无止境的过程，就如赵汀阳所认为的"命运之不可测，不是指自然的偶然性，而是指人为的创造性和自由度"① 一样，学生的成长因其不断的"分离""合生""再分离""再合生"而归于创造性发展，这也是一个不可预测的有着无限发展可能的过程。

2. 教师的创造性成长

过程哲学的这种"创造性"原理和"共在"思想在教师的生成发展中同样适用。教师在教学生活中并不是孤立存在的个体，他无时无刻不在接受着来自自身之外的有形和无形的各种思想、观念、经验、习惯的影响，给予这些影响的可能是学术大师，也可能是学校领导或同事，当然也可能是自己的学生和家人，而且在自身发展的各个不同阶段所受到的各种影响也不尽相同。但是都走不出对各种影响依据自己的目的、情感和价值判断进行有选择地积极"摄入"，继而进一步"分离""合生"，从而发生转化和创造的过程。

对于教师来说，能够对其产生影响的来自他人的各种思想、经

---

① 赵汀阳：《共在存在论：人际与心灵》，《哲学研究》2009 年第 8 期。

验、材料都是"共在"的存在，即"多"的存在，将各种外界的影响经过自身的整合和主动吸纳并产生学习和自我转化、提升，这个过程就是合生的过程，就是"一"的形成过程。

3. 师生相互摄入的创造性进展

我们知道，社会是因各种关系而存在的，因为从关系维度出发能够更好地解释人类为何存在及其存在的意义。因此，"共在"概念更多地用于哲学研究中解释各种"关系"的存在，诸如布伯的"我"和"你"之间的关系，雅克·拉康的"镜像"与"主体"之间的关系，胡塞尔对于作为精神实体的人的主体间性关系等等。[①] 除此之外，"共在"还被用于对国际关系、不同文化、不同思想体系的求同存异的共存现象中。

以过程哲学的"一和多相互生成转化"的"分离、共在和合生"原理看待师生的成长过程，师生在学习和成长过程中不断地摄入新的材料，新的要素，阶段性成果不断地产生"分离"并"共在"，多个要素和成果又在新的摄入的基础上不断整合相融产生"合生"现象，即更新的成果的转化和创造性成果及行为的出现，这就是一个不断产生"新质"的创造性进展的过程。从"分离"到"共在"，再到"合生"，新的学习事件不断出现，同时师生不断获得成长。

"怀特海的教育目的不仅是把过去的洞见传授给学生，而且要挑战过去的各种假定、各种理论和观念，并进而创造各种新的、更有条理和全面的洞见。"[②] 这本身即是多种合生的过程，并且，师生在合生的过程中不断互相启发、互相激励以共同实现一种创造性的成长和满足。知识的创造和新的洞见的产生既来自师生共同体内部的相互碰撞和努力，同时教师和学生自身仍在不断地进行着"由一而多，由多

---

① 吴飞：《与他人共在：超越"我们"／"你们"的二元思维》，《新闻与传播研究》2013 年第 10 期。

② ［美］费劳德：《怀特海过程哲学及其当代意义》，王治河、曲跃厚译，《求是学刊》2002 年第 1 期。

而一"的合生和创造过程。而且，转换和合生的结果并不是一个终极的事实或一次性的行动，而总是在循环往复地不断追求的过程中。

还有一点不能忽视，教学生活中并非只有材料、知识、经验作为师生成长的摄入对象而产生"共在"关系，教师和学生彼此之间也是一种"共在"关系。"每个人都存在于与他人的共在关系之中，每个人都不可能先于共在而具有存在的意义；在共在之前，我只是一个自然存在而未成为一个价值存在"①，恰如本章之前的研究中所论证的师生之间的关系早已因"相互摄入（把握）"而形成一种超越普遍意义的"共在"关系，师并不必然为师，学生也不可能永为学生，彼此之间不断进行有选择的"摄入"并在更高水平上完成"合生"，师生于彼此而言都是极具价值的意义存在。

人都是具有潜能的存在，"自我创造的过程就是由潜能到现实的转化"②的过程，教育之功能也在于帮助个体实现自我的潜能，同时还要让个体意识到学习和发展都是一个渐次展开的过程。这个过程就是各种材料、经验和影响"共在"又进一步"合生"的过程，"合生"是为了在新的基础上产生"分离"，而"分离"后的"共在"又为产生新的"合生"奠定了基础。如此往复以实现通过摄入、分离、共在直至合生促进个体的创造性进展。而教育教学的意义即在于依据不同学生的心理发展水平和智力发展的节奏性而提供不同的教学内容和方法，使学生自始至终都处于积极的"摄入"和"合生"的学习和经验生成过程之中。因此，学生的发展不是由外在的诸如教师、课程等因素所决定，而只能是自我来创造的，教师的提升和学生的发展是一个相互依存、有机整合的过程。

---

① 赵汀阳：《共在存在论：人际与心灵》，《哲学研究》2009 年第 8 期。
② ［英］怀特海：《思维方式》，刘放桐译，商务印书馆 2004 年版，第 133 页。

第三章 过程与整合：过程哲学视域中的课程建构

教育只有一个主题，那就是五彩缤纷的生活。

——怀特海

过程视域下的教学生活中，教师和学生已不是唯一的主体，课程成为教学生活的重要主体之一，是构成所有"事件"的关键因素。课程作为教学生活中的文化实践，既与一般的教学内容相关，同时又有着自身独特的意蕴，包含着我们对课程的看法、研究的视角以及课程价值等众多诉求。由此，本章聚焦教学生活的另一重要主题——课程建构。在当今全球化时代文化融合与共生已达到前所未有的境遇之下，"什么"可作为教学的内容并不是研究者的研究重点，而且，即使作为研究的内容也无法穷尽，故只能是以例证论述。研究者在这里重点就"如何是"，即如何进行课程的选择和创生，涉及课程理念的更迭、课程研究理路的变革转型及课程设计的实践诉求和价值诉求等一系列问题，以过程与整合为思维方式和价值导向，为构建过程哲学视域中的课程阐述自己的一己之见。

一 "过程·整合"课程范式建构之缘与源

"范式"概念来自美国科学哲学家库恩（Thomas Kuhn）的科学

哲学名著《科学革命的结构》一文。库恩认为所谓范式有两种意义不同的使用方式："一方面它代表着一个特定共同体的成员所共有的信念、价值、技术等构成的整体；另一方面，它指谓着那个整体的一种元素，即具体的谜题解答，把它们当作模型和范例，可以取代明确的规则以作为常规科学中其他谜题解答的基础。"[①] 因此，"课程范式"可从整体及其元素这两方面去界定："一是课程共同体所共有的有关课程信念、课程价值、课程技术等元素构成的整体，二是指上述整体的一种元素，是对课程问题的解答，是解决课程问题形成的共有范例。"[②] 课程理念的更迭和研究思路的变化意味着课程范式的转型，当前教学生活中主导性的课程范式是什么？为什么要建立新的课程范式？研究者在这里所述的"过程·整合"课程范式是凭空臆造出的吗？

（一）课程范式转型之缘由

课程范式研究的对象是教学生活中的常规且普通的课程，当前学校日常教学常规的课程模式主要是传统的以学科为中心的学科课程以及少量的经验课程，即学科课程范式及经验课程范式。在不同的历史时期和社会背景之下，两种课程范式各有其优势和不足，这也是学校课程范式不断创生的主要原因。

自 15 世纪至 19 世纪末 20 世纪初，将知识的接受式学习发展至极致的学科课程一直居于统治地位，片面重视知识的功利性和训练价值，课程目的是为了培养社会工业化所需要的大量劳动力；以教师为中心的教学活动以及以知识的机械背诵记忆为主要方法的学习活动将教师的教和学生的学置于二元对立；课程内容的组织从夸美纽斯的

[①] ［美］托马斯·库恩：《科学革命的结构》，金吾伦、胡新和译，北京大学出版社 2003 年版，第 157 页。

[②] 傅敏：《论学校课程范式及其转型》，《教育研究》2005 年第 7 期。

"百科全书"式课程发展至严格的以分科或合科的形式所编写的教材，人文学科、自然学科被人为的严格分离。自 19 世纪末 20 世纪初至 20 世纪上半叶，经进步教育运动及杜威等人的发起和推动，经验主义课程范式开始产生并逐渐走向学科课程的对立面。"教育是生活、生长和经验的不断改造"及"做中学"①的思想成为经验课程兴起的原则和方法。课程成为儿童的经验，儿童的天性得到了前所未有的尊重与开发；教师角色从单一的知识的传授者、课程的解释者转变为学生学习的合作者、引导者和启发者。

从学科课程与经验课程两种课程范式的发展，可以看出各有其存在的价值和意义，在学生系统知识学习，通过活动增长经验及学习的兴趣等方面各有其明显的优势，但二者又都存在明显的不足。学习中的知识与个体的经验原本密不可分，但在两种课程范式中却被人为地割裂，学生作为学习主体的地位未得到重视。因此，学科课程范式与经验课程范式在此消彼长的发展过程中需进一步彼此借鉴和融合的趋势越来越明显，这也预示着学科课程与经验课程范式必将被一个崭新的课程范式所取代，这种新的课程范式强调知识的整合性，认为课程内容不应是简单的知识选择和拼凑，而应该与自然、社会及学生自我的生活有机整合；各种课程门类之间是一个协调发展、动态相连的有机整体；课程的实施应该是具有转变性、活动性和生成性的过程，是一个开放、多元且动态的系统。在这里，研究者将之称为"过程·整合"课程范式。

（二）"过程·整合"课程范式思想探源

"过程·整合"课程范式作为一种新生力量是近半个世纪以来学科课程范式与经验课程范式之间互相借鉴融合的成果。然而，"过

---

① ［美］约翰·杜威：《民主主义与教育》，王承绪译，人民教育出版社 2001 年版，第 14 页。

程·整合"作为一种课程理念的提出也不是空穴来风、一蹴而就的行为，必然有其绵延的思想谱系与历史发展脉络。

课程范式发展沿革中的过程思想历经卢梭的浪漫自然主义课程范式、杜威的经验主义课程范式，泰勒原理的经典课程范式、布鲁纳的结构课程范式至多尔的后现代课程范式，是一个长期持续发展且曲折的过程，也是众多课程专家不断历险和开拓的结晶。卢梭的浪漫自然主义课程范式从儿童的需要出发，尊重儿童发展规律，是一种顺乎人的天性，尊重个体价值的自然教育观。课程的终极目的是充分展开人的善的天性，能够健康、快乐、自由地生活，使人达到原始的自然状态，成为"自然人"。课程内容的基本来源是儿童、自然、知识和社会，相应的教学方法是发现教学。杜威的教育世界"是一种活动和过程，在这一过程中学校教育的真谛不在于获取事实，而在于获取它们的动脑筋的过程，以及随之发生的态度和习惯"[①]；杜威经验课程之"经验"强调人与环境的交互作用，因而其基本标准就是"连续性"（continuum）和"交互作用"（interaction），课程的终极目的是"持续生长"。从中不难看出杜威经验课程范式中的过程思想。著名的"泰勒原理"的经典四段论将教育目标置于教育过程之外，把"对学习者的研究""对当代生活的研究""学科专家的建议"视为课程目标的三个来源，所提供的固化的教育经验与学习者的学习经验相剥离，但课程的意义在于将儿童入校时未经开凿的资质转变为成熟的有用产品，教育的复杂性、随机性、过程性以及教育结果的意外性、不可预测性的事实与"确定教育目标""选择教育经验""组织教育经验""评价教育计划"的泰勒原理形成鲜明的对比。至此，泰勒的"经典课程范式"消解了课程理念中的过程思想，课程中的自然向度也几预消弭。以布鲁纳为代表的课程结构范式主张通过对基本结构、

---

① ［澳］康内尔：《二十世纪世界教育史》，张法琨等译，人民教育出版社 1990 年版，第 181 页。

规律和规则的传授从而达到知识学习的目的。然而，对课程研制的科学性、客观性的重视虽然在客观上起到了增强学科内在逻辑性和序列性，强化学科结构的效果，但事实上却忽视了学生个性和人格的发展，高难度的知识结构性传授超越了学生的认知发展阶段，课程范式片面重视课程理论体系的建构而脱离了具体的复杂的教学实践情境。

从自然主义课程范式到经验主义课程范式，过程思维从初露端倪到初步建构。从17—18世纪的科学与工业革命到20世纪中后叶，笛卡儿"正确理性"的方法论与牛顿的机械论科学观统治着人们的思想，稳定性被假设，包括数学、物理学乃至于社会学和心理学的所有学科都由简化的等级制度予以组织①，课程呈现为一种线性的、封闭的状态，泰勒的目标—评价模式成为现代课程范式的典型代表。教师作为研究者的角色意识及课程的实践品格虽然得到了初步的强化，但是又陷入了片面重视技术主义的机械论的单向度樊篱，预设目标、选择并组织经验、评价结果的一序列的线性排序，及目的与途径的二元分离中存在着鲜明的教育本质的工具主义和功能主义观点。直至当代美国著名课程理论专家、后现代课程理论的代表人物之一小威廉姆·E.多尔（William E. Doll, Jr.）的第一部课程论专著《后现代课程观》（*A Post – Modem Perspective on Curriculum*）的出版，一种有着浓烈的后现代色彩的课程范式开始出现。以复杂、混沌、有限为特征，充分借鉴、吸收皮亚杰的生物学世界观、普利高津的耗散结构理论、杜威的过程理论、怀特海的过程有机论以及格里芬的建设性后现代主义理论等观点，使得构建一种有着鲜明的过程性色彩的过程·整合课程范式成为可能。

---

① ［美］小威廉姆·E.多尔：《后现代课程观》，王红宇译，教育科学出版社2000年版，第9页。

二　"过程·整合"课程范式的理念逻辑

所谓"理念逻辑"，是指对某一事物的内在本质进行抽象思维的过程和思维结果。本书所探讨的"过程·整合"课程范式的理念逻辑就是试图对"过程·整合"课程设计的思维方式、课程实施的组织形式、课程内容的关系向度、课程呈现的本质属性等方面进行抽象的思维和高度的概括，以便于把握和认识"过程·整合"课程范式的精髓，彰显其与传统课程范式痼疾的迥异差别。

（一）过程：课程呈现的本质属性

"过程"是怀特海过程哲学的核心范畴，怀特海认为"现实世界是一个过程，这个过程就是实际存在物的生成；实际存在物是如何生成的构成了这个实际存在物是什么，因而'存在'是由它的'生成'构成的，这就是'过程原理'"①。"过程"是宇宙的本体，万事万物皆由过程所生，又都以过程形式展现，现实世界是一个过程，过程就是实在，实在就是过程，整个宇宙就是万事万物不停的变化、生成的过程，该过程生生不息，流动不止。"过程"是构成宇宙的最后的也是最真实的基本单位。怀特海认为，"我们必须从可以直接感知的事件出发，将事件（event）当作自然要素的终极单位，事件与一切过程有关，尤其与其他一切事件有关"②。构成现实的终极单位并不是实体而是事件，即以某种既定方式相互关联的现实际遇的一种关系。事件或实际存在物（actual entity，也可译为"活动性存在""现实实体"），与实际场合或"活动性发生"（actual occation）同义。所谓事

---

① ［英］怀特海：《过程与实在》，杨富斌译，中国城市出版社 2003 年版，第 38—40 页。

② 同上书，第 15 页。

件也可理解成所有关系项生成该事件的过程，"怎样生成"就是"过程"，因此，过程是事件存在的方式，离开了过程，事物不可能存在，也不可能有任何变化和发展，过程是事物变化发展并走向最终目的的途径和必经环节。

教育的对象——人，其生成也是一种过程性的存在，"教育作为一种培养人的活动，是以过程的形式存在的，并以过程的方式展开，离开了过程就无法理解教育活动，更无法实现教育目标，过程属性是教育的基本属性。"① 课程作为教学生活中的主体，自然也不会仅仅是僵化孤立的文本样态，而应被定性为具有生成性的、活动性的、转变性的一种理论体系，课程作为事件、作为一段旅程、作为不断生成的文本，虽具有诸多不同的表现形态或样态，但是无不彰显着过程的属性，散发出过程的气质。

1. 课程作为事件而存在

关于课程的定义，一直是人们争论的话题，其含义最复杂、歧义也最多，与课程理论相关的著作可谓汗牛充栋。将课程定义为学科是最普遍也是最常识化的课程定义；将课程视为教学过程要达到的目标、教学结果或教学的预先计划，这种课程定义将课程视为教学过程之前或教学情境之外的东西；杜威、卡斯威尔（H. L. Caswell）及坎贝尔（D. S. Campbell）等课程专家将课程视为学生在教师指导下所获得的经验或体验，以及学生自发获得的经验和体验。② 无论将课程定义为学科或定义为目标和结果，都过于片面地强调知识的获得和技能的掌握，但是却忽视了知识和技能获得的过程，并且在这种课程观中失却了师、生以及师生关系的现实存在，课程与现实生活脱离。将课程视为儿童的经验或体验的课程观，学生的直接经验占据了课程的中心地位，消除了课程中"见物不见人"的倾向，但是又易于出现

---

① 郭元祥：《论教育的过程属性和过程价值》，《教育研究》2005 年第 9 期。
② 张华：《课程与教学论》，上海教育出版社 2000 版，第 67—68 页。

过于重视儿童的直接经验而忽略系统知识传授的问题。

课程事件（curriculum events）最早由伊尔巴兹（Elbaz，1983）提出，他认为课程不仅是以文本的形式存在，而且还可能是教师与学生共同参与讨论的一系列事件。波斯纳等人（Posner，1988）将"课程定义为前后联系的社会过程，是学生有机会学习的事件，是师生互动而不断生成的建构"[①]。对课程事件的理解可以从课程与事件两个词汇展开，前文已对课程的众多含义作了探讨和理解，《现代汉语词典》（商务印书馆 2002 年增补本）将事件定义为历史上或社会上发生的不平常的大事情，主要指政治事件。课程学者 Nelson 认为"事件"涉及人们有目的的活动，按照目标行动以取得一定的结果，在此过程中同时伴随着人与人之间的交互关系。[②] 因此，在"事件"中，既有作为个体或群体的人的存在，同时强调了人与人的相互作用关系，涉及人的情感与社会性的一面。因此，在课程作为事件的思维中，学科课程中的知识目标已不是唯一，强调的是人的主体性活动以及人与人的关系价值，课程成为一种过程——不是传递所知道的而是探索所不知道的知识的过程；教师成为一种转变性的角色，学习成为一种意义创造的探险历程。

通过上文论述，课程作为事件存在的过程意义不言自明。但是对课程事件仍有不同层次的意义理解需进一步辨析。首先，课程事件可以理解为课程领域的重大事件，如 20 世纪美国教育中的五大课程事件（在此不再赘述），再如影响中国教育进程的课程改革事件等，这是宏观层面上所强调的课程领域中的重大活动。中观层面的课程事件强调对社会生活的关注，社会生活事件作为课程资源进入课程视野，课程事件成为重要的课程资源。笔者在中小学进行课堂观察时，在 F

---

① Water Doyle, *Curriculum and Pedagogy*, in P. W. Jackson（ed.），Handbook of Research on Curriculum, New York：Macmillan pub. Co.，1992，p. 508.

② K Nelson, *Event knowledge：Structure and function in development.*，NJ：Erlbaum，1986，p. 12.

中学接触了教授地理课的 S 老师，留下了非常深刻的印象。

S 老师是一位年轻的特级教师，是在青少年中开展探究性学习的先行者。在 S 老师的教学视界里，"教学是老师与学生一起探讨、质疑的过程，需要了解学生成长的经历和他的困惑；学生的成长和进步主要不是靠外部规范，而是要让学生在内心释放出求知的热情、琢磨的能量和探究的潜质。"① S 老师在如何开始引导学生去琢磨方面有许多突破性的创造。

例如：在讲到"黄土高原"时，书上已有的知识点基本未讲，只给出了一个问题：怎么去改造黄土高原？而且很认真地对学生说："改造黄土高原，对专家来说也是一个具有挑战性的难题……"如何能够解决专家都难以解决的问题这极大地激发了学生的学习热情和智慧，于是，一个个探究性学习的小组建立起来了，教材中老师未讲的知识成为学生们主动去看、去分析、去使用的资料，当然，这些"资料"不足以解决问题，学生们的思维和探究主动越出了课本……通过几天的积极准备，学生们充满热情和兴趣地发表了一些成人都未必能想到的"解决方案"。"在黄土高原发展畜牧业，不种粮食，光种草！种草发展牧业，羊毛比粮食值钱……"；"黄土高原应该稳步发展，先控制水地流失、培养植被，再一步步改造……"；"应该全面发展，不仅要发展农牧业，还应该大力发展西部工矿业……"②

在 S 老师的地理课上，教材中的内容成为一个个课程事件，知识点成为一个个需要师生共同努力去攻克的堡垒，教学过程成为师生、生生合作、交往的过程，在课程事件的解决过程中，激发了学生的合

---

① 引自 S 老师的教学日志。
② 摘自在 F 中学听课的观察日记。

作意识和竞争意识，学生学会了琢磨、学会了思考、学会了搜集资料，在解决问题的过程中既掌握了知识，又拓宽了学习的视野。

微观层面的课程事件聚焦鲜活的课堂教学过程，关注的是课程实施中的主题活动以及课程实施中的突发状况和特殊情境。主题活动往往以综合实践活动课程表现出来，是预设的，是一种有计划倾向的课程事件；课堂中的突发事件往往具有偶然性，强调的是问题的解决过程，亦可成为重要的课程资源。例如：一位小学数学教师在教学"千克的初步认识"时，因教室里坐着几位听课老师而显得有些紧张，在用教具——天平来称粉笔的重量时，忘了拆下天平物盘和砝码盘下的胶垫，出现了第一次称一支粉笔为100克、第二次称一支粉笔为10克的现象。此时，听课的老师焦急地期待着教师能引导学生发现错误，然而失望的是：该教师把两次测量10倍之差向学生解释为是天平这种测量工具的误差。① 这则案例很明显的是一次在课程实施过程中的"意外课程事件"，如果合理引导则有助于强化学生对概念的理解和掌握，进而拓展为有效的课程资源。然而，案例中的教师未能把握这种意外生成的课程事件，不仅没有能够对突发的状况进行深入分析和准确判断，甚至简单粗暴地做出了错误的结论，从而导致自己的课程实施活动出现了知识性的错误。

将课程视为事件而存在，强调的是"事件"，是师生在课堂中对人类生活的复演、再现和思考；课程作为事件的观点使得过程与结果有了较为完美的结合，并且在这种结合过程中，师生的主体性、创造性得到激发。课程事件的进程起于问题情境，在问题解决过程中进一步推进，终结于反思与创造，它普遍存在于师生日常的教学生活当中。

2. 课程作为一段旅程

"课程"（curriculum）一词最初源丁古拉丁语"currere"，即"跑

---

① 付泽林：《让课堂上的"错误"成为一种课程资源》，《人民教育》2003年第17期。

道"（racecourse），延伸意义为"学习之道"。因此，从词源分析将课程定义为"学习的路线"（course of study）或"学习的进程"，简称学程，既可指一门学程，也可指学校提供的所有学程。受制于实体课程观，一直以来我们将"跑道"视为课程最原初的隐喻样态。将"跑道"视为名词时，"跑道"成为静态的、预设的、一成不变的轨道或路线；将"跑道"作为动词去理解时，重点强调在"道"上"奔跑"的过程和过程中的体验、经历。但无论是静态的"跑道"或是动态的"跑道"上的"奔跑"，都有其固定的起点、终点、线路及规定性的长度和范围，不能规避其静止、封闭、单一的特性，跑道上的"跑"的活动充满着机械性和重复性，跑道上交织着的竞争关系和紧张氛围亦无法忽视。① 固定且封闭的"跑道"阻滞了课程的发展，明确的起点和终点使课程陷于被操控的、偏狭和静止的状态，课程内容被表征为客观存在的、静止不变的知识，不同学科课程犹如跑道中早已预先规制的轨道，并行不悖、互不干涉和交集。

不仅如此，"现代课程的基本原理已湮没了'课程'中的'跑'的意义，将它变为一个对象名词，即'跑道'自身。因此，一代一代的教育工作者被教导去相信：课程是一个有形的对象——我们所实施的教案或我们所遵循的课程指南——而不是在跑道上跑的过程。"② 将课程视为预定并静止的跑道，学生在老师的要求下按照预定的时间和速度进入跑道，追求的是课程知识学习的效率和结果，课程学习中有文本、有教师、学生、教室和考试等作为单个元素的存在，但却没有个体鲜活生命的存在，课程失却了真正的教育意图和本质，丧失了真正的生命体验和活力，消解了人的主体性的同时泯灭了人的个性。

小威廉姆·E. 多尔在《后现代课程观》中指出"课程不再被视

---

① 刘小禾：《"跑道"课程与"通道"课程基本关系研究》，《哈尔滨学院学报》2003年第5期。

② Slattery P., *Curriculum Development in the Postmodern Era*, Garland reference library of social science, 2006, p. 62.

为固定的、先验的'跑道'，而成为达成个人转变的通道"①，强调通道的生成性、不确定性、开放性、交往性和变化性。"通道"隐喻的课程观"是一种形成性的而非预先界定的，不确定的但却有界限的课程，课程的目标是一般性的、生成性的"②。通道有可能继承和延续跑道的形状和性质，但也有可能在原来的路线设计中变换出其他多种可能性，通道不再仅仅局限于规范的 100 米、200 米、400 米跑道的设计，它有可能是羊肠小道，也可能是阳光大道；它可并行、可交叉，亦可融合。因此通道的内涵比跑道要丰富得多！"通道"隐喻的课程实施过程中，学生有了更多的选择的自由和机会，这也是后现代课程观"通道"的课程隐喻对"跑道"课程的超越和颠覆。但是即便如此，"通道"式课程观仍回避不了课程概念中存在的强烈的目的意蕴以及起始和终点的预设性，课程仍旧摆脱不了手段性和工具性的载体功能和价值追求，师生在课程实施过程中缺少享受生命自由的乐趣，因此，笔者在这里更倾向于将课程隐喻为一段"旅程"。

作为"旅程"的课程隐含了一种美好和享受的意蕴。可以是一个人的旅程、也可以是你我的，或者是你、我、他共同的旅程；实在的过程之旅中同时存在着心灵之旅；预先设计的线路是一段旅程的开始，但是并不是一成不变的，永远存在着偶然事件的发生和他者的出现；旅程中存在的是友好、互助的物质及精神交流，而非"跑道"上的竞争关系或"通道"中的彼此之间的淡漠平行关系。

将课程视为一段"旅程"可以为教学生活带来完全不同的心灵体验和视觉享受，更容易对课程现象、教学对象、教学环境保持一种持久的新鲜感和神秘感，"旅程"具有永远不可复制之美，不同的角度、不同的心情总可以赋予"景色"新的内涵，从而更易激发出教

---

① ［美］小威廉姆·E. 多尔：《后现代课程观》，王红宇译，教育科学出版社 2001 年版，第 6 页。

② 同上书，第 21 页。

师的教学智慧以及学生对知识的渴望。将课程视为一段"旅程"是课程研究领域的"返魅"，使课程领域根深蒂固的普适性模式——"泰勒模式"被打破，课程理解范式取代了课程开发范式，开始由探究普适性的教育规律转向寻求情境化的教育意义。[①]"返魅"的课程呈现的是一种动态的、开放的、生态的、阐释的局面，课程不再是一堆等待着被人去识记的"在那儿的事实"，成人的经验与孩子的经验、社会理想与社会现实、社区文化与传统以一种复杂的关联样态被真实地纳入到课程体系中；"返魅"的课程是师生成长的探险之旅，师生在课程发展中直面真性与假性的自我成长问题，在培养问题意识、加深问题的深度，最终探求问题解决办法的持续过程中发现并进一步"认识你自己"。因此，"旅程"式课程更好地诠释了"课程质的丰富性"。

3. 课程是不断生成的文本

自康德将经验主义同理性分离，现代科学走上了以客观理性和实证主义方法论为标志的道路。客观性、秩序、理性、确定性、条理性成为普适的价值存在和追求。在课程与教学领域，课程作为学校教育教学的物质载体，在传统意义上以文本中的固定且权威的知识形式存在和表征成为不争的事实，教材、课本或学材使知识僵化成为"在那儿的事实"，学生成为承载事实的容器，因为有教材和教师用书的存在，教师成为只需要掌握一点计划和组织的技巧，在工厂里生产线上操作机器的工人，似乎除此之外，其他才干和智慧并不重要。这是一种现代科学视域中实体性二元论哲学观下的线性、封闭、僵化的课程观。伴随着现代科技的发展，自组织理论、复杂性理论、耗散结构、生态平衡等问题为人类描绘了一个不同的世界图景，一种随机的、非对称的、不确定的世界发展观代替了原有的有序对称、简单化的、技

① ［美］小威廉姆·E. 多尔：《后现代课程观》，王红宇译，教育科学出版社 2001 年版，主编寄语第 1 页。

术化的、决定论的世界。这种新的世界秩序观为课程教学改革提供了全新的哲学视野——过程哲学观。过程视域中的课程是不断生成的文本，它"基于课程的生成性品质而存在，是相对于传统的预设性课程而言的，是在教师、学生、文本和情境等多种因素互动中所构建生成的一种非预期的、超越于原有预设性课程且富有教育价值的经验体系"①。课程不再是由一组固定意义的符号构成的封闭结构，而是"隐匿着无限多意义的、开放的、不断扩展着的"隐喻"②，是基于一种"重过程而非本质、重关系而非实体、重创造而非预设、重个性差异而反中心和同一性的生成性思维方式，其中'创造是生成的核心'"③。从而，生成性的课程文本使教学得以彻底放弃对"教师究竟应该站在学生的前面还是学生的后面"的追问。

课程文本的生成性来自教师与学生对课程文本的创造性解读，这种创造性解读使课程文本走向了一种异质性、多元化和开放性的文化理解和文本解释。哲学解释学将理解诠释为一种意义的创生，理解者带着自己的前见去理解对象，理解的目的并不是原封不动地把握文本的原意，而是要使理解者的视界与文本的视界在融合的基础上产生新的创造性的意义。以这种意义创生说解读课程文本的生成性，师生与课程文本之间是一种意义创生的关系，以自己的前见去理解课程文本，传统科学意义上的文本的约束性、稳定性、规律性、因果性和必然性中可能出现随机性和意外变故，课程理解具有了一种确定性和不确定性的结合，始终"在那里"的文本具有毋庸置疑的确定性，师生之间思想的交流与碰撞、课程评估模式的变化以及对学生学习结果与状况的动态评估，使课程具有了极大的不确定性，更重要的是，课程文本中不断生成的新的意义将使课程发挥出最大的教学可能性。

---

① 赵文平：《生成性课程：一种基于生成性思维的课程形态》，《全球教育展望》2007年第12期。

② 高伟：《课程文本：不断扩展着的隐喻》，《全球教育展望》2002年第2期。

③ 李文阁：《生成性思维：现代哲学的思维方式》，《中国社会科学》2000年第6期。

课程文本的生成性品质使课程具有了广泛的课程活力。怀特海认为，"没有持续的生气勃勃的作用，人类的理智生命将枯萎，成为无根之木，不能为思想或目的提供任何物质内容"①。也就是说，相对于重视物质力量的实体性思维而言，过程思维更重视精神的作用，即更重视物质的活力。课程文本的生成性来自师生在课程教学中的主动性，打破文本知识的原有平衡，使教学不仅仅成为知识的传授过程，更成为师生在已有的知识信息（文本）基础上进一步启发和调动，产生新的碰撞并激发创新的火花，是新知的生成、建构和创造的过程。文本的生成性造就了课程的不确定性，使教育教学生发出活力并呈现新气象。课程中不确定的教学情境于教师来说是挑战，也是一种强大的激励力量；于学生而言，这种不确定性使学生享受到学习的乐趣，感受智慧生成的过程，有利于个体个性的张扬。生成性的文本为课程注入了新鲜的血液，使课程具备了自我发展的活力，使教师在新知的创造过程中不断完善自己，也是学生的理解力得到不断巩固和提升的过程。

课程文本的生成性品质要求将生活作为课程的重要资源。杜威在《我的教育信条》中明确指出："教育是生活的过程，而不是将来生活的准备"。有学者也认为"任何教育都应当是生活教育……教育只有扎根于人的生活遭遇，对学生的生活进行意义指导，使学生理解自身与世界的关系，理解精神的价值所在，才能使学生摆脱物质利益的束缚而在精神层次进行创造的生活……"② 因此，课程文本也应该来源于生活并指向生活，课程应与生活相结合，这种结合也是奠定课程文本的生成性特征的最大最广泛的资源。与生活经验相结合的课程文本，使课程与教学更加贴近日常生活，充分体现并彰显学生的日常生

---

① ［英］怀特海：《观念的冒险》，周邦宪译，贵州出版社 2000 年版，第 29 页。
② 金生鈜：《理解教育：走向哲学解释学的教育哲学导论》，教育科学出版社 1997 年版，第 75 页。

活世界。将生活作为课程的主要资源，正如怀特海的"教育只有一个主题，那就是五彩缤纷的生活"① 的论断，课程中将充盈着情境性、故事性与精神性，师生终将走出考试、排名、纪律及文本作业的桎梏，体验到学习的乐趣并进一步丰富人类的精神世界。

（二）关系：课程思维的向度

课程思维是课程理论研究者与实践工作者对课程理论与实践所持有的相对独特的行为方式和语言及思维方式，在具体的教学实践场景中则是教师在完成教育目的过程中，对与课程有关的事物及其事物之间关系（如教材、学生、知识、社会等与课程关系）的反映，涉及课程抉择、课程设计、课程实施、课程评价、课程管理等方方面面。课程思维是哲学思维或哲学观在课程领域的体现。因此，课程领域的种种思维方式中线性思维、局部思维、静态思维及预设思维是一类，是一种工具理性的实体主义现代思维方式，也是一种传统的课程思维方式；而复杂性思维、关系思维、过程思维及生成性思维与后现代哲学相关，更多地强调人本、过程、整合等元素。相对于教学思维关注知识论、学习论及技术领域的下延性，课程思维是一种较为宏观的更加关注社会、政治、经济等领域的溯源性思维，可谓是一个社会的政治、经济及教育的综合缩影，因此更容易成为关注的焦点和讨论的中心。

实体思维坚持因果决定论和还原论的诠释方式，"以'本体论承诺'为前提，无限复杂的宇宙可以还原为某些基本实体，即具有既定或固有质的绝对本体；绝对本体超感性超现实，却是现实和感性世界的基础。"② 实体思维从实体本体论出发诠释一切，以对事物本质的

---

① ［英］怀特海.《教育的目的》，徐汝舟译，生活·读书·新知三联书店 2002 年版，第 12 页。

② 孙美堂：《从实体思维到实践思维——兼谈对存在的诠释》，《哲学动态》2003 年第 9 期。

信仰和追求为根本诉求，认为本质和规律作为真理是绝对的、确定的存在，事物之间是一种静止、封闭且彼此孤立的关系，并且进一步造成科学思想和方法论中的"具体性误置的谬误"（The Fallacy of Misplaced Concreteness）① 和"机械论世界观"。反映在课程及其实施中，课程作为给定的知识存在，是由学科专家、教师、学校及社会公众共同选择的一种"文本信息"；知识作为经过千百年的发现、探寻、归纳和总结后所提炼出来的事物的本质而成为人类竞相追逐的对象和目标，相应地，具体知识的教和学成为学校教育生活的阿基米德点；对考试分数的追求成为隐藏在日常教学生活背后的始终如一的原初动力，简单抽象的考试分数代替了本应丰富多彩的教学生活；普适性的、真理性的、权威式的课程知识和课程模式阐释的是外在的、孤立的、脱离生活经验的一系列概念、公式、原理等抽象化的范畴，教学传递的只是一些变动不居的始终如一的永恒真理；课程文本成为一成不变的固定"在那儿"的教学蓝本，课程与教师及学生与自然及现实生活相疏离。

以后现代过程哲学审视课程，首先，课程不应是预设的外在于师生的静态的知识，而是一种过程——一种事件、一段旅程、一个个不断生成的文本，对此研究者在上文已作充分论述；其次，课程实施过程中不应该仅仅是师生与课程文本的对立存在，而应融合与他者、与自然、社会的复杂性关系，彰显课程的生活化及课程关系的复杂性特质。

1. 课程中存在着复杂生动的与他者的关系

首先是一种普遍存在的"共时性关系"，即师生关系和生生关系。一般是指课程实施过程中师生和生生之间围绕特定的课程内容和目

---

① 所谓"具体性误置的谬误"是怀特海在论述科学和哲学的关系时使用的概念，台湾学者杨士毅将其解释为：以抽象的概念或理论去解释具体的事情，或以更抽象的去解释更具体的，或将抽象的概念视为具体的事实。出自杨士毅《怀德海哲学入门——超越现代与后现代》，扬智文化事业有限股份公司2001年版，第148页。

标，以话语和身体语言为媒介所进行的情感与信息的交流，是一种外显的双向或多向的关系存在，这种关系为彼此间课程信息的发送、传递和交流提供了一个可操作的平台，从而增进了彼此间的相互理解。

其次是一种"历时性关系"，主要指师生与课程文本的作者及文本中的人物之间的关系。"文本的实质是隐去的历史作者的思想的外化，而阅读文本的本质即意味着与隐去的历史作者的对话。"[①] 因此，师生与文本作者处于不同的历史时空之中，构成了一种历时性的关系，师生以自己已有的知识和经验为主体与课程文本作者及文本中的人物进行对话，从而将课程文本中的意义复归现实，真正实现"文本的意义并非是作者的确定的意向性或者是他以往的体验，文本是对于那些不断从它当中获取新的信息、新的体验的人的新意义之源"[②] 的固有意义，并进一步达成师生与课程文本之间视域的融合。

课程中存在的第三种关系可称之为"自我反思性关系"，即课程实施中师生作为现在的"我"与过去的"我"之间的关系。"教育就其本质而言是人之自我建构的实践活动"[③]，在这种自我实践活动中，师生以课程为媒介、以交往为手段，对各自的思想和已有经验进行反思与理解，正如后现代教育学者史密斯教授（D. G. Smith）所言，"自我理解的真正提高是四重行为的不断递进：即向他人开放、与他人交流、自我更新、自我反省重新与他人交流"[④]，在这种层层递进的自我与"非我"的开放的、反思的过程中，教师获得专业的自我发展，学生以此获得自我成长，可以说，正是师生这种对"旧我"的不断反思造就了不同"新我"的生成。因此，课程中存在着教师、学生、课程文本及"镜中我"的多层次、多向度的关系，在这种复

---

① 刘世清：《言语对话：教学交往的诠释路径与意义生成》，《当代教育科学》2011年第3期。

② 王岳川：《现象学与解释学文论》，《山东教育出版社》2001年版，第184—189页。

③ 鲁洁：《教育：人之自我建构的实践活动》，《教育研究》1998年第9期。

④ ［加］史密斯：《全球化与后现代教育学》，郭洋生译，教育科学出版社2000年版，第204页。

杂的关系中课程文本的意义和存在的价值得以被进一步理解和阐释。

2. 与自然及社会的关系

一直以来，我国基础教育课程主要以社会本位取向的学科课程为主，现代科学的发展更使得学校课程不断分化而形成森严的学科壁垒。课程中存在的是抽象的知识体系，却丧失了知识的整体性和灵动性；极端分化的分科课程使师生陷于具体知识的桎梏而与生活世界严重背离；与自然及社会脱离的课程使师生的生活愈加苍白而无法体验一种诗意的栖居。正如一位中学生在给教育部长的信中所言"……奴隶般的学习使学生变得浮躁。我们太脆弱，一触即发。我们学会的不是面对困难，而是逃避困难；我们对周围的事物和人漠不关心，不尊重别人甚至他们的生命。对于'真、善、美'，我们甚至没有基本的认识！我们上美术课、语文课乃至政治课，根本就是形式……"在工具性的功利主义的课程体系中，算度的是知识的经济价值，知识成为获取成功和进步的手段，课程文本中显现的是僵化的知识框架，而没有自然的灵动和社会的丰富性。

过程·整合课程及其实施应融入和反映社会、教师、人类美好文化的需要和期望，应体现课程对师生个体生命的关注，重视知识的生成性以及知识与自然及社会的联系。这种联系一方面指课程资源开发及课程主题选择的自然与社会向度，另一方面亦指课程实施的场景即教学环境的变化，从校园内固定的一成不变的某个教室移至大自然或社区场景中，使师生在与自然及社会密切接触的过程中萌发一种对自然和社会的亲近感，潜移默化地感知生命的乐趣，从而产生生命的责任感和社会使命感。优秀的数理化成绩固然能够让学生有很好的求学选择和就业前景，也许会有不错的经济回报，但是并不能赋予学生获得全面发展以及享受生命的完整。教育应该让孩子学会友善、学会评价真理、学会感知生活，学会探索和发现，而这种价值观的引领更产生于与自然及社会密切接触的过程中。课程学习可以在教室中发生，也可以在课堂之外自然而然产生，如在家里的阳台或花圃里种花的时候，在河边写生或在社区里进行劳动的时候，在到各地游历欣赏风土人情、品鉴特产资源的过程中，学习在自然发生，教育在不经意中收获了意想不到的效果。这种课程学习的效果也许不能够被精确地、可量化地去衡量和揣度，但是却直接服务于学生的成长，具有不可亵渎的生命力。

（三）整合：课程实施的实践诉求

伴随现代科学的深入发展，学科壁垒日渐森严，也导致学校教学中的学科课程的急剧分化。学科课程着眼于文化的复制与传承，满足的是社会整体的政治与经济发展的需要，但是也严重地忽视了儿童的价值和天性，知识的疏离和分化破坏了儿童生活的完整性和统一性。在根源于"实体思维"的学科课程视野中，封闭的、内在的学科知识满足了学科课程内在本质的规定性，儿童被视为"小大人"，师生之间是一种支配与被支配的关系。实体思维坚持的是二元对立思维模式，预设了主体与客体、主观与客观的分离；实体思维更关注"是什么"，而忽视"如何是"的过程。以过程哲学审视课程及其实施过程，课程应是人类经验的联结，充分彰显生活的统整性，课程应赋予儿童理解生活并创造生活的能力；课程实施的过程也是教师的本我与"镜中我"彼此接受并进一步融合的过程。

20世纪80年代以来，世界范围内各国先后都曾推出课程整合的措施，用以解决各国社会经济的发展给课程领域带来的问题。新世纪我国新课程改革也将课程结构综合化作为改革的重要目标，在《基础教育课程改革纲要（试行）》中提出："改变课程结构过于注重学科本位、科目过多和缺乏整合的现状，整体设置九年一贯的课程门类和课时比例，并设置综合课程，以适应不同地区和学生发展的需求，体现课程结构的均衡性、综合性和选择性。"这里首先需将整合与综合的概念作一辨析。哲学意义上的整合（integration）"意指由系统的整体性及其系统核心的统摄、凝聚作用而导致的使若干相关部分或因素合成为一个新的统一整体的建构、序化过程"①；综合是心理学和哲学中的术语，一般含义为"不同种类、不同性质的事物组合在一起"②。综合突出的是与"单一"的区别，与整合相比较不具备融合及一体化的意义。因此，综合课程往往是围绕一个主题将几门学科的知识汇聚为一门课程的策略，是一种课程整合简单化的倾向。

怀特海主张"要根除各科目之间那种致命的分离状况，因为它扼杀了现代课程的生命力……我们没有向学生展现生活这个独特的统一体，而是教他们代数、几何、科学、历史，却毫无结果；我们让孩子们学两三种语言，但他们却从来没有真正掌握……这些能代表生活吗？"③ 因此，真正的有意义的"整合"应从价值观念层面着手，以培养"完整的人"为目标，具备"融合"的理念，以相邻知识体系、相邻学科的意义渗透，人文、自然和社会的融合，课程与文化的深层次接触等进一步彰显课程的生成性与生活化。以完整的经验生成为目标设计主题式课程，培养学生的探究能力以及与社会接轨的能力。面对探究性问题，教师不是唯一的问题解决者，专家、家庭、邻居、公众，以及报刊、图书馆、环境（包括自然的和社会的），都可能成为教育者，更多人的智慧、经验和知识在一起交流激荡，众多因素共同作用于每一个学生，学生在我与课堂、我与课本、我与老师、我与同学、我与学校、我与家、我与社会、我与环境、我与未来、我与……中完成各种视域融合，生成对事物意义的不同层次理解和多元指向，学生得以进一步认识自我、反思自我和建设自我。

过程·整合课程的实施并不仅仅狭隘地陷于多学科课程文本知识的融合的限制，需要在课程管理中进行系统化的思考。

---

① 黄宏伟：《整合概念及其哲学意蕴》，《学术月刊》1995 年第 9 期。
② 中国社会科学院语言研究所词典编辑室：《现代汉语词典》，商务印书馆 2012 年版，第 1525 页。
③ ［英］怀特海：《教育的目的》，徐汝舟译，生活·读书·新知三联书店 2002 年版，第 12 页。

首先，从宏观上看，"整合"涉及学校教学生活中的教师、学生、教学内容、教学管理者等各方面。从课程内容的选择和组织方面，应选择当今世界广泛分享和关注的与真实的生活世界相关的议题，例如以"生态环境保护""科技创新问题""自然资源保护""世界地区热点问题""道德问题"等为中心，组织师生共同规划课程体系、统整优化适切的各学科知识、加强研究性学习，以帮助学生形成完整的与生活经验密切相关的概念图式，强调尊重、多元、民主、开放，探索个体生命中自我的和社会的现时意义，课程的整合始于且止于问题，并不刻意考虑学科领域的界限；在课程实施方面，强调以活动为导向涵括知识的实际运用，师生应当为了应用、为了了解而鼓励多方面的合作和交流，亲身经历问题解决的民主过程，重视结构模糊问题更甚于结构完善问题以培养创造性思维；在课程评价方面不再以分数驱动、鞭策学生，非为将来的升学和考试做准备，而以探究过程的形成、知识的灵活运用、创造力人格的培养为课程目标的价值导向。

其次，在微观方面，所谓整合涉及师生个体自我的认知、情感、动机、需要、兴趣和意志等方方面面。以教师为例，课程实施的过程也是教师与"自我"的整合过程，因为"教学和教师的内心世界相连"[①]，"教学是教师内心探索的一种外在表达"[②]。一位成功的教师首先要理解和接受他自己，才能理解和接受其他人。阿瑟·杰西尔德（Arthur Jersild）曾经总结："自我理解要求一些完全不同于方法的东西……需要一种更加个人化的探求，这种探求将能够使教师明确他们自己所关心的东西，并且分享他们的学生们所关心的东西。"[③] 这种个人化的探求过程不仅仅是单纯的学术性或认知性的过程，同时也是

---

① ［美］奥恩斯坦等：《当代课程问题》，余强主译，浙江教育出版社2004年版，第104页。

② ［美］特林·芬瑟：《学校是一段旅程》，吴蓓译，人民文学出版社2006年版，第123页。

③ Arthur T. Jersild, *When Teachers Face Themselves*, New York：Teachers College Press, Columbia University, 1955, p. 3.

教师的理智、情感、精神、态度和情绪的整合过程。教师与自我的整合使课程实施具有了更强烈的人性色彩，这就是我们惯常所说的优秀教师都具有的一个共同特点，当 X 老师在教学时，他"真的在那儿"，或者说 X 老师对他的学生是那样地充满激情！他们都把一种强烈的个性倾注于他们的工作。

再次，课程的整合及其实施也是一个过程，需要学校、社会、课程专家、多学科教师及学生的主观共同努力，在过程中才能有进一步深化和统整的机会。课程实施是处于运动过程中的，师生行为以直觉、互动的生成性行为为基础，而不是约定俗成和可预测的。师生有可能在课堂中即兴创作，教师需通过情感的流露来肯定和关注学生，尽量避免指令性和机械性的规则命令，学生的身心发展、个性的培养和展现只有在过程中才能实现。

三 "过程·整合"课程范式的价值诉求

经典的价值定义是关系学说，即价值是价值主体和价值客体之间的一种互为满足的关系。因此，课程价值是课程主体和客体之间的一种互为满足的关系，"课程满足主体一定需要的属性，课程的存在、作用及变化对一定主体需要及其发展的适合"[①] 即为课程的价值所在。这里的主体包含多个层次，可以是师生个体，也可以是学校，亦可以是国家和社会。继现代性的开启，人的价值被窄化于对物质的征服与攫取的狭小空间之内，个体的存在和认同感被参照于与他人的竞争之中。回到教育领域本身，"知识就是力量""教育为生活做准备""发展心智能力"等思想将教育与课程及未来生活，课程与知识之间等价化。课程成为"教学""训练""灌输"的破碎内容，本应成为

---

① 靳玉乐、杨红：《试论文化传统与课程价值取向》，《西南师范大学学报》（哲学社会科学版）1997 年第 6 期。

教学资源工具的知识湮没了人的本真存在，课程实施成为强制规训的过程，个性、尊严、自由、趣味、幸福等生活的基本价值在教学生活中被放逐至边缘甚至杳无踪影。然而，作为后现代思潮的过程哲学推崇普遍、包容、创造和冒险，从关系思维的视角，以审美价值、创造性思想及有机体的整体价值追求，构成过程·整合课程价值取向的丰富内涵。①

（一）以审美和谐为价值追求

过程哲学重视其价值范畴中的美学思想，在怀特海看来，美在现实层面是一种对现实事态之"和谐"状态的追求，是一个经验事态中诸要素之间的相互适应。② 教学生活中的师和生都是活生生的人，是具有创造性和审美旨趣的具体存在，学校教学重点不在于教什么，而应该是师生以课程为载体的共同参与的探险历程，师生在教学生活中发现美、体验美的愉悦。过程·整合课程的审美价值迥异于传统课程"社会改造主义""学科中心主义""人本主义"价值诉求中对社会进步、学科知识以及人性、人格终极关怀的过度追求，不同于传统课程局限于从实体性范畴界定课程价值的绝对化和片面性特征，而体现出从美的视角追求"审美和谐"为核心思想的价值追求。课程之美集中体现在课程结构之美、课程内容之美等方面。过程·整合课程意在改变基础教育过于强调课程设计中对学科知识设计的规范性问题，更多地将课程结构的科学性、课程目标的生成性和表现性与课程内容表现形式的审美艺术性相结合，将知识学习的探索过程与智力活动的审美体验相结合。以课程结构的开放性、自组织性和课程目标的生成性解决长期存在于课程结构中的学科取向、结构单一封闭等问

---

① 张晓瑜：《论"有根有翼"课程价值观的构建——基于过程哲学与中国文化融合的视角》，《教育研究》2013 年第 2 期。

② ［英］怀特海：《观念的冒险》，周邦宪译，贵州人民出版社 2000 年版，第 296 页。

题。在课程内容穿插、课程结构设计、问题的设置等方面匠心独运，充分发挥和挖掘学习者的直觉思维和想象力，调动学习者在视觉、听觉方面的审美体验，借助情境的设置及他人情感的分享体悟课程中美的内涵，让师生在教与学的过程中享受美的愉悦。

过程·整合课程的审美价值还在于课程中渗透的"和谐"之美。在过程思维中课程已走出确定性、唯一性的线性思维，也就是说，课程内涵和意义可以从多维度去阐释和理解，课程本身承载着不同课程人的思想及观点的释放。在课程开发和实施的过程中，关注课程因素中不同课程人之间以及课程人与课程环境之间的关系，擅于在不确定中谋求课程知识和经验最大的教育教学可能性，课程本身更贴近生活并走向一种多样化的发展，鼓励不同见解及研究主题之间的碰撞和交融，学习者在这种"和谐"关系的构筑中充分彰显其主体参与和个性张扬之美。

过程视域中的课程实质是历程性的，过程之外无具体目标，对学习者而言，过程中的经验、经历、情感关系的挖掘和人格的提升往往比知识本身更有价值，或者可以说求知的过程较之于知识本身更彰显课程存在的意义。因此，情感化、人格化、经验化作为一种审美体验蕴含在过程课程之中，学习者与周围世界（他人、自然和社会）的关系在课程中得到完美的结合。这样的课程摆脱了文本的固有意义而内在于学习者的灵魂之中，这样的课程中渗透了文化传统、本土知识和民族智慧，因而使学习者对课程学习更易形成强烈的归属感。过程·整合课程使理性知识的学习中渗透情感、享有体验，给师生充分的完满的审美享受，使教学生活成为审美生活，从而让教育成为生活的艺术。

（二）以创造性转换为价值标尺

人类的本性之一是创新。德国人类学家兰德曼曾说："如果人有某种不可改变的东西的话，那么这个东西就是人的创新本性。"① 德国哲学家卡西尔也把创新称作为"人类世界与自然界的天然分界线的标示"②。怀特海也曾说："存在的直接性处于流变之中，生命的生动性寓于转化之中。"③ 这种存在观必然影响着我们的教育观和课程观。在传统教育和课程中知识占据着至关重要的地位，知识传授更成为教师的固本，然而，在我们将知识传授给学生的过程中，更重要的应该是教会学生如何去独立地发现新知，发展其创造性的洞察力，学会鉴赏、挑战知识并生成智慧，而这才是教育的目的。在这个转识成智的过程中师生的创造性转换是基础，也是创新能力培养的前提，课程和教学是完成师生创造性转换的关键载体。

人是具有可塑性的个体，并且善于在学习中、生活中及实践体验中获取经验和知识进而发展自己，并在此基础上进行创新和创造。因此，创新并不是不可为，人天生具有能够创新的品质，只是缺乏契机发展这种创新的能力，而这正是教育能够并且应该所为之事。师生创造性转换的实现作为创新能力发展的前奏正是以过程哲学为基础的教育教学密切关注的问题，过程视域教学生活中的教师、学生、课程、事件具有密切的相关性，课程与教学正是在这种相关性中实现创造性转换。根据过程哲学家亨利·尼尔森（Henry Nelson Wieman）所言，创造性转换包括如下一些方面：首先是对世界的明确意识，其次是对新旧理念、知识和价值的整合能力、对他人及世界的理解力和鉴赏力的发展，以及在理解和欣赏他人的基础之上进一步得以深化的共同体内部的关联性。④ 通过知识的呈现、彼此之间价值和观念的整合扩展以及得以深化的共同体内部的关系，教学生活中的个体的人，包括教

---

① ［德］兰德曼：《哲学人类学》，张乐天译，上海译文出版社1988年版，第288页。
② ［德］恩斯特·卡西尔：《人论》，甘阳译，上海译文出版社1985年版，第279页。
③ ［英］怀特海：《思维方式》，刘放桐译，商务印书馆2004年版，第86页。
④ ［美］鲍伯·麦斯里：《创造性转换：过程哲学在课程和教学中的运用》，建设性后现代主义与中国教育改革国际研讨会论文，哈尔滨，2012年8月，第6页。

师和学生，能够学会应变，得以成长并获得创造性的发展。

这种相关性体现在课程设计和实施的过程中，一方面以整合的视角设计课程，另一方面注重培养学生看待世界及思考解决问题的整合视域。譬如，以开设一门人文课程——"我看世界"为例，选取艺术欣赏、音乐、文学、哲学及宗教等不同课程的老师共同授课。从课程本身来说，需要整合 5 个领域的知识内容，从教师的教学视角分析，需要老师们彼此之间的欣赏和接纳，在此基础上形成密切联系的课程共同体和教学共同体。这种课程内容及教师教学力量的整合的过程，同样是师生进行创造性转换的过程，教师和教师之间、教师和学生之间、学生和学生之间互相教授、共同学习，增进了彼此的了解。课程作为过程，是开放且生态的系统，是学习者在多种可能的生态体验中不断建构自己的生活历程的过程。整合的课程使学习者有机会密切接触周围世界，学会用整合的、关系性的视角看待他人，学会倾听并与他人对话，学会欣赏和接纳不同的观点理念，并且在自我的已有经验和他人的观点之间建立有意义的联系。在呈现课程——整合价值——进一步欣赏接纳他者——深化成果的过程中，课程知识、学习评价、个体发展等都有了新的界定和内涵。知识不再是单一领域内基本知识和概念的叠加，亦不是人类普遍知识的"位移"，而是相关的，学生学会选择某一领域开始进行自己的学习、研究和自主建构并分享学习的过程；学习评价中分数不再是唯一且重要的表征个体价值的权威和价值秩序；个体发展不再局限于"自我"的狭小视域内而走向一种关系性的彼此接纳和欣赏，在开放的课程体系和开放的师生关系中臻至"共同体"的发展，教师成为学习的参与者而不是控制者。这些都是创造性转换的具体表现，从课程内容的变化到学习方式的转变，进而达到人生转换的目的。

（三）以"全人教育"为价值信仰

全人教育（Holistic Education）作为一种教育思潮可追溯至古希

腊时代的亚里士多德，其自由教育思想中开始体现全人教育思想的本质。18 世纪卢梭"以培养儿童的自由天性"为目标的自然教育理论，洪堡的"完人"教育目标，19 世纪纽曼倡导的培养智力发达、情趣高尚、举止高贵、崇尚礼节、公正客观等优秀品性的"绅士"①，他们都属于全人教育的倡导者。自 19 世纪末到 20 世纪中叶，杜威主张"教育即生活、教育即生长和经验的改造"，永恒主义代表人物赫钦斯坚持以培养"完人""完整的人""自由的人""有作为的人"为教育的总体目标，主张将教育与全面的生活相联系。至 20 世纪 60 年代人本主义思想家开始对"全人教育"思想进行更为具体和清晰的界定，马斯洛认为人的发展不仅包括知识和智力，更包括情感、态度、价值观、创造力、人际关系等，提出教育的目的在于"人的整体发展"，罗杰斯将"完整的人"的培养直接界定为以培养"躯体、心智、情感、精神、心灵力量融会一体"的人为目标，认为"他们既用情感的方式也用认知的方式行事"。② 至 20 世纪 70 年代末，全人教育的主要倡导者隆·米勒（R. Miller）将这种以"促进人的整体发展"为主要理想的教育理论正式确定为"全人教育"。

因此，从以上梳理可以看出，"全人教育"的思想并非空穴来风，也不是虚幻的建构，而是源于人类一直以来对完整人性化思想的追求；"全人教育"也并非一种特殊的、定势的、唯一的课程或方法，而是一整套教育思想，它追求人的整体发展，强调个体的多样性，尊重不同经验个体之间以及个体自我与内心世界的完满联结与合作。可以以三个概念概括其哲学思想，即整体性（wholeness）、联结性（connectedness）和存在性（being），这种思维方式与后现代主义过程哲学的机体理论、事件理论中的整体思维、互依联结的观点相契

---

① 刘宝存：《全人教育思潮的兴起与教育目标的转变》，《比较教育研究》2004 年第9 期。

② 吴式颖、任钟印：《外国教育思想通史》（第十卷），湖南教育出版社 2002 年版，第 142 页。

合，与过程·整合课程的理念和实施有着非常相似的诉求。具体反映在如下四个方面：

其一，以整合和互依的观点看待课程和课程中的人。强调从整体、协调统一的视角看待课程，规避那种片面、碎化、各自为阵的学科课程阵营，认为教育呈现于学生面前的不能只是一种游离于生活实践之外的由多个科目组成的目录单，"教育只有一个主题：那就是五彩缤纷的生活"①。课程的意义不在于传播已有的经验，而在于转变已有的经验；课程内容的传授不在于对外在生活的把握，更不能成为迫使学生压抑生活的工具，而是包含复杂的情感和精神交流的转变——对话的过程。课程中的人是身心统一的人，知识、智慧、精神、心灵的统整和愉悦享受较之于个体对课程知识的片面接受更有意义。课程中的人是共同发展的人，教师和教师、教师和学生、学生和学生在课程旅程中通过交流和协作而成为"共同体"，学会欣赏和接纳彼此的价值、观点并进一步深化理解。

其二，以课程的自组织性和不确定性发展个体的创造性。过程·整合课程是一种充满活力和张力的结构体，课程的目标在过程之中，它欣赏生成、接纳外在干扰，鼓励各种自发的和不确定的转变。正如后现代课程专家多尔所认为的，课程的艺术正在于创造这种不确定的状态，并通过各种积极的"干扰"，激发其自组织的活力而使课程成为开放的系统和个体转变的过程。② 这种不确定的状态和自组织的过程造就了具备开放理念的教师，使学生在生疑解惑的过程中培养其创新的理念和创新的能力，在与不确定性和不可控的各种因素接触、对话的过程中，师生更易打破日常教学生活中的惯性思维，在无序中有可能生成一些"异想天开"，在体悟和理解的过程中有可

---

① ［英］怀特海：《教育的目的》，徐汝舟译，生活·读书·新知三联书店2002年版，第12页。

② ［美］小威廉姆·E.多尔：《后现代课程观》，王红宇译，教育科学出版社2000年版，第250页。

能生发出教材或教师并未直接讲授的，对个体来说是全新的见解、思想和观点。通过各种观点的释放和碰撞使得个体得以获得超越预期的发展。

其三，以课程人的自主参与激发个体的个性化发展。过程·整合课程较之于目标课程模式更注重学生在课程学习中的自由体验和生态价值。整合式课程绝不仅仅局限于惯常意义上的学科知识的整合，还表现在课程与自然的整合、与社会的整合、与学生过往经验的整合，因此，学习者不再是课程知识的旁观者和被动接受者，因其主动地参与和强烈的自我意识而成为课程的主动建构者，个体内在于课程发展之中。学生因自我的主动参与而更容易体验探索和发现的乐趣，"学习成为好奇心发展的旅程"①。正如下文中 JY 中学某地理课程《春游去哪里》的课程设计中，七个小组因个体不同的兴趣和人生经历设计出七种不同的课程主题和思路，这种融入了学生的个人兴趣的课程学习使学生在学习过程中生成一种自然的渴望，复杂的概念和疑难问题的解决似乎也成为一种探险的过程和发现乐趣的过程，在这个过程中不同个体因不同的发展兴趣和方向而设计不同的体验活动，不同的学习体验使学习者获得个性化的发展。

其四，作为过程的课程强调学习者的生活体验并唤醒个体的德性生命。过程·整合课程范式视野中的学校课程超越了课程文本本身包含的学科系统知识，将课程视为正在发生或即将发生的"事件"，一段生活的旅程，一种不断生成的文本，内含个体发展所需的一切知识和经验，既包括课程文本中的间接经验，亦充分肯定个体在日常生活中所经历的直接经验，并且认为学生亲历的过程带来的收获和感悟往往对学生的人格成长、情感发展更有意义。怀特海在其《教育的目的》中坦言：目录单似的课程可能会使学习者掌握大量关于太阳的知

---

①　[美] 费劳德：《一种怀特海主义的教育理论》，李大强译，《华中科技大学学报》（社会科学版）2005 年第 5 期。

识，但遗憾的是，他们却始终看不到日落的光辉，体味不到生命的辉煌。① 过程·整合课程的生命力正在于正视当下教育教学实然状态中的"知识学习"和"德性成长"两极对立的矛盾，鼓励学生积极参与生活实践，将真实的生活际遇作为课程开发的重要资源，将"德性生命"的成长视为个体全面发展的根底。

在当下教育工具化倾向日趋严重的境遇下，"全人教育"的价值信仰诉求正是源于对人类现实生活中充斥工具化的人、片面发展的人、被禁锢的人的种种现实际遇的追问。在社会化的、群体性的压力包围之下，各种竞争和挑战虽不可避免，但这并不能成为人性消逝和教育秩序"无限竞争"的理由。教育应着重培养人的创造力，激发个体的人对生活本身、对他人、对周围世界的感受能力以及以此为根底的道德心性、艺术的感知力和社会意识。而这种目标追求正是过程·整合课程实施的价值表现。学习者在这种课程范式中通过经历、体验，自己选择课程内容，决定课程的意义，拥有对课程进行控制、支配的权力，在一定意义上拓展个体的智力空间和思维的广度，师生都成为自我知识的建构者，成为自己真正的主人。

四 "过程·整合"课程实施方略

"过程·整合"课程强调课程理念的过程性和有机整合性，过程·整合的术语既是核心，也是目的和手段；既是标准，也是尺度。过程·整合的课程思维要求师生及所有与课程相关的他者以生成性及整体性的思维方式，全面地认识并考察课程的性质、属性以及与课程相关的所有事、物之间的联系与变化。前文已从"过程·整合"课程的理念层面对此课程范式作了较为详尽的分析，将课程中的众多要

---

① ［英］怀特海：《教育的目的》，徐汝舟译，生活·读书·新知三联书店 2002 年版，第 12 页。

素置于时间和空间融合的一体动态变化过程中去考察。然而，学理层面的探讨虽为必须但仍不能代替其在实际教学环境中的应用和落实，这种课程理念的转变如何在实际课程环境中彰显其生命力？课程设计、课程实施方法及运行模式等实际操作环节有哪些巨大变化？针对这些问题的回答，首先从影响"过程·整合"课程实施的因素谈起。

（一）"过程·整合"课程实施的分析框架

关于对课程实施概念的理解和定义众多，通俗意义上一般将课程实施视为达到预期的课程目标的基本途径。也有研究者将之理解为"课程计划付诸实践的过程。这一过程至少要经过从课程标准到教材编写、从成型教材到课堂教学的两次转换"[①]。狭义的课程实施即指课堂教学[②]。本研究取其广义的理解但又并不局限于此，以课程环境一词代替课堂教学的场景——教室，可以是真实的课堂，也可将课程置于模拟的或想象的空间中。以影响课程实施的诸因素为研究视点，构建影响"过程·整合"范式课程的分析模型，以此进一步透视当下课程实施中存在的现实问题。

关于影响课程实施的因素，国内外学者提出了许多自己的观点。辛德等人（Snyder, Bolin & Zumwalt, 1992）将课程实施的影响因素归类为：变革的特征因素，包括相关性、复杂性、清晰度、计划质量与实用性等；校区层面的因素，包括校区的革新史、课程采用过程、课程管理部门的支持、教师的参与等；学校层面的因素，包括校长、教师之间的关系，教师的特点与取向等；外部环境因素，包括政府机构和外部协助等四个不同层面。[③] 富兰（Fullan, 2001）则概括性地

---

① 钟启泉：《现代课程论》（新版），上海教育出版社 2006 年版，前言第 4 页。

② 参见崔允漷《课程实施新取向：基于课程标准的教学》，《教育研究》2009 年第 1 期。

③ Snyder, J., Bolin, F., & Zumwalt, K., "Curriculum Implementation", In PW Jackson (Ed.), *Handbook of Research on Curriculum*, New York：Macmillan, 1992, pp. 402 – 435.

从变革特征，包括变革的需要、清晰度、复杂性、质量和实用性；地方特征，包括校区、社区、校长、教师的特征；以及外部因素，包括政府和其他机构，三个层面来分析影响课程实施的因素。① 国内学者更是将影响课程实施的因素概括为"二因素说""三因素说""四因素说""五因素说"及"六因素说"。例如：陈侠将影响课程实施的因素从人（教师、学生）和物（教科书、教学设备）两个角度来分析②；施良方从课程计划本身的特性，包括可操作性、可传播性、和谐性等，从交流与合作、课程实施的组织和领导、教师的培训、各种外部因素支持等五个方面分析影响课程实施的因素。③

　　这些关于课程实施因素的分析从不同层面、不同角度入手，虽考虑周全但却失于杂乱且都未走出实体性思维的认知路线，更多地将课程实施作为一种变革而不是一种常态现象去研究。"所谓'实体'，就是以自我封闭、孤立自存的方式而存在。实体思维把世界看作是自我封闭的独立存在，人成为以自我为中心的自足存在，人和世界是一种彼此外在、毫不相关的独立自存的关系。"④ 在实体性思维视域中，宇宙世界是由各种零部件拼凑组装起来的机器，而且这些零部件机械地组合在一起，可以被还原、被独立地认识和把握。如此理解，对课程实施整体事件的把握可以化约为对影响课程实施各因素的各个组成部分的探究，过程·整合课程范式视域中课程的过程性、相关性、整体性、有机联系性被破坏，甚至杳无踪影。课程实施过程被异化、分裂为安排课程表、确定教学任务、设计学生的学习活动、选择并确定教学模式、组织并开展教学活动、对课程结果进行评价等一个个线性

　　① ［加］迈克尔·富兰：《教育变革新意义》，赵中建、陈霞、李敏译，教育科学出版社 2005 年版，第 74 页。

　　② 陈侠：《课程论》，人民教育出版社 1989 年版，第 266—274 页。

　　③ 施良方：《课程理论：课程的基础、原理与问题》，教育科学出版社 1996 年版，第 145—147 页。

　　④ 王攀峰：《试论走向生活世界的教学》，《南京师大学报》（社会科学版）2004 年第 6 期。

发展的环节，而且每个环节似乎又都是恒定的、独立存在且自成一个封闭性的单位。这种封闭式的跑道式课程实施中忽略了人的灵性的培养，师生在线性的流程规训下成为"一团行动着的习惯"，课程实施中找不到生动活泼的个体，而只有按部就班、遵照指令运行的机器。

从过程·整合课程的理念逻辑角度分析，一个完整的课程实施过程可以以系统理论、学习理论、信息理论以及教学本身为研究的依据，而且系统理论的复杂性、整体性思维方式本身就是过程·整合课程的诉求。在课程的内容上追求关系性和整合性，在课程价值上追求和谐性，以过程之美统合整个课程实施，正如希腊神话传统中追求的灵魂与肉体、彼岸与此世的相互矛盾和统一的、原始的和谐之美一样，课程实施各环节、各因素彼此也是矛盾统一又相互联系，在过程中追求人和物的共同发展。科尔（M. Cole）和恩格斯特朗所倡导的"扩张学习"（learning by expanding）理论强调学习活动既不是取决于个体的内在特性，也不是取决于外部环境的影响，而是取决于两者在实践中相交的场域。[①] 同样，在实际的课程实施过程中，课程实施也不可能仅仅局限于课程与教学内在的结构化的文脉，需要将社会结构、自然环境以及社会实践等矛盾都纳入课程实施的分析范畴，多种因素彼此交织、相互影响，构成一个整体且发挥作用。

基于这一分析思路，影响过程·整合课程实施的因素需要以复杂性理论和情境性原则为思考的依据，既不能刻意夸大某一因素的影响，也不能忽视某一因子的作用，需要从综合性的、全局性的视角作具体分析。影响课程实施的因素由课程文本本身、教师、学生、教学管理者、课程专家、社区人、家长、学校文化、社会环境、家庭环境、自然环境等多种因素以及由这些因素所构成的共同体共同组成，且每一因素的归因大小、参与深浅都会给课程实施过程带来巨大的影

---

① 钟启泉：《为每一个学生的成长而教——基于"学的课程"的教学设计探析》，《北京大学教育评论》2009 年第 7 期。

响。本书在此将由这些因素共同构成的课程实施过程暂且界定为"课程实施的活动模型"，这一活动模型不同于"个人"与"环境"二元对立的活动概念，而是将上述一系列因素概括为课程文本、课程环境和课程人三个维度。这里的"活动"一词饱含了对过程·整合课程实施的整体过程以及每一内在影响因素的动态性和发展性的描述。

1. 课程文本维度

关于课程的定义众说纷纭，大致可以归为如下几类：一是将课程作为学科，如《中国大百科全书》中关于广义课程的定义：课程指所有学科（教学科目）的总和，或学生在教师指导下各种活动的总称。狭义的课程则指一门学科或一类活动①，通常被简单界定为教科书或教材。二是指课程目标、课程计划或课程方案、课程制度或课程标准。三是将课程视为学生在教师指导下所获得的经验或体验，以及学生自发获得的经验或体验。这三种课程观都趋于狭隘和片面，将课程作为学科仅关注了课程对系统学科知识的传授；课程计划、方案、课程标准等只能作为课程实施的指导性文件存在，这是一种将课程视为教学过程之前或教育情境之外的东西的定义；将课程作为学习者的经验或体验则又过度重视了学生的直接经验，而显现出忽略系统知识的作用的倾向。②

过程·整合课程提倡课程的非线性和建构性，课程文本并非局限于固定的教材或一系列的制度性的、指令性的文件，而是基于基础的指导性文件，通过参与者自发或自觉的行为及相互作用建构生成的意义网络。课程文本非为某种固定不变的诸如规律、定律、本质之类的放之四海而皆准的具有固定意义的符号构成的固定结构，而是隐匿着的、无限的、开放的、不断扩展和生成的"隐喻"。课程文本不仅具

---

① 中国大百科全书出版社：《中国大百科全书·教育》，中国大百科全书出版社1985年版，第207页。

② 张华：《课程与教学论》，上海教育出版社2000年版，第67—68页。

有现代意义上的确定性，而且更具有文本意义的动态性和开放性，更重视具有历史性、文化性和境域性的随机生成的课程事件。课程作为学生的求知活动包含"知识"和"求知"两层意义，求知的过程本身也是知识的重要来源，正如怀特海所说的"要使知识充满活力，不能使知识僵化，这是一切教育的核心问题"①。课程知识必须有某种创新，要么本身就是新的内容，要么增添了新鲜的东西。过程·整合理念的课程理应从"过程—发展、对话、探究、转变的过程的角度，而不是从内容或材料的角度出发来界定课程"②。如此，课程文本的过程性和整体性得以进一步确证，其存在的意义和价值绝不是以固定的、僵化的知识体系存在于教育者和受教育者之间的单方面的线性灌输和填充物，而是师生间的开放性的交流和对话，是个体经验和体验的转化与创生。正如派纳所说："课程是一种特别复杂的对话，课程不再是一个产品，而更是一个过程。它已成为一个动词、一种行动、一种社会实践、一种个人意义，以及一种公众希望。"③ 综上所述，课程文本具有了一种与传统课程、与教学理论迥异的概念内涵，这也是以此作为课程实施分析框架重要元素的原因。

2. 课程环境维度

环境一词通常指围绕某一事物并对该事物产生影响的所有外界事物。从实体哲学的角度分析，环境中包含了主体与客体的二元对立关系，环境成为由主体的人拨弄并利用的客体世界，成为相对于某一中心事物的周围事物。在科学至上的工具主义现代性的倾轧下，导致人类与所处环境的严重对立和人类生存状况的危机，在课程领域集中体

① ［英］怀特海：《教育的目的》，徐汝舟译，生活·读书·新知三联书店2002年版，第9页。

② ［美］小威廉姆·E. 多尔：《后现代课程观》，王红宇译，教育科学出版社2000年版，第19页。

③ Pinar, Reynolds, Slattery & Taubman, *Understanding Curriculum: an Introduction to Study of Historical and Contemporary Curriculum Discourses*, New York: Peter Lang Publishing, 1995, pp. 847 – 848.

现于泰勒的课程思想：不以环境为转移的客观知识的传递，教师与学生及课程专家、课程意义与课程情境、学生的身体与精神、学习行动与学习环境的二元对立等等，课程实施的过程与结果以知识的单向度传递获得线性发展。

摆脱实体思维，走出二元对立桎梏的课程环境是指围绕课程本身及课程的实施，以及对其产生影响的所有因素及各因素之间的联系，课程本身即是一种环境因子并且同时又处于各种外围环境之中，各种影响因素可以从课程的内部及外部、宏观与微观，以及理论与实践多层次、多维度去考量，涉及课程自身及自然、社会政治、经济、文化、个体及群体心理氛围等各方面。正是因为课程环境的立体的多维度的复杂性存在，致使课程已然走出学校教育的视界而成为家喻户晓的"公共话题"。成为"公共话题"的课程更需要建构一种合作的、相互依存的、整体的、生态的课程环境，需要来自课程内部及外部，需要良好的心理环境、社会文化环境、自然环境以及学校、课堂中的教师、学生等各方面的支持，各种因素相互依赖、相互包含、相互作用，共同影响课程的发展及实施过程。这是一种后现代过程视域中的课程环境理念，对当下的课程实践具有重要意义。

过程·整合范式课程环境是一个复杂的环境系统。以影响课程环境因素的来源作为尺度，可分为课程内环境和外环境，课程文本内容中的课程目标、课程实施过程中的教师、学生以及学习方式等各种因素及各因素间的联系构成了课程的内环境。课程实施的外部环境相对于内环境而言可谓错综复杂，包括自然的、社会的、学校内部管理及文化的各种条件性因素，涉及范围非常之广。根据影响课程环境因素所属范畴及空间领域的大小，课程环境有宏观环境、中观环境及微观环境之分。课程的宏观环境指社会政治、经济及文化领域的基本制度、经济发展水平、社会舆论及风俗习惯、国民素养因素，是影响课程实施的大环境；中观环境一般意指课程实施所处的学校教育体系及与学校相邻的社区文化，具体可指某一学校的课程制度、学校文化、课程评价机制、实施课程的具体场景条件等；微观的课程环境聚焦课堂中的教学实践问题，涉及教师及学生个体或群体因素，与教师的教学理念、教学水平、学生的学习态度、学习习惯及师生、生生间的群体合作文化等因子相关，与课程计划、课程目标等因素也有着千丝万缕的联系。

为了研究表述的便利，这里对影响课程实施的各种环境因素作了分层、分类的分析，如此并不是蓄意地人为割裂各种影响因素间的关系，而只是为了对课程实施的环境因素有一个更为全面的认知和了解，以期进一步整合各种环境因子的交互作用，形成网状图式，加强彼此间的联系，对后现代过程视域中的课程实施环境的重要特征及意义有更为明晰的了解。

首先，影响课程实施的环境因素的整合促使课程与自然、社会的关系开始转变。过程·整合的课程观反对现代性视域下课程与自然及社会间的人为划界，更加注重知识与自然、社会、个体经验以及生活本身之间的密切关联，课程实施的场景和可利用的教育资源更加多元，社会即课程、自然即课程。

其次，课程环境的整合促使课堂内部的关系开始变化，实现"循环式教育"[①]。这种循环反映在师生关系方面，教师的教学能力、教学精神作为课程环境开始参与学生的学习过程，促进学生自我反思的实现，形成合作平等的师生关系；反映在课程实施的方法和结果方面，师生之间的合作探究开始超越知识的单向度传授，生生间的非对抗性讨论及学生的自我反思和开拓成为课程学习的重点。这些无不反射出过程哲学所建构的整合的、动态的、相互依存的课程观。

再次，过程·整合范式课程关注影响课程发展的物质环境与非物质环境的整体和谐建构。学校所在的社区环境、学校内部的建筑设

---

① 张文军：《后现代课程观初探》，《华东师范大学学报》（教育科学版）1997 年第 4 期。

计、课堂内的环境布置都成为影响师生内心世界的重要因素，是构建生态的、整体和谐的课程环境的基础。

课程环境是一个复杂的系统，系统内部各种影响因素相互作用、相互联系和依赖，构成一个充满变化的、无序的、过程性的开放系统。"一切系统都含有不断'起伏着'的子系统，原有的组织不断被破坏和修复"①，不断出现从混沌到有序的"耗散结构"阶段，课程环境正是在从无序、混沌走向有序的自组织过程中不断进行从平衡到不平衡再到平衡的关系调整，实现课程环境整体和谐的生态化发展。

3. 课程人的维度

自《基础教育课程改革纲要》（2001 年）驱动第八次课程改革伊始，课程已越来越成为公共的文化领域，并且作为"公共话题"被所谓"课程人"加以思考和讨论。因此，我们可将"课程人"定义为"围绕课程改革的公共论题发表主张和意见的专业人员或是大众媒体人员。大凡各级学校的教师、教育研究人员、教育行政干部和教育记者所发表的课程言论，均属讨论之列"②。因此，所谓的"课程人"包括与课程实施过程有着密切联系的课程的直接承接者——教师、课程的管理者——学校校长和教研员，以及与课程的决策、课程内容的编写和标准的解读直接相关的人——课程专家或学科专家。除此以外，还需特别关注作为特殊的"课程人"而存在的学生及家长，课程的出发点和归宿是学生的成长与发展，课程实施的每一环节都要凸显学生的利益，充分发挥学生作为"课程人"的主体地位和作用，这一点毋庸置疑。家长作为基本的教育者可参与课程的实施和评价，与学校沟通协作共同促进学生的发展。

---

① ［比］伊·普里戈津、［法］伊·斯唐热：《从混沌到有序：人与自然的新对话》，曾庆宏等译，上海译文出版社 1987 年版，第 11 页。
② 钟启泉：《课程人的社会责任何在》，《全球教育展望》2006 年第 9 期。

在过程哲学视域的"机体"① 理论的观照下，"课程人"并非机械地、彼此孤立地存在和发展，而是处于一种相互依存的、不断地自我组织和自我建构的创造性过程中，以个体或共同体的形式在课程实施过程中发挥重要作用。包括：（1）作为独立个体存在的"课程人"——学生、教师、校长、家长、教研人员及课程专家或学科专家，每一个体都是精神与身体（心与物）的统一，都是课程实施过程中的行为主体；（2）作为共同体存在的"课程人"——由拥有共同目标、共同活动对象的参与者组成。首先是师生共同体，又称"'师生机体'，具有两层含义，一是指教师与学生之间是一种本质的、内在的构成关系，这里的关系不是外在属性，而是一种内在的规定性；二是指师生间的动态生成关系，师生互动的内在力量驱动师生发展"。② 教师作为课程的最终实施者，其对课程实施的信念，对课程的理解、体验和领悟，对课程实施的过程和结果具有举足轻重的作用。学生的"学"是课程实施的重要方面，学生自主地创造性地从精神上和行动上介入课程的深度直接影响课程实施的目标与结果。课程实施过程中师生间、生生间存在大量的交流互动，各自从不同的角度参与并审视课程任务，课堂中能够听到不同声音和意见的表达，欣赏"与众不同"，不强求"整齐划一"，"师生机体"强调一种师生互动的整体感和生命感，师生在课程进展中彼此包容、彼此悦纳。

其次是学校的管理者（校长）与教师的共同体。课程理念能否真正走进某所学校，真正落实于课堂，很大程度上取决于作为学校管理者的校长对课程的接受、认同与理解。校长与任课教师之间是一种荣辱与共的互依关系，共同参与课程实施的组织和学校课程文化的创

---

① 机体哲学是相对于实体哲学而言，又称之为过程哲学。认为机体是一个广泛的存在，现实事物的共同体是一个机体，机体始终处于运动过程之中，始终是过程中的不完整的状态。于实体哲学而言，机体理论顾名思义更重视事物的活动性，更重视事物的生成性、相关性和过程性。

② 李长吉、陶丽：《从"师生关系"到"师生机体"：基于机体哲学的思考》，《教育发展研究》2013 年第 2 期。

建。要成为一名好校长，首先要是一名好教师，只有在关注课堂中的课程实践的前提下才能更好地组织课程的实施并研究和引领课程发展。

最后是课程专家与教师的共同体。一直以来，课程专家和教师总是被划入教育理论工作者和教育实践者两大阵营，彼此间泾渭分明，存在着理论与实践"两张皮"的明显的不对等现象。或是出现课程专家在指导课程实践时不顾教育实践条件和教师实际而"削足适履"的情况，或是出现教师在课程实施的实践情境中表里不一的"新瓶装旧酒"的现象。其实，在课程实践中，理论与实践应是一种相互依存的新型关系，通过研究性变革实践，实现理论与实践的相互滋养。[①]理论并不是真理，正如杜威通过其实验学校检验、修正并充实自己的教育理论，陶行知在动荡的社会环境中形成他的"生活教育理论"一样，理论只是一种假设，需要在实践中去论证，只有在实践中修正过的理论才能在教育的真实情境中勃发出生命力。因此，理论和实践何以能彼此忽视？彼此分离？作为理论工作者的课程专家和作为一线实践者的教师又何以能在两大阵营中各自摇旗呐喊？课程专家和一线教师是拥有各自的课程理论和课程实践的"课程人"，彼此间只有通过合作与对话形成统一的"共同体"关系，只有这样，作为理论工作者的课程专家才能引领课程实践，而教师的课程实践又进一步充实和发展了课程理论，课程专家和教师以行动研究为中介形成彼此间的整合互依关系。

以课程文本、课程环境和课程人作为分析课程实施影响因素的框架，以复杂性理论和情境性原则来思考各因素彼此间的关系，无论是文本、人，抑或是课程环境都不能孤立地存在并产生作用，各因素之间以一种交融与合作的关系构成大机体，其中又包含若干整合的小机体，通过不断的自组织过程形成开放的系统促进课程的实施和发展。

---

① 吴黛舒：《对教育理论与实践关系问题的本土反思》，《教育研究》2004 年第 5 期。

（二）"过程·整合"课程实施原则

自笛卡儿以降，现代哲学在总体上满足于对世界的现象描述，或局限于对语言的逻辑分析，及至晚近的后现代主义也是致力于解构，无法对世界进行一种整体的和综合的把握，人类世界被散落在各种零碎的知识当中。正如约翰·米勒在概括现时代人们的生存状态时所说："我们处于一个异化的时代，从某种程度上说，我们并不熟悉我们的星球、社会或者我们自己，我们没有在家的感觉。"[1] 这种状态投射到教育教学生活当中，我们的教学生活正被零碎的知识、断裂的师生与生生关系所异化，浸没在其中的个体感受到的是一种紧张的、竞争的、分离的体验和感悟，无法体味本应享有的那种诗意的栖居。

而建设性后现代主义的过程哲学正以其有机整体性、生成性、共生性、内在相关性、创造性、互依互动性等特质致力于观照我们生存的世界。回到课程领域，过程·整合课程的实施正是课程环境、课程文本、课程人互为影响并联结交织的过程，彼此间存在显著的内在相关性和互依互动性，这种联结本身是一个动态的过程，进一步促成了个体身心之间的联结、不同领域知识之间的联结，使多种主体主动参与、沟通交流，生成不同的理解和意义建构。"我们不是装入胶囊的自我，而是在一个动态的过程中与他人相连。"[2] "我们"不仅仅是个体独立的存在，我们在群体中、在班级中、在社区中、在文化中、在传统中，并总是先于我们个体存在的"整合在那里"。课程环境、课程人、课程文本在交互影响、联结交织的过程中创造并生成着新的经验，"这种课程是情境化、人格化的。课程知识不是一件产品或一个事件，而是一个'不断前进的过程'（an on‐going process），课程知

---

[1] CLE Flake, *Holistic Education: Principles, Perspectives and Practices*, Brandon: Holistic Education Press, 1993, p. 222.

[2] 同上。

识是一种'人格的建构'。"① 在这种取向的课程实施过程中，课程实施成为一种实践的过程，一种直面师生本身、直面教育情境的过程。这是一种创生取向的课程实施过程，其重点不在于课程实施的组织程序，而着力于关注师生的个性成长、思维发展及行为的变化。课程实施的目标不是永恒不变的真理、也不是对学科知识或技能的追求，而是要致力于教育者和受教育者的创造性和原始性，更注重通过课程促成一种对同情、公正、批判性思维及自我探索能力的追求和把握。把握如下一些原则，可使我们在实际运作中更好地理解过程·整合课程实施的精髓。

1. 课程实施主体的赋权参与原则

赋权概念与等级森严、分工明确的现代科层制有着密切的关系，更多运用在组织管理学中，因为过度赋权而使得组织容易陷入专门化和等级化的泥沼之中，组织程序中的个体更易被视为"没有思考的机器"。教育领域内的"赋权"（Empowerment）概念源自20世纪的美国，其核心在于让教师引导学生用"后形式思维"（post - formal thinking）重新审视知识和社会架构中的权力关系，从而获得一种"权力认识能力"，即"能够指出权力通过什么样的运作方式压迫某些群体，而使另一些群体享有特权"。② 这是一种全新的"获知手段和创造知识的方法"，即学生在建构自我知识的过程中获得一种权力意识、批判能力和创新能力。③ 这种"后形式思维能力"帮助学生成为"批判性研究者"，其基本特征包括"语源学分析、探索模式、过程理解和情景化认识"④ 四方面，这四方面既是基本特征，也可称之为操作过程，强调的是分析、理解、探索并强化认知的过程。回到课

---

① 张华：《课程与教学论》，上海教育出版社 2001 年版，第 342 页。
② ［美］Shirley R. Sternberg，Joe L. Kincheloe：《学生作为研究者：创建有意义的课堂》，易进译，中国轻工业出版社 2002 年版，第 3 页。
③ 同上书，第 347 页。
④ 同上书，第 15—18 页。

程领域中的赋权概念，师生的赋权需求来自课程改革、课程方案及其实施中由来已久的自上而下运作方式中对教师与学生作为真正的主角的忽视，以及将课程实施囿于学校及课堂，脱离社会、自然以及家庭参与的现象。

在对课程实施本体，包括课程实施以及实施中的人的认识方面，后现代视野中的课程实施摆脱了理性、程序的束缚，把师生从专家和课程方案的控制和局限中解放出来，使课程实施过程还原其开放性和不确定性的特征，同时也肯定了师生的主体地位和课程实施促进师生发展的价值，从而使课程实施更自然、更趋于不稳定、丰富多变和人性化。

过程·整合课程实施的创生取向强调"课程是实践"，课程实施的过程是学生个性成长发展的过程，是创造适合学生个性发展需要的积极的教育经验的过程。尼采说过，没有经历的，形不成经验。经历来自参与，把握课程实施主体的赋权参与原则包含三个层面的问题：一是何为课程实施的主体？过程哲学对教学生活主体的阐释早已走出笛卡儿"我思故我在"的"自我囚禁"式的单主体命题[1]，教学生活中不仅仅教师与学生，校长、课程专家及家长皆是课程实施的主体，其中教师与学生是主体中的核心，这里无须再赘述。二是何谓课程实施中的主体赋权参与？三是成为核心主体的师生在课程实施的过程中如何实现主体的解放及自身的意义建构，即如何实现赋权？

所谓课程实施中赋权的内涵，可以从外在赋权及内在赋权两方面作更为详细的分析。一方面师生作为课程实施的主导者和行动者，理应享有一定的权利，而不是仅仅被作为课程改革的对象存在，这是作为外在的赋权；另一方面，从内在赋权的角度去分析，权力从本源上讲应该成为个人自己的事情，就如杜威的观点，将权力视为个体天生

---

① 项贤明：《泛教育论——广义教育学的初步探索》，山西教育出版社 2000 年版，第3 页。

的能力与才干，认为人应当使用自我的权力来改变自我环境。内在赋权无关个体的身份与外在的社会力量，而关乎个体的自我信念及心理环境。因此，课程实施的赋权更强调师生在课程实施中的内在赋权，强调师生在课程实施中以"后形式思维"中的分析、探究、理解过程实现自我理解以及参与的积极性和主动性，教与学皆成为师生自己的事情，课程不是被动传递的教材，不是课表，更不是命令，而是可以也更需要师生去质疑、批判、验证并进一步修正的假设，师生在质疑和探讨的过程中获得自我的满足感和自尊体验。实现内在赋权的师生自觉成为课程实施的主导者和行动者，教师与同事主动对话，与学生交互作用，师生的外在赋权则成为内在赋权实现的结果。课程专家、校长等角色一直以来作为课程实施自上而下运作程序中的重要环节已强势介入课程实施的过程，因此，这里还需要关注的是家长作为课程实施主体之一对课程实施过程的参与和配合，这一方面需要校长、教师的赋权，同时更在于家长的主动沟通、协作和共同决策。

如何实现课程实施主体的赋权参与需要一定的策略和途径，课程专家、校长、教师、学生及家长共同参与课程的实施，课程实施成为"课程人"[①] 共同参与的生活。作为课程专家、学科专家及校长等角色，其在课程实施过程中赋权的内涵和现状已毋庸置疑，这里仍需笔墨阐述的是教师、学生及家长在课程实施过程中的赋权。

第一是如何实现"教师赋权"。教师需要能够发挥使用自身权力的空间和政策，在一定意义层面，教师赋权即教师的专业化发展，是从根底上提高教师地位并改善教师形象的方式方法。教师只有在专业上不断的成长并走向成熟，赢得他人的尊重与信任，才能真正实现教师的内在赋权，实现真正意义上的参与课程决策。如何实现教师的内

---

① 所谓"课程人"，前文已有讨论，包括与课程实施过程有着密切联系的课程的直接承接者——教师、课程的管理者——学校校长和教研员，以及与课程的决策、课程内容的编写和标准的解读直接相关的人——课程专家或学科专家。除此以外，还需特别关注作为特殊的"课程人"而存在的学生及家长。

在赋权？教师个体知识的不断丰富和自我反思是教师实现内在赋权获得教学智慧的重要途径。教师知识除学科知识和教学技能外，更重要的是教师的认知，包括教师信念、目标和态度等。[①] 范梅南说："智慧和机智是我们通过教学的实践——不仅仅是教学本身，所获得的。通过过去的经验，结合对这些经验的反思，我们得以体现智慧。"[②] 因此，教师真正的智慧来自实践及实践基础上的反思，与教师的知识结构及知识的丰富性有密切的联系，伦理的、政治的、文学的、思维形态的、宗教种族的，甚至于日常生活中的常识性知识都有助于帮助教师实现内在赋权增能，使其避免在课程实施过程中因知识的匮乏而遭受批判。

第二是如何实现"学生赋权"。课程实施是教师的教与学生的学的过程，学生的习与得是整个过程的关键之处，换句话说，课程实施的重点不仅是教师的教学，更重要的是学生的收获程度，在这个层面上，引入学生的赋权十分必要。相较于目前课程实践中广泛存在的以教代学、学生被动接受的现象，过程·整合课程实施以"后形式思维"更重视学生的参与程度、主体地位和探究过程，赋予学生在课程实施过程中质疑的权力、探究的权力，以及自我建构和自我生产知识的权力。

学生赋权的前提是尊重学生个体参与课程实施过程中的主体地位，教师主动倾听、了解学生在课程实施过程中的意见和得失，使教师从"上课"的视角转换至"学生学习"的视角，强化学生的问题意识和提问能力。使学校从保罗·弗莱雷所认为的那种"要么拒绝问题，要么把所提问题规范化，在既定的范围内做演练式或暗示性的提问，而根本不触及隐藏于知识背后的权力关系或复杂性、模糊性

---

①　［荷兰］尼克·温鲁普、［荷兰］简·范德瑞尔：《教师知识和教学的知识基础》，《北京大学教育评论》2008 年第 1 期。

②　［加］马克思·范梅南：《教学机智——教育智慧的意蕴》，李树英译，教育科学出版社 2001 年版，第 274 页。

的问题"① 的课程教学现状中脱离出来，开始意识到课程实施过程中存在着不同主体的不平等现象以及这些现象对自身发展的不利影响。因此，学生的主体参与使学生有了成为批判性研究者并进行创造性学习的可能。另一方面，在师生主体间建立平等的沟通、合作、对话的渠道，使学生个体在师生合作和沟通对话的过程中获得对课程目标及自我认知发展的知情权，并能够根据自身的兴趣、素质、潜能和目标定位选择恰当的学习方式、学习资源，也就是获得恰当的教育选择权和自我发展的空间。古德莱德的研究表明，"当学生理解他们被期望做些什么，他们的工作得到认可，并能够迅速从自己的错误中学习以及在改善其表现方面得到指导时，学生的学习才能得到巩固"②，而这正依赖师生之间建立通畅的合作沟通渠道才能得以实现。因此，师生合作成为发展共同体亦成为学生实现内在赋权的重要方式。在过程哲学的后现代视野中，课程实施各类主体是一种平等的、生态的、整体的、联系的存在，教师与学生的赋权不是外界"赐予"的，而是一直内在于他们自身，通过沟通、对话和合作赋权自己和他人的同时又进一步确证了自身的主体性地位。

第三即如何实现"家长赋权"。家长作为课程的重要资源并非孤独地游离于教学生活之外，而是有可能成为师生教学生活的重要同盟者，家长成为教育的同盟者深化了教学生活的内涵，同时也扩展了教学生活的外延，使教学生活走向完整。如果"课程专家、学科专家、教师是课程设计团体的核心成员，学校行政人员、教育行政人员、传媒专家、学生、家长、有关机构或行业的代表是课程设计团体运作时可以征询的对象"③，那么，家长作为重要的课程审议成员已在无形

---

① [巴西] 保罗·弗莱雷：《被压迫者教育学》，顾建新等译，华东师范大学出版社2001年版，第31—36页。

② Goodlad, J. I., *A Place Called School: Prospects for the Future*, New York: McGraw - Hill Bood Co., 1984, p. 111.

③ 黄政杰：《课程设计》，台湾东华书局1991年版，第97页。

中被外在地赋予了参与课程实施的权力和机会，通过"家长委员会""家长开放日"等途径参与学校的课程计划，了解课程实施的过程并进行讨论，提出意见和建议。

家长的内在赋权源自自我素养的锤炼和提高，家庭是孩子的第一课堂，父母是孩子的第一任教师，具备良好的身体、心理、文化素养和道德修养的家长使学生在生活世界的教育中获得一种自然的、直观的、奠基性的，更可能是终生受用的教育。家庭作为教学生活的周围世界，家长作为"课程人"中的一员，帮助孩子在直面生活的过程中缔造着丰富的、基础性的人生。卢梭说："如果我们把人的知识分成两部分，一部分为所有的人共有的，另外一部分是学者们特有的，那么把后者与前者一比，就显得太渺小了。可是，我们不太重视我们所获得的一般知识，因为它们是在不知不觉中甚至是在未达到有理智的年龄以前获得的。"① 而这种"一般知识"，也可谓"常识"，正是在生活世界的教育中所获得，并贯穿个体生命的全过程。家长所承接的生活世界中的常识性教化虽不同于科学世界教育目的的自为性、目的性和普遍性，其目的、内容和方法也未系统化和制度化，但它始终不同于"默化"②，是斑斓的生活世界教育中的一抹重要色彩。

2. 课程实施内容的实践理性原则

传统课程在选择内容时往往更多着眼于如何有效达到预期的课程目标、如何掌握具体的知识和技能的技术理性，因此课程内容有可能存在下列现象：（1）重视学科知识的秩序性、逻辑性和系统性，夸美纽斯在其《大教学论》中所倡导的"秩序是把一切事物教给一切

① ［法］卢梭：《爱弥儿》（上卷），李平沤译，商务印书馆1978年版，第48页。

② 项贤明在其《泛教育论》中根据人们在教育活动中意识的自觉程度，将生活世界的教育大致划分成"默化"与"教化"两大类型。在不知不觉的甚至是无意识的情况下进行的不自觉的教育叫作"默化"，其行动虽不直接促进个体的生成但却对生长有着深刻的影响，而"教化"则用来指称生活世界的教育中自觉的、有目的的部分。

人们的教学艺术的主导原则，这是应当并且只能以自然的作用为借鉴的"① 思想深入骨髓；（2）课程实施的内容与实践应用情境（尤其是社区或社会）严重脱节，"过于偏重知识教育，忘记了作为一个人的基本生活态度和对待事物的方法的教育"②；（3）听讲——背诵——练习——再现教师传授的知识，将课程实施禁锢于课堂之内而无关问题的解决，即使关注问题，往往也不考虑真实世界中的模糊的、非限定的、疑难的问题。③

过程哲学视域中的课程实施追求课程内容上的关系性和整合性，在课程价值上追求和谐性，以过程之美统整整个课程实施，更多地思考能够在过程中培养学生的好奇心、提升对学习的兴趣、增强理解力、判断力、创新能力，有助于个体潜能发挥的实践理性。

卢梭将获取经验的教育视为"事物的教育"而不是"书本的教育"；孔子在强调"君子博学于文"（《论语·雍也》）的同时也要求学生"多识于鸟兽草木之名"（《论语·阳货》），实践理性引领的课程实施过程需结束二元对立的线性思维方式，统整书本知识与生活经验，通过"先验的书本知识"对"生活经验"进行加工整理从而获得"知识"。作为人类理性结果的书本知识具有能动性，是建构生活经验并进行知识创新的基础和前提。④ 因此，在选择课程内容时重视书本知识，学习书本知识，但不是唯书本知识，更不是仅仅"接受"书本知识，课程内容涉及的知识领域往往超越学科的概念或突破学科间的界限，与真实的、自然的生活世界和生活实践密切联系，依赖于真实情境中的问题解决来帮助理解复杂的概念和范例。课程主题以系

---

① ［捷］夸美纽斯：《大教学论》，傅任敢译，人民教育出版社 1984 年版，第 80 页。

② ［日］池田大作、［意］奥锐里欧·贝恰：《二十一世纪的警钟》，卞立强译，中国国际广播出版社 1998 年版，第 152 页。

③ 李志厚、李如密：《论可持续发展教育的课程观》，《课程·教材·教法》2004 年第 1 期。

④ 黄首晶：《从知识创新的视角看书本知识与生活经验的关系》，《教育研究》2012 年第 2 期。

统书本知识概念为基础，围绕生活常识、人类的发展和命运、社会公平、世界格局、生态环境保护等与人类生存现状及未来走向密切相关的问题进行讨论，并且通过更为艺术的、通俗易懂的表达形式或实施方式进一步阐释、验证、强化课程的实践意义。例如：以 NJ 市 C 小学为例，在整合课程中以"亲近大自然""关注社会""完善自我"为主题开展内容丰富、形式多样的课程实践，以"探究大蒜的奥秘、发豆芽、养蚕、我们的蝌蚪朋友、商标的世界、南京的名胜古迹、金陵美食、民国建筑、今天我当家、今天我生日"等分项课程为学生开辟了面向生活、面向自然、面向社会的广阔空间；以故事讲解、探究式学习、体验式学习、户外学习以及问题解决等方法，让每一个学生经历实践和创新的过程；以直观生动的文字、画面、图表及照片，将生活引进教室，把课堂还给孩子，以"活教材"进行"活教育"，在书本知识与生活世界相结合的过程中激发学生的学习兴趣和学习热情。①

以实践理性引领课程实施过程，要求打破传统的课堂授课模式，强调教师和学生在观察、实验、分析、对话和争论中建构知识，有关真相为何或知识如何产生的问题更期待学生学习能力及发现世界的能力的提高才能得以实现。据此，课堂将延伸至学生所能触及的任何角落，学生在具体的生活情景或问题情境中进行实践和研究，师生走出课堂密切与社区及社会的联系，而课堂只成为学生研究成果的展览厅和交汇所。在那里，师生通过展示、激烈争辩和讨论，最后获得知识的共享和自我知识的创生。② 经过这个过程，学生真正有所发现，真正密切了与生活、与自然、与周围世界及未来自我发展的联系。

---

① 来自南京市 C 小学的课程活动方案集锦。
② 赵宗孝：《学生成为批判性研究者：赋权和教师的教学传奇》，《高等理科教育》2010 年第 3 期。

3. 课程实施目标与结果的生成性原则

自西方哲学的开端命题"水是世界万物的本源"始，哲学家陆续给出"气""火""存在""理念""实体""绝对精神"等一系列超越历史的、普遍有效的标准及理论，据此，一种追求永恒不变的真理与终极价值的本质主义的思维方式开始产生，认为任何事物的背后都存在着唯一本质，并且是先在设定的。反应在课程领域，课程实施的目标与结果成为先在设定的存在，课程实施的过程简化为对固有"知识"的永恒追求和对科学的过度崇拜。本质主义思维中"知识"被视为唯一的、绝对的真理和教条，与生活经历及经验相脱离，教学成为"灌输"和"机械的刺激与被动的反应"的过程[①]，关注的是效率、控制与改造，忽视了作为主体的人的复杂性和过程中存在的其他可能性，将学生视为"白板"或"面团"，可随意"塑造"成"标准化的产品"，学生成为"单质化"发展的缺乏生命气息和活力的存在，"好学生"被概念化为在考试中获得高分的学生。

然而，人并不是一种本质先定的现成性存在，而是在不断的动态发展变化过程中的生成性存在，人的存在和发展是具体且历史的，而不是抽象的过程，与现实生活和境遇密切相关。这是一种过程思维的人性观，其基本特征是"重过程而非本质，重关系而非实体，重创造而反预设，重个性差异而反中心、同一，重非理性而反工具理性，重具体而反抽象"[②]，以此为统摄，教育的终极目标应着眼于人的发展和完善，作为教育过程主要抓手的课程的目标与结果自然更专注于文化和价值世界，更注重创新、更欣赏个性化发展、更重视意义建构。美国学者古德莱德所区分的课程的五个层次[③]即理念的课程、正式的课程、知觉的课程、运作的课程和经验的课程中，教师从知觉层次的

---

① 姜海燕：《从本质主义到生成性思维：现代教学设计的路径探寻》，《教育学术月刊》2008 年第 4 期。

② 李文阁：《生成性思维：现代哲学的思维方式》，《中国社会科学》2000 年第 6 期。

③ 钟启泉：《现代课程论》，上海教育出版社 2003 年版，第 229 页。

课程开始接触并给予课程自我的解读，在课程解释中融入个体的前经验并内化为自己的课程思想，又进一步外化为不同的教学行为，因此运作的课程是"教师的课程"，已超越正式课程的原意。从运作的课程到经验的课程中，不同学生的主体意识、已有知识水平、个人经验和经历不同，所经验到的课程也截然不同。因此，课程的五个层次可谓是一个不断演变、不断生成的过程，课程目标和结果可预设，但预设的目标和结果仅仅是生成和发展的基础、前提和参照物。因此，过程思维视域下把握课程目标和结果的生成性原则应关注如下一些问题。

其一是人的"未完成性"和"有限性"，这是把握课程实施目标和结果的生成性原则的前提和基础。人的"未完成性"源自人与动物相比在出生时器官的"未特定化"和"非专门化"，以及在本能方面的欠缺和匮乏；人的"有限性"可概括为人的生命的不确定性和有限性。正是因为人是"未完成"的和"有限的"生命个体，使得人能够在原有的"并不完美"的基础上不断追求、不断创造、生成，使自己成为开放的、自由的个体，在探索的过程中使自己真正能够捍卫自我生命的主体性。

其二是课程实施目标与结果的生成性具体表现在发展的"整体性"和"个性化"方面。"整体"是相对"部分"而言，这里的"整体"非为"部分"之和，而更专注于人成长的"完整性"；"完整性"又非为"平均化"或"全面化"，并不是传统教育追求的个体的德、智、体、美、劳的积木式叠加，或各门功课获得高分的所谓"好学生"，而强调个体以生命发展为基础的德、智、美深层次递进发展和内在的有机联系及相互影响，强调个体生命在生成发展过程中的完整性意蕴，关注学生的情感、态度和价值观的整体和谐生成。教育是为了孩子的健康成长，以生命的完整性为基础为个体的自由发展提供可选择的空间，实现"因材施教、有教无类、人人成才"，引导每一个孩子选择自己理想的生成发展之路，实现个性化发展。真正有价值的教育是让孩子有机会不断展示自己，真正有价值的课程是能够让学生发现自己的兴趣和特长并能够进一步提升自我的课程，"优秀学生"可以是各方面整体发展的学生，也可以是某个方面成绩突出的个性化发展的"明星学生"，学校课程实践的目标和结果应该是让每一个学生找到自我发展的"坐标"。

其三是强调"关系"和"事件"是课程实施目标与结果生成的场域。过程哲学视域下的关系性思维将课程视为有着复杂的行为主体参与，并通过主体与主体间的动态、非平衡化的相互联系和作用而形成的复杂的课程事件或课程问题。① 课程实施中的关系复杂多样，如前文所论述，课程实施分析框架中课程文本、课程人、课程环境之间存在着复杂的人与人、人与物、物与物之间的关系，它们相互依赖、相互联系又相互制约构成一个错综复杂的关系场域。课程人以自己的情感、认知、经验不断赋权参与场域的构架过程之中，主体主动积极参与的态度使课程目标与结果得以不断生成，在不同阶段彰显不一样的生成结果。

过程·整合课程中课程文本并非课程内容的唯一存在方式，课程文本不仅具有现代意义上的确定性，更重视具有历史性、文化性和境域性的随机生成的课程事件，是教师与学生共同参与讨论的过程，是多种关系的综合。波斯纳等（Posner，1988）更提出，"课程是有前后联系的社会过程，是学生有机会学习的事件"②，课程内容在本质上是关于"事件本身"的表述；课程方法则是让"事件本身"显现出来的方式。因此，课程的目标与结果生成于"事件"之中，因事件本身的延续性和贯通性而进一步彰显了目标与结果的生成性特征。

---

① 李本友、王洪席：《过程哲学视域下传统课程范式转型》，《中国教育学刊》2011年第 5 期。

② Walter Doyle, *Curriculum and pedagogy*, in Philip W. Jackson, (ed.), Handbook of Research on Curriculum, New York：Macmillan Pub. co., 1992, p. 508.

4. 课程实施过程中知识建构的境域性与审美性整合原则

麦克尼尔（McNeil, J. D., 1999）认为课程可以分为两个世界：一个是修辞的（rhetorical）世界，政府领袖、专业委员会的成员、教育董事等人在其中对教什么及如何教等问题做出回答，课程改革、政策、目标、框架、标准等与之相联；另一个是经验的（experiential）世界，教师与学生在此过程中缔造（enact）课程、追求他们的目标、建构知识与意义。[1] 教师与学生作为经验世界生成过程中的主体可以分类为"个体的人"和作为共同体的"群体的人"，不同参与主体之间既存在同质性，也存在异质性，因此课程实施过程中的人被还原为现实生活中的丰富的人，不可能摆脱个体存在的历史与文化境域，个体自身的家庭背景、兴趣、已有经验、价值观以及各人对课程内容的先行判断构成具体的、复杂的、丰富的教育情境，对课程实施过程产生影响。通过"交往"的概念把互动关系引入课程知识建构的境域中，课程实施的结果为何？是否成功？标准不可能唯一，必然内在于交往的情境之中，审视其在多大程度上满足了主体在当下情境中的特殊要求和境遇？是否拓展了主体现有的教育经验？因此，课程实施过程中"知识"的建构具有境域性，面向主体本身、面向具体的教育情境，生成不同的意义，富有浓郁的个人境域性色彩。

譬如：低幼儿童对知识的建构具体、感性，类似于一种"当下即是"什么的存在状态，"一朵花"可被看作"一朵粉红色的花"，也有可能被视为一朵"大红色的花"，具有一定的主观相对性，为儿童的思维预留下自由和想象的空间，但是，无须进一步分辨其为草本还是木本，更不必对花朵所反射的光彩作光谱学分析。再譬如：在以"钱币"为主题的知识建构过程中，对低幼儿童以"认识钱币、辨别真伪"为主题，用"摸、看、听"等方法在情境中讨论如何辨别真

---

[1] McNeil, J. D., *Curriculum: A Comprehensive Introduction*, New York: Harper Collins College, 1996, p. 5.

假钱币，如何正确处理遇到的假币；对高年级儿童以"家庭理财""钱与税收""钱与守法"等主题，用"讲故事举案例讨论"等方法引导学生在情感、态度、价值观领域的进一步成长。

过程哲学强调整合式的发展，视学生身心为包含肉体和精神的有机整体，是具有创造性和审美性的具体存在，强调身心愉悦在教学生活中的重要性。反映在课程实践中强调课程知识的科学性与表现形式的审美性交融，在问题的呈现、结构的安排、背景的设置等方面独具匠心，既讲求思维的激发，又追求视觉的冲突，以课程的结构美、形式美等美的规律来打造课程实施过程，给学生以美的享受，让师生在课程实施过程中体验审美情趣，使知识的建构过程臻至科学探究与审美体验相融合的效果。怀特海所倡导的"当教师进入课堂的时候，他首先要做的第一件事是要使他的班级的学生高兴在那儿"① 的课堂境界才有实现的可能。

课程知识建构的审美体验具有鲜明的主体性和充分的个性化特点，是具有独特的生命意味的诗意世界，受到个人的审美能力和审美需要的制约。个人的生活经历、教育背景、审美倾向等都会渗透到审美活动中，并决定着审美的方向和水平，因此，知识建构过程中的审美性与个人境遇密切相关，不同境遇的知识建构过程都在自觉或不自觉的过程中追求着美的享受。缺乏审美享受的课程实施过程是不完整的、不健全的，在这种过程中，课程文本、课程环境和课程人之间是一种异化的关系，知识建构的过程是压抑的、痛苦的，师生不可能真正实现主体投入和参与，也就不可能获得真正意义上的生成和发展。

（三）"过程·整合"课程运作模式建构

课程理念的背后总是蕴含着关于价值观、课程观、知识论的不同

---

① Alfred North Whitehead, *Essays in Science and Philosophy*, New York: Philosophical Library, 1947, p. 171.

假设，因此，如果要理解课程的本质，首先需深究其背后所蕴含的假设，否则，"将只是一直操作着的技术，更将学生带上一条不知何往的道路"。[①] 20 世纪后期，美国新进步主义运动的典型代表——詹姆斯·比恩（James A. Beane），提出了课程统整的理念，在价值观上，他强调学校教育的目标是建立民主社会，并提供学生民主的生活方式；在知识论上提出知识是由个体与环境的交互作用建构而成；在课程观方面，他坚持课程即学习者的经验，倡导以儿童和社会问题为中心，由师生共同设计课程，建构意义。[②] 由此，在比恩的统整课程理念下，课程有可能不受制于学科界限，由教育者和年轻人合作认定重要的问题或议题，进而围绕着这些主题来形成课程组织。

本研究提出的过程·整合课程的实施基于主体赋权参与、实践理性、课程实施目标与结果的生成性原则以及知识建构的境域性及审美性原则，强调课程实施过程中教师、学生、社区、家长资源的积极参与以及彼此之间的密切联系，通过不同形式的共同体（专家、教师、学生、家长）寻求学习者之间以及学科之间资源的整合。在比恩统整课程理念的基础上，更关注课程实施过程中知识建构的过程性和课程主体间的交往性，探索相同主题下的多种学习方式，意图使学习走出传统课程那种从输入到产出的控制学习的运作模式，而成为情境化的过程。强调在不受制于学科课程界限的情况下的师生共同参与和共同决定，不一定是一种具体的课程形态，在本质上更接近一种课程愿景和课程理想。是一种受探究驱动的、跨学科的、整合的、基于相互关联、完整且多维存在等特征的假设课程，更关注个体经验之间的联结，包括身心的联结，学科之间的联结，个人与他人、自我、自然及社会之间的联结。课程实施过程中充满了不可预期的、无法控制和提

---

① 周淑卿：《课程统整模式：原理与实作》，涛石文化事业有限公司 2002 年版，第 20 页。

② Beane, James A., *Curriculum Integration*: *Designing the Core of a Democratic Education*, New York: Teachers College Press, 1997, p. 19.

前预设的课程事件，预定的课程计划或具体的教学材料成为师生实施课程的媒介，通过创造性的教学实践，创造有意义的教育经验。[①] 课程设计和运作的模式不受学科的限制，课程主题由师生合作共同选择并进而组织课程实施的进程，在课程实施的过程中实现学科之间的统整、教师及学生之间以及教师彼此之间共同体的建构。过程·整合课程既不是多学科课程（multisubject）也不是科际课程（interdiciplinary）、跨学科课程（cross‐disciplinary），注重在体验中学习，更关注对当下知识的发展和应用，而非仅仅为考试或将来做准备，它以不同主题统整概念和学科，强调师生在课程实践过程中的体验和娱悦感。

过程·整合课程视野中的学校课程涵盖与学生的全面发展相关的一切经验和知识，尤其重视在直接经验获得过程中个体的经历、感悟及心灵互动。过程·整合课程本质上更接近于课程理想的性质，因此实质上并不存在严格意义上的唯一意义的模式，本研究拟以 2 个实例加以解释。以 JY 中学某地理课程故事为例，课程实施的过程充分彰显了学科课程之间的关联和整合，教师、学生、家长及相关人员之间资源的整合，以及学科知识与学生、社会三者间的整合。

地理课 W 老师在初一地理课程中设计了一个课题为《今年春游去哪里》的课程主题，要求学生自由组合提出方案，并且最终方案由全班同学投票决定。希望吸收数学、语文、历史、生物、计算机、政治，包括地理共 8 个学科的老师参加，试图通过这样的课程统整，以探究学习的模式打破学科之间的壁垒。各科老师都认为地理课把腿伸到野外尚可理解，但却疑惑为什么要把腿伸到其他众多学科？数学老师认为对旅游点的客流量趋势的分

① 夏正江：《论课程观的转型及其对新课改的影响》，《课程·教材·教法》2005 年第 3 期。

析要用到"数学建模"，高中生尚不见得能运用这一方法，更何况初一学生；语文老师说要说服大家为什么选择某地旅游是议论文写作的本领，但初一的要求是记叙文……各科老师都抱着"友情观望"的态度，不愿投入太多。

学生们却对这个主题课程非常感兴趣，全班 51 名同学组成了 7 个小组。有小组选择了沿城市中轴线考察的旅游方案，因为这条线从最南端到最北端承载着这个城市最重要的各大建筑，凝聚着城市发展的历史内涵和丰富的建筑知识，在设计路线的过程中请教了历史老师、政治老师，向数学老师学习如何用数学方法分析景点客流量趋势，请计算机老师帮助在电脑上做出网状图表达路径选择的优势，试图用定量的方法来说明他们的观点。各科老师都遭遇了同学们空前的求知热情，老师们感动了，固有的课程模式开始动摇，老师们被学生发动起来了……语文老师开始辅导学生如何说服别人，生物老师教给学生如何制作标本，英语老师帮助学生增添英文的解说词……甚至于有些问题老师们自己也解决不了，只好自己抓紧时间去学，然后与学生共同探讨。已获得老师帮助的小组将自己的所学毫不吝啬的教给其他小组的同学，学生彼此之间学会了互相学习与合作。每个方案都凝聚着学生自己、老师及家长的心血，老师们成为课程的组织者、促进者和帮助者。7 个小组的 7 个方案都非常精彩，最终的成果汇报过程中老师们充分见证了学生的学习激情和潜力。选出最终的方案后由学生自己去联系旅行社并安排旅行过程中的一切事宜，在这个过程中，学生们分工合作，细心、负责地安排整个过程。老师们惊讶了，感动了……①

本案例中的这次春游活动为一堂整合课程，学生们在游戏中学习

① 王宏甲：《新教育风暴》，作家出版社 2009 年版，第 116 页。

了 8 个学科的知识，并进行了综合运用，在课程实施的过程中，老师们不是在"教"，而只是在"导"，学生在学习活动展开的过程中学会了沟通、合作和感动，身心和谐发展，学习能力和创造力得到发挥，主体能力不断提升。

这是一个在学科课程学习中统整其他学科知识学习并收获愉悦感受的案例，除此以外，基础教育新课程改革中的"综合实践活动课程"更是过程·整合课程理念施行的完整例证。

以 NJ 市基础教育"主题式综合实践活动课程"实施为例，课程倡导向儿童经验和生活回归的"主题探究活动"和"学习设计活动"，追求课程的整合，包括多学科、多领域的综合构建，关注学生多种感官（视觉、听觉、触觉、动觉、嗅觉）的参与和多种教学手段的综合使用，以及课程实施过程中多种智力活动（观察、分类、感受、测量、思考、动手尝试、交流、反思）形式的综合运用。课程主题来自自我/个人或社会/世界关注的日常生活中的相关议题或问题，涉及环境、科学、社会文化、经济与生产、管理、人自身、道德等学生熟悉的主题领域，围绕主题确定相关概念并形成概念网络，师生创生出相关的学习情境和学习事件，激发学习的兴趣并进行活动选择。通过这个过程使得抽象概念的学习成为一个个有意义、有趣味、有挑战的学习事件过程，课程形态不再是在教育情境之外固定的、物化的、静态的知识文本，而是在教育情境中由师生共同创生的一系列"事件"，课程实施结果不追求对特定概念形成统一的认知，而鼓励学生经历探究的过程并从中获得感性的经验和理性的思考。譬如，以"未来生活"[①] 问题为主题，囊括个人问题、社区、生活方式、人口、科技等五大概念，这些大概念下又包含了许多的子概念，如在生活方式下面包含了居家、时尚及家庭等子概念。从选择主题—概念—子概

---

① 赵士果、崔允漷：《比恩课程统整的理念及模式建构》，《全球教育展望》2011 年第 7 期。

念之间构成了一张概念网络，让学生充分发挥想象力，设想活动，畅想、反思未来生活中的自己。

再譬如，在 NJ 市综合实践活动课程的 100 个儿童熟悉的日常生活概念中，对以"手"① 的概念为主题的综合实践活动课作更深入的了解，围绕"手"，形成 36 个相关概念网络，每个相关概念构成一节课，通过 36 节课认识 36 个相关概念，从而对"手"这个核心概念形成全方位、立体化的认知。

过程·整合课程无论是以"问题"为中心，抑或是以"概念"为主题整合课程，不同的课程整合形式中师生共同的合作和规划以及师生或生生间学习社群的建立既是课程运作的基础，同时也是课程实施的成果。它给师生带来了更多的自主、责任和对课程主题的控制的同时，还创造了一个兼具学术性和支持性的情境。② 这种情境融洽了师生间和生生间的关系，使学生获得更多的机会与社会和自然密切关联，同时也使教师在课程整合及学习情境设计的过程中提升了"课程自觉"。

①　夏英：《手——小学概念主题式综合实践活动课程用书》，南京大学出版社 2012 年版，第 5 页。

②　Beane, James A., *A Middle School Curriculum: From Rhetoric to Reality*, Columbus, OH: National Middle School Association, 1993, p. 67.

第四章　交互与连续：过程哲学视域中的教学环境建构

　　水是鱼的环境，因为水对鱼的活动、对它的生活是必需的。

——杜威

　　前一章主要分析了教学生活中课程建构的理念、实施的方略及价值诉求等内容，本章将聚焦教学生活的另一重要内容——教学环境。从过程思维的新视角看待原初视野中的"教学环境"，我们有可能会有新的发现，并且对教学生活产生较大的影响。

　　杜威在其《民主主义教育》中以"水"和"鱼"暗喻主体的人与环境的关系[①]，鱼是自由的主体，作为鱼的生存环境的水是灵动的、连续的，而非静止的。人类生长于宇宙之中，对每一个现实际遇的个体而言生长在由"宇"（无限空间）和"宙"（无限时间）构成的诸多交互作用和联系的"环境"之中。教育自然也发生在一定的环境之中，任何一种教学活动也在一定的环境中进行，而且教学活动本身与环境犹如"鱼"和"水"一样有着非常密切的联系，教学在环境中发生且与环境相连接，两者之间不仅是一种"在其中"的包含关系，同时更是一种"彼此嵌入"的互相联系的交互和连续性关系。

---

　　① 参见［美］约翰·杜威《民主主义与教育》，王承绪译，人民教育出版社2001年版，第17页。

因此，本章节的重点并不在于对教学环境进行本体意义上的细致分类研究，而是希望以过程思维的视角重新审视教学环境的内涵和存在状态，以进一步厘清教学环境对教学生活的意义，以及对教学生活中主体的人——"教师"与"学生"的"个人的真正成长和品质塑造"的作用，赋予过程视域中的教学环境以新的内涵、功能和意义。

一 本体论教学环境释义

本体论是从西方哲学的 ontology 一词翻译得来，从对其进行词源考察可得知，所谓本体论其实就是关于"是"的学说，研究事物的客观存在，在现实层面上，本体论即对具体概念的详细说明，核心在于定义某一概念并阐发相关概念间的关系。因此，对教学环境进行研究，也就是对教学环境领域内的相关定义和核心词汇进行辨析并整合。只有对教学环境的原有研究成果有一个较为明晰的立场和了解，才能理解从过程哲学的视域重新审视教学环境内涵的意义，明确教学环境研究在教学生活研究中的重要且特殊的意味。

（一）教学环境研究的现状

"教学环境"研究是教学问题研究中歧义较大的一个概念，对其展开研究始于 20 世纪 30 年代，且国内外研究者对教学环境有着不同的理解。从教学论的角度分析，教学环境是构成教学活动的一个重要因素，也正因为此，教学环境又经常与"班级环境"（Classroom Environment）、"学校环境"（School Environment）、"学习环境"（Learning Environment）、"感知觉环境"（Sensory Environment）、教育的"微观生态环境"（Micro – ecology environment）① 等与教学活动有着密切关

---

① W. J. Campbell, *School in Context*：*The Effects of Environment on Learning*, John Wiley & Sons Australasia PTY Ltd. , 1970, p. 23.

联的各式提法或称谓并存。

国外学术界多从教育社会学、社会心理学、教学技术和教育评价等学科的视角对教学环境展开研究。譬如：以美国教育技术学家 F. G. 诺克（F. G. knirk）为代表的研究者认为教学环境是由"学校建筑、课堂、图书馆、实验室、操场以及家庭中的学习区域所组成的学习场所"①；著名的澳大利亚教学环境问题专家巴里·J. 弗雷泽（Barry J. Fraser）认为"教学环境是由课堂空间、师生人际关系、课堂生活质量和课堂气氛等因素构成的课堂生活情境"②；心理学家霍利（Hawley）提出"教学环境就是一种能够激发学生的创造性思维的温暖而安全的班级气氛"③；国际教育评价学会（IEA）在一项国际教学环境研究项目中提出"教学环境是由学校环境、家庭环境和社区环境共同构成的学习场所"④。李秉德先生在 1989 年的研究成果中已开始将教学环境视为一种重要的教学因素，认为任何一种教学活动都在一定的时空条件下进行，而这种或有形或无形的特定的时空条件即为教学环境，至此，教学环境开始作为影响教学的重要因素之一进入教学论的研究视域。1996 年田慧生著《教学环境论》，从教学论的角度将教学环境定义为"一种特殊的环境，概括地说即为学校教学活动所必需的诸客观条件和力量的综合"⑤，认为教学环境与教学活动本身有着密切的联系，但不可忽视的是，同时又将教学环境外在于教学活动本身，认为二者是分裂的居于"主客阵营"的两边。因此，教育者们普遍认为可以将教学环境定义为：影响教学活动的各种外部条

---

① Frederick G. Knirk, *Designing Productive Learning Environments*, Education Technology Publications, Inc. , 1979, p. 36.

② Barry J. Fraser, *Classroom Environment*, Groom Helm Ltd. , 1986, p. 21.

③ Sheralyn S. Gold Becker, *Values Teaching*, National Education Association of the United States, 1976, p. 45.

④ Lorin W. Anderson, Doris W. Ryan and Bernard J. Shapiro（ed.）, *The IEA Classroom Environment Study*, Pergamum Press, 1989, p. 67.

⑤ 田慧生：《教学环境论》，江西教育出版社第 1996 年版，第 7 页。

件，包括有组织的和自发的两种，前者对教学具有明显的、直接的作用，后者则有可能产生制约作用①，在这个定义中，明确认为教学环境并不局限于学校之内，而将其分为班级、校内和校外三个层次。

对教学环境的定义有广义和狭义之分。从广义上讲，学校教学环境以外的一切环境系统都可被称为教学环境，包括宏观层次上的社会大环境，中观层次上的社区环境，包括亲朋邻里等，以及微观层次上的家庭条件和氛围。国际教育大百科全书中所指出的：包括政治的、经济的、法律的、技术的、生态的、文化的和人口统计的等各种影响，而且这些影响不是孤立存在的，他们使教师和学生形成对学校的期望，决定他们行为规范的性质以及师生能得到的学习资源。② 狭义上的教学环境即指学校的教学场所，以及其中的各种教学的设施、师生关系及班级氛围等。目前已有的研究更多局限于狭义上的学校教学环境研究。当然，也有研究将教学环境更聚焦于课堂环境，有代表性的研究成果将课堂教学环境定义为在一定教学目标的指引下，课堂中的主体之间（包括教师和学生）以及师生主体与客体（泛指课堂中的物质资源）间的相互配合并相互影响的物理场和心理场。③ 自20世纪90年代以后，互联网以不可阻挡的发展势头为教和学带来了巨大的发展契机，关于网络课程环境的研究话语开始出现。网络资源的参与延伸了教学环境的内涵，使教学环境成为一种开放的，同时也是一种可控制的重要教学资源，教学环境从真实、可遇见的，开始走向真实与虚拟的环境因素的结合，网络环境使学生在教学生活中的主体地位进一步凸显，学生通过网络环境中获得的巨大信息量远非传统的班级课堂教学环境可比。而且，学生在虚拟环境的刺激下学习兴趣得

---

① 顾明远主编：《教育大辞典》（增订合编本·上），上海教育出版社1998年版，第716页。

② 东西方教育丛书编委会：《简明国际教育百科全书教学》（上），教育科学出版社1990年版，第20页。

③ 李红恩、靳玉乐：《新课程改革背景下课堂教学环境的反思与重构》，《天津市教科院学报》2010年第6期。

以进一步激发，自主学习和自我探索的能力进一步提升，网络教学环境的构筑不仅使教学方法得以改变，同时使教育的观念、教学的模式和教学的内容等等都发生着巨大的变化。

（二）相关概念辨析

在一系列对教学环境的诸多定义中，经常出现"场所""情境""环境""空间""条件""气氛"等字眼，它们中的任何一个与"环境"都有关系，但如果仅仅用其中的一个或部分去定义或修饰"环境"，似乎又有失偏颇，并不能全面且准确地界定"环境"一词的内涵，而且对这些词义的内涵解释也经常与环境学、建筑学、拓扑学和社会学等研究结合在一起。这里仅对几组概念的传统含义作简单辨析。

1. 教学环境与教学空间

教学环境与教学空间有无区别与联系，有无区分的必要，如果有必要又该如何区分一直以来是研究者所关心的问题，也是一个较难区分和比较的难题。在李秉德先生的研究中，曾经将教学环境比作为师生进行教学活动的舞台[①]，认为影响教学活动开展的有形或无形的时空条件可称作为教学环境。田慧生先生在其著作中也曾表示："教学空间的特性，主要指教学空间的大小、形状、空间的封闭或开放程度，空间调整组合的灵活程度等等。"[②] 广义的教学环境是一个由多种不同要素构成的复杂系统，是指影响教学活动的全部条件，包括物质的、心理的和社会的等各类条件；狭义的教学环境定向于学校教学，指向与学校教学相关的时空条件、设备及校风和班风等。从这些定义中可看出，一般研究者惯常认为教学空间是教学环境的一部分，将教学空间视为教学活动得以开展的物质承载体，更多地关注教学空

---

① 李秉德：《教学论》，人民教育出版社 2001 年版，第 266 页。

② 田慧生：《教学环境论》，江西教育出版社 1999 年版，第 59 页。

间的"物理性质"。

笔者认为，教学空间和教学环境二者间是一种较为复杂的关系，并不能简单地以局部和整体的相对关系简单概括。随着教学活动从校内向校外的延展，教学空间成为教学活动得以顺利进行的重要资源，其内涵呈动态发展的态势，如果将其内涵扩大化，诸如师生的知识、经验以及教学活动赖以进行的场地、设施等都可视为教学的空间，因此，教学空间不仅是物质的存在，同时更是一个不断生成、创造并获得教学价值和意义的发展过程。因此，教学环境和教学空间可谓互动共生，构成一种复杂的交错关系。但是，如果以"教学空间"概念为研究对象，则更关注空间之变化对教学活动及教学生活发展的影响，而这并不是本研究关注的重点，这也是研究者选择教学环境作为研究对象的主要原因。

2. 教学环境与教学情境

教学情境是指在课堂教学中，师生共同经历、共同生成，与教学内容及教学组织相关联的，适合并作用于教学中的主体，并使之产生一定情感反应的客观环境或教学过程。就其广义来说，是指作用于学习主体并产生一定情感反应的客观环境。从狭义来说，更关注课堂教学环境中，作用于师生主体并进而激发主体主动的积极的情感反应的教学过程。可以看出，个体的人及其思想和情感的反应在情境研究中占有重要地位。因此，教学情境的研究必然更多地关注教学过程中的情感因素，更注重情境创设中"情"的维度，解决的是学生在认知过程中的抽象与形象、理论与实际、理性与感性的关系和矛盾。

对情境的研究一般集中于社会学、美学和文化人类学等研究领域。在社会学研究视域中，任何一种情境都可以人、事物、地点、组织和思想五个结构要素加以分析[①]；在黑格尔的美学情境层次结构论

---

① 张广斌：《教学情境的结构与类型研究——结构功能主义视角》，《教育理论与实践》2010 年第 5 期。

中，将情境分为无定性、有定性但未冲突、冲突等三个层次。较之于教学环境，教学情境的创设与课程教学的效果有着更为细致和紧密的关系。杜威将情境作为学习发生的第一个环节，认为"思维是由直接经验的情境引起的，而且必然趋向于确定的情境"[①]，因此，创设合理且合适的教学情境是激发学生学习兴趣，取得好的教学效果的重要手段。教学情境的创设更偏重于其中的情感的生成和价值意义的引导，新课程所倡导的珍视学生的独特的感受、体验和理解，尊重学生对教学主题的不同诠释的意义在具体的教学情境中更有实现的可能，知识的获得过程与情境的结合更有利于知识的迁移。教学情境与教学环境相比更微观，因而更有可能实现预设与生成的更好结合，更贴近教学内容和教学任务。

3. 教学环境与教学场所（域）

"场所"是由多重时空结构组合成的社会生活的结构性片断，在社会学中，"场所"已成为讨论时空问题的基本概念，与社会学中的"场""场域"理念有异曲同工之用。以社会理论言说在场（Presence）与缺场（Absence）的相互关系，必须从空间和时间的角度才能得以说明，因此，"场所""场""场域"与"处所""场景"等概念不同，它不是一个简单的四维结构，而是一个多重时空结构的组合。看个体是否"在场"，并不简单受具体现时、现象的局限，也不仅仅看个体是否形在其中，犹如海德格尔所言，"近便非指空间距离之小，而是指与烦忙活动之切近，有的东西远在天边却又近在眼前"[②]，个体的人在课堂这个"处所"或"场景"之中，但因为受它物的影响，也许所思所想已进入另一个"场所"或"场域"之中，感受着那个"场所"或"场域"的"力"的影响。

---

① ［美］约翰·杜威：《我们怎样思维·经验与教育》，姜文闵译，人民教育出版社1991年版，第87页。

② 陈嘉映：《海德格尔哲学概论》，生活·读书·新知三联书店1995年版，第151页。

因此，"教学场所"或"教学场域"并非单指教学的物理环境，也包括了他人的思想、行为以及与之相关联的诸多因素，与"教学环境"之间是一种交融互通的关系，只是"场所"或"场域"的概念在社会学或物理学等自然科学领域运用更为广泛和熟悉，是一种复杂并相对独立的社会空间。"场域可以被定义为在各种位置之间存在的客观关系的网络，或一个构架"①，强调每一"场域"中自身不同的"逻辑、规则和关系网络"。从社会学"场域"的视角研究教学，更强调教学过程中各方之间的"关系"以及各种关系间的"博弈"和"冲突"，认为"场域"的活力正来自这种不停的斗争，这也是"教师中心说"和"学生中心说"不同话语体系间不断争论的缘由。因而，"场域"并非自然空间，而是一种抽象的概念。从教学论及心理科学的研究视角，将"教学环境"作为影响教学的重要因素更契合，更容易让人接受和理解，强调的是不同环境间的和谐互动，关注的是如何开发和创设适宜的环境条件，以启发、滋养和造就师生的共同成长。

4. 教学环境与教学氛围

教学氛围是在教学过程中呈现出的一种综合的心理状态，以心理和行为等指标来衡量，更多地与课堂时空中的教学生活相关。一般情况下，以课堂中的秩序、学生参与度以及师生、生生间的交往情况为判断教学氛围的重要指标，据此通常会将教学氛围划分为三种主要类型：消极的课堂教学氛围、积极的课堂教学氛围和对抗的课堂教学氛围。教学氛围通常指教学过程中的情感、情绪状态，其好坏与教学质量（包括学生的收获及愉悦程度）密切相关。通常可以从三个方面营造把握：一是教师自身教学态度的端正和情感的投入；二是良好的互动合作的师生关系的建立；三是教学方式方法及教学组织形式的提

---

① ［法］布迪厄、［美］华康德：《实践与反思：反思社会学导引》，李猛译，中央编译出版社1998年版，第172页。

高和改善，这些是营造关系和谐、情感融洽、心理相容的教学氛围的重要切入点。

教学氛围是教学过程中师生共同营造出的一种公共状态，与教学环境中的心理环境存在更多的交融关系。因此，一般地说可将教学氛围视为教学环境的一部分，教学氛围亦是一种教学环境，是教学环境的重要组成部分，不能眼观而更多地用心灵去体会和感受。如果说，教学环境之于教学活动而言犹如空气、阳光之于一切生物的生命运动一样不可或缺，是"学校教学活动所必需的诸客观条件和力量的综合，是按照发展人的身心的特殊需要而组织起来的育人环境"①，那么，教学氛围则从主观层面着手努力营造了一种促进师生共同发展的心理环境，学生的主动参与和乐于探究的学习态度在积极的教学氛围中更容易生成。因此可以说，教学环境本身受教学氛围的影响。

（三）教学环境相关研究的反思

一直以来，在教学论研究领域，教学环境作为分析教学活动的要素而存在，并且认为教学活动各要素之间彼此相互影响，错综复杂。但对教学环境本身的研究却相对匮乏，而且研究者普遍将教学环境的研究视域局限于学校教学内，认为教学环境主要受制于外部条件，包括物质的和精神的，可控制的和不可控制的等等，更多地从规范、控制的"科学化"视角设计教学环境，从主体构成的角度将教学环境分成教的环境和学的环境，依据教学环境诸要素构成特点将教学环境分成心理环境和物理环境，或称社会心理环境和物质环境。因而，目前对教学环境的机制研究成果多数仍建立在二元对立的实体思维基础上，并且多从技术化的控制和改善的角度优化环境以促进教学效果的提升，教学环境在师生教学生活中的角色和品质需要摆脱"现代性"的桎梏而走向生成、整合和相关。

---

① 李秉德：《教学论》，人民教育出版社 2001 年版，第 271 页。

1. 实体性思维

西方哲学研究一直以"实体"（substance）为其研究基本概念，认为"宇宙间应该有个永恒不变的本体"①，"实体就是固定不变的作为其他东西的主体、基础、原因、本质并先于其他东西而独立存在的东西"②，"实体独自存在或不依赖于任何别的东西而存在，它不必借助于任何其他事物的概念而被理解，它是绝对独立、根本的基质"③。这种不依赖于其他存在物而独立存在的实体存在观对人类的思维方式造成了不可磨灭的影响，致使"实体思维"一直渗透于人类对世界本原的追求和探索中。于是，人类总是倾向于以实体的眼光看待事物并诠释一切，坚持一切事物的发展不是在过程中成就自我，忽视事物的生成过程，而将事物视为封闭、孤立的存在，追求对事物的本质和规律的拷问。在实体思维的观照下，宇宙中的一切事物总是存在于一个确定不变的时空中，是其所是，在其所在，而无关与该事物相联系的其他时空以及其他物，这就是过程哲学中的"简单位置"概念，以简单位置的思维方式割裂一事物与他事物之间的内在关联性，以抽象的概念或理论解释具体的事情或将抽象的概念当作具体的事实，这就是怀特海的"具体性误置的谬误"（The Fallacy of Misplaced Concreteness）④ 的理解。

采用这种实体思维方式审视教学生活中的环境因素，遵循的是亚氏的"什么是"或"是什么"的追问方式，教学环境是什么？什么是教学环境？对此，实体性思维中的教学环境研究总是作如下一些思考。一是将教学环境的研究限于具体的课堂、教室，而忽略了教学的发生地有可能延伸到田野、工场、家庭、社区等场所的现实；二是倾

---

① ［古希腊］亚里士多德：《形而上学》，吴寿彭译，商务印书馆 1997 年版，第 248 页。

② 罗嘉昌：《从物质实体到关系实在》，中国社会科学出版社 1996 年版，第 5 页。

③ ［美］梯利：《西方哲学史》（增补修订版），葛力译，商务印书馆 2004 年版，第 330 页。

④ ［英］怀特海：《科学与近代世界》，何钦译，商务印书馆 1997 年版，第 57 页。

向于以二元对立的思维将教学生活中的环境与主体对立起来谈环境与主体的外在关系，过程哲学认为主体与环境之间存在着内在的有机联系，而不只是实体与实体彼此间的机械外在联系，认为教学生活中的主体与环境是互动共生整合于一体的共同体。三是在实体思维的影响下，客观规律成为外在于人的纯粹客观实在，相应地，人也成为封闭的"实体"而忽视了与世界的本真联系。在这种思维方式的观照下，教学生活中的师、生、理论研究者将自身孤立于教学环境之外，以立足于场外的研究立场谈教学环境的创设。然而，"生命必须是在环境之中并且唯有通过环境才能形成自身及其行为，生命本身也就因此而构成环境不可或缺的部分"①，过程哲学视域中，作为人的主体本身成为教学环境系统中的重要因素，彼此相互依赖并相互渗透。

2. 片面性思维

从哲学意义的角度，整体性源自辩证法，认为任何事物都存在一定的结构并由不同的部分组成，且不同结构和不同部分之间彼此存在一定的相互联系，对事物的认知和把握必须从联系的角度出发才能把握事物的本质。与整体性思维相对应的片面性思维主张对研究对象不作全面考察的形而上学思想方法，表现为只看矛盾的一方，不看矛盾的另一方，只知事物的过去而不知事物的现在和将来；只关注局部而忽略全局。

以片面性思维方式看待教学环境本身及其相关研究成果，不难看出存在如下一些问题。一方面，对教学环境本体的研究缺乏整体性观念，割裂地、片面地看待教学环境的存在样态，片面注重教学环境作为要素的分类及其性质。其实，"教学环境只是一种特殊的环境，是指与教学有关，影响教学并通过教学影响人的因素的综合"②。从这

---

① 陈怡：《经验与民主——杜威政治学基础研究》，复旦大学出版社 2002 年版，第 34—35 页。

② 关文信主编：《初等教育课程与教学论》，中国人民大学出版社 2006 年版，第 227 页。

个意义上可以看出教学环境与教学是一种互动的关系，环境对教学的效果有影响，教学亦对环境有反作用；教学环境与人是一种交往互助的关系，人在与环境的交往过程中建构知识，环境对人的成长发展有很大影响，个体在成长发展过程中也改变着环境。另一方面，因为对作为教学生活主体因素之一的教学环境的研究诉求的不同导致研究成果的片面性。将教学环境视为由"学校建筑、图书馆、实验室以及课堂中的学习区域所组成的学习场所"的观点只强调了教学环境的物质因素，但是却忽略了心理环境因素的存在；将教学环境研究局限于学校教学环境或课堂环境，也是一种狭隘的理解；认为教学环境就是学校气氛或班级气氛，又过于强调教学环境的心理因素而忽略了其中的物质因素；将教学环境视为促进学生身心发展的条件、力量和各种外部刺激因素的观点片面强调教学环境对个体发展的促进作用，而忽视了教学环境有可能对个体发展产生的阻碍作用①，甚至于在同一个教学环境中不同个体所受环境影响亦不同。这种片面性思维带来的研究现状与以过程哲学的"有机整体、内在相关"的思想和理论统整教学生活中各种环境因素的观点相悖。

3. "技术理性"的控制意识

《简明不列颠百科全书》中将技术定义为"人类改变或控制客观环境的手段或活动"②，当技术的思维以理性的形式确定并成为一种世界观和方法论，便开始逐渐演变成为一种类似工具性的东西。随着科学技术的迅猛发展，人类对外部世界的控制能力日益加强，因此在人类文明不断进步的过程中，"技术理性"成为人类实现自己的理想并确证自己的主体地位的工具，并且从启蒙时代的"技术理性"与"价值理性"的彼此相融和承诺，最终走向与价值理性的日益分离。

---

① 杨雪：《生态哲学视域下的课堂教学环境的内涵》，《教学与管理》2012 年第 3 期。
② 中国大百科全书出版社：《简明不列颠百科全书》，中国大百科全书出版社 1985 年版，第 233 页。

"技术理性"是"现代性"追求过程中的价值立场和倾向,对现代人的生存状态和境遇而言具有根源性。"技术理性"又称"技术兴趣",是通过合规律的行为对环境加以控制的人类基本兴趣,它指向对环境的控制和管理,其核心是"控制"。①"技术理性"的概念最早源自西方著名学者哈贝马斯,在他的研究中,视技术为一种合目的的、理性的实践系统和技术精神,对社会、科学及主体的发展具有能动性并推动了主体的创造性发展。

但是,当人类将通过技术的运用所获得的效益视为唯一目的或最终目的时,技术的功利性手段和控制化意识被无限放大了。譬如:在现代教学生活中崇尚追求因果联系的科学理性和技术理性,寻求知识和主体的确定性,强调成功、强调利益、强调功用和效果,权衡利害得失,课程目标预设的标准化、评价指标的一元化、教学时空环境的单一化,无一不体现"技术理性"对教学过程的机械约束以及对教育者和受教育者行为的硬性框定。教学的实施过程在一定意义上成为对某种教学时空的选择和控制过程,通过对不同教学时间的分配和不同教学空间的组合,形成不同的教学环境,从而进一步使得教学内容、教学方法、教学手段等发生变化,并最终影响教学的效果。甚至于忽视不同学生群体或个体的爱好和成长背景的不同,遮蔽不同学生个体的独特期望,企图控制教学过程中的课堂氛围,刻意营造课堂中师生和谐的心理环境。然而,教学生活中师生主体良好心理环境的产生并非人为地施以控制即能达到。实际上,作为一种对现实世界的构造提出新的解释方式、概念图式和理论范式的后现代过程哲学,本身并不完全规避技术的成分,后现代技术的目标非为控制,而是模仿和顺应,是一种适者生存的智慧,其哲学的思辨性与经验、实践和技术存在很大程度上的相关性。怀特海认为:"思辨哲学致力于构成某种内在一致的、合乎逻辑的和具有必然性的普遍观念体系,以便使我们

---

① 张华:《课程与教学论》,上海教育出版社 2000 年版,第 76 页。

经验中的每个要素都能得到解释"①，由此可以看出，"经验"在其理论体系的构建中具有始基性的作用，但是"经验"源自经历以及主体与环境的互动，而并非单方面的技术性的控制的基本特征或根本指向。

二 交互与连续：过程哲学视域中的 教学环境内涵解析

杜威对环境有一段生动的比喻：农夫种田要松土施肥，为种子的生长发芽创造良好的条件；教师也是一样，教师不能代替学生成长，对学生的控制不能靠直接的灌输和强制，而是应该为他们设置合适的环境，提供适当的刺激。物质的东西可以在空间搬动并运转，青少年的信仰、抱负、态度和倾向的发展以及知识的传授却不可能如物质般随意取出或放入，也不可能通过信念、情感等知识的直接传授而发生，它们只能依靠环境的作用引起某些反应。② 因此，环境成为个体成长的重要的中介物。"环境"一词成为个体生存其中的周围事物，个体生存于"环境"之中，但又与"某物在抽屉之中"的存在感不同，与后者的两者之间的静态关系不同的是个体与生存的环境（包括人和物）之间不断发生着交互的作用并产生一系列连续的变化，个体—环境产生变化，环境是促成变化的条件，这种变化包括各种消极或积极的行动方式。

从跨越时空的角度看，教育几乎既贯穿人的一生且可能发生于生活中的任何场景，正如学校教育只是学生受到的整体教育中的一部分，教学生活也可走出课堂和校园与广义的教学相联系，比如家庭中

① ［英］怀特海：《过程与实在》，杨富斌译，中国城市出版社 2003 年版，第 3 页。
② ［美］约翰·杜威：《民主主义与教育》，王承绪译，人民教育出版社 2001 年版，第 16 页。

父母对子女的辅导、社区中的工作人员以其专业知识对学生的影响等等。怀特海认为，如果在某个场域内存在某种现象，则必然是因为这个场域所有的物质都有关联，并且都发挥了作用，即该场域内所有物质之间的协调配合导致这个现象的发生，所以说，这个场域是个整体，而其中的方方面面都与里边产生的现象息息相关。① 因此，过程哲学视域中的教学环境需要走出传统的由教室、课桌和黑板构成的狭小的空间范围，从传统的较为关注物质环境的"实体"思维转向一种"关系"思维，以新的研究视角关注学校、家庭、社区和社会环境以及不同环境彼此之间的联系，为教学生活的圆满提供一个真实且丰富的场域。过程哲学视域中的教学环境应充分意识到"环境是由一个生物实行其特殊活动时有关的全部条件所组成的，社会环境由社会任何一个成员在活动过程中和他结合在一起的所有伙伴的全部活动所组成"②。有鉴于此，对作为教学生活中的重要因素的教学环境的内涵进行分析，过程哲学启发我们从整体及关系的视角看待教学环境，从师生的感官和身体，从师师、师生及生生各类共同体、从课程内容及影响师生教学活动的社会和家庭等全部条件去分析，树立全新的教学环境观。

（一）感官和身体状况——作为"身体性"存在的教学环境

从过程理念看，每个人都是主体且与其他主体相互协调、交互作用。教学生活是教师和学生特有的生命活动，因此，教师和学生自然是教学生活中的主体，师生真正的自我成长和品质的塑造必然是教学生活的重心，对分数的片面追求以及为市场培养合格劳动力的功能只能是个体成长和品质塑造的附属品。然而，作为教学生活

---

① ［美］约翰·科布：《过程教育》，马晓梅译，《湛江师范学院学报》2011 年第 2 期。
② ［美］约翰·杜威：《民主主义与教育》，王承绪译，人民教育出版社 2001 年版，第 24 页。

主体的教师和学生首先以其身体而存在，正如马克思在《1844 年经济学哲学手稿》中指出的那样：人只有更多地作为劳动者才能维持作为肉体的主体的生存，并且只有更多地作为肉体的主体才能是劳动者。因此，在过程理念的教学生活中，师生的感官和身体状况构成最直接的教学环境，通过感官和身体获取最直接的经验和感受，感官和身体状况成为衡量师生教学生活质量以及教学生活是否圆满的重要指标之一。

"我的本质主要取决于我的特殊身体，这个身体同其他社会表现者的身体不同"①。首先，正如在社会生活中，社会政治、经济和文化首先作用于个体"身体"并对个体"身体"的内在和表象进行规训和塑造，师生在教学生活中的经历和收获最直接的接受者源自感官和身体；其次，"每个自我都拥有一个身体"②，不仅无法回避且时常遭遇他人的身体；再次，"我们并非仅仅'拥有'一个身体，我们更是身体性地'存在'"③，"身体"是存在者之所以存在的本体条件。因此，人，首先是一个"身体"，"身体"在个体生活中不可替代并成为生活的最基本且最重要的因素。相应地，"身体"在师生教学生活中同样扮演着重要角色，成为教学环境构成的重要方面，对教学生活中师生的身体状况进行考察和探讨，更是对教学生活中"师生之主体地位"乃至"主体生存"的关切。

对身体的理解和研究由于立场的不同存在许多不同观点，一般有广义理解和狭义理解之分。狭义的身体一般指躯体，即生理性肉体；广义的身体指由生理和心理整合而成的生命整体，是灵与肉、形与神的结合。因此，身体既是静态的存在，也是动态的生命性存在；具有被动性同时，也具有主动性；既可以是具象的，也可以是抽象的；既

① 汪民安、陈永国·《后身体：文化、权力和生命政治学》，吉林人民出版社 2003 年版，第 9 页。

② 张文喜：《自我的建构与解构》，上海人民出版社 2002 年版，第 143 页。

③ ［德］海德格尔：《尼采》，孙周兴译，商务印书馆 2002 年版，第 108 页。

可以是内在的，也可以是外在的。笔者在这里将身体视为整体生命的情状，"非惟生物性的肉体，本身即涵孕身与心、感性与灵性、自然与价值，以及生理、意识和无意识，且在时空中动态生成、展现的生命整体"①。本书将身体作为教学环境的构成要素，包括教师和学生的身体，并且需从外在身体和内在身体两方面去分析。

首先是教师和学生的外在身体，按照迈克·费瑟斯通的观点，外在身体指外表和行动以及社会空间中对身体的管制，是一种象征性身体。② 教师的外在身体一般特指教师的职业形象和社会形象，学生的外在身体与学生作为学习者的身份和功用相关。教师能否做到社会赋予自身的"教师形象"，教师在教学过程中表现出的教师体态形象和语言形象是否恰当，直接影响教学环境的优劣。例如：有的教师在日常教学生活中的不良口头语言，诸如"你怎么这么笨""上课不听讲，罚站 10 分钟""你再不努力就别想毕业了……"等等，这直接形成教师外在身体的直观形象，并影响教学的氛围。

其次，作为教学环境的另一重要组成部分的是师生的内在身体状况。内在身体指身体在面临疾病和意外时的健康状况以及身体功能状况，是指一种客观实体。以过程哲学的关系思维看待师生的内在身体状况，需将师生的"身"与"心"视为不可分割的整体。一方面，学生通过自己的身体感官在教学过程中去体验和经历，学生的身体感官构成最直接的教学环境，同时，师生身体各部分机能的健康状况对教学生活的质量也有着重要的影响。现实教学生活中，对"升学率"的追求和各种考核的存在对师生的身体健康构成了强烈的冲击；另一方面，师生在教学过程中的情感和情绪状态，内心的所思所想和精神追求也直接影响教学的顺利进行和教学生活的质

---

① 周与沉：《思想：身体与修行——以中国经典为中心的跨文化观照》，中国社会科学出版社 2005 年版，第 2 页。

② 参见汪民安、陈永国《后身体：文化、权力和生命政治学》，吉林人民出版社 2003年版，第 324 页。

量，长期超负荷的教和学的压力危害师生的生理健康的同时也必然波及心理健康。只有当个体内外身心完全合一时，个体的生命活力才能尽显；身心合一的个体才能在教学生活中领略教与学的乐趣并有所收获。

（二）"共同体"——作为"关系"的教学环境

"共同体"一般情况下是社群主义的话题，也是一个较为宽泛的概念，在罗尔斯的《正义论》中，"共同体"是指政治共同体，即国家和人们通常意义上的社会。"共同体"的英文 Community，其拉丁文前缀"Com"，含有"一起""共同"之意，伊特鲁亚语单词"Munis"是"承担"之意。德国社会学家滕尼斯（Ferdinand Tonnies）1887 年发表《共同体与社会》（《Gemeinschaft and Gesellschaft》）将"共同体"从社会（Society）中分离出来作为一个基本的社会学概念而存在。Gemeinschaft 的德文原意是共同生活，滕尼斯用它来表示一种紧密联系且排他的社会共同生活方式，在此基础上形成守望相助、富有人情味的生活共同体。英国社会学家齐格蒙特·鲍曼（Zygmunt Bauman）认为，"'共同体'这个词总带给人们许多美好的感觉：温馨、友爱、理解、安全感、没有嫉恨、相互信任、彼此依赖等"[①]。因此，人的生存发展与"共同体"（community）密切相关，共同体是内部有着密切关系的团体，人类在不同的共同体中相依成长，这是一个充满爱意、充满责任感和使命感的生存环境。因此，不同的共同体构成人类成长发展的不同环境，人们在共同体中沟通、交往和对话，在与他人结成的密切关系中成长。

在全球化、信息化发展的过程中，伴随现代性的充分发展，个体和群体之间的联系和交往已开始打破传统的血缘和地域的界限而生成

---

① ［英］齐格蒙特·鲍曼：《共同体》，欧阳景根译，江苏人民出版社 2003 年版，序言第 5 页。

一种"脱域的共同体"①，通过时空的重组而生成诸如政治共同体、职业共同体、情感共同体、学术共同体等各种新型类型。而在教学生活中，仍存在着传统的"共同体"类型，因教学空间的延展生成除学校共同体以外的家庭共同体、社区共同体和班级共同体等不同类型，在学校内部又因共同的目标和生活内容而形成教师与教师之间的专业共同体、教师与教师以及教师与学生之间的教学共同体，以及学生与学生之间的同伴学习共同体，这些共同体的生成和彼此间的关系完美地诠释了那种被社会学家所赋予的为了特定的目标而聚集在一起生活的群体、组织或团队的含义。

教学生活中各类共同体的生成及其存在的关系状态构成教学生活中师生赖以生存的重要环境之一，并因为各种共同体内部的密切关联和沟通对话使得教育教学顺利开展并实现教育的价值和意义。

首先，当我们从共同体的视角诠释"班级"这个在教师的带领下师生共同面对的"社会公共领域"时，师生成为班级中平等的个体，彼此互相尊重、真诚沟通，班级中的各类霸权得以消解，师生之间和生生之间互相认同并进一步实现对班级共同体的认同，班级成为师生共同栖息的和谐家园。

其次，任教于同一班级或同一学科的教师构成"教育共同体"或"专业共同体"，教师与教师之间相互磨合、彼此协作，互相学习和观摩，以学生的学业进步和精神成长为共同目标，共同体内部形成一种利益一致、荣辱与共的心理氛围。

再次，学生之间的"伙伴共同体"在教学生活中占据重要地位，是儿童认知发展和社会化应具备的重要条件。家庭背景及性格、能力、知识结构、兴趣爱好等因素相近或不同的学生个体和群体结合在

---

① 所谓"脱域的共同体"来自吉登斯（Anthony Giddens）的《现代性的后果》以及《第三条道路》中，他认为所谓的脱域，即现代性的发展过程中远距离发生的事件和行为不断影响着我们的生活，而且这种影响正日益加剧，通过时空重组，重构原来的情境。

一起，互助互动、互相影响，以小组同伴互助的形式进行学习或参与班级活动以进一步形成"学习共同体"，以"群体归属感"凝聚共同体内部的所有成员，兄弟姐妹般的情谊和关系使教学生活中充盈着"爱"的和谐情绪。诚如日本著名学者佐藤学所说："学校再生之道，只能是恢复学校在现代化整顿并合理地武装的过程中业已丧失了的东西——领悟学习之甘苦的、合乎自然的'时间'、'空间'、'关系'，朝着'学习共同体'的目标脱胎换骨地改造"①，共同体的价值和意义于学校和师生来说犹如赖以生存和呼吸的氧气，可以说，"教师的一切行为都发生在学生——同伴群体关系的环境之中"②。笔者在深入基础教育一线的过程中，体悟最深的就是教师对教学生活中"教育共同体""专业共同体"以及学生的"伙伴共同体"的欣赏和渴望，一线教师业已意识到"共同体"在师生教学生活中所占有的重要地位和作用，以及由于共同体的存在而散发出来的那种对学校和师生形成的历久弥新的影响力。共同体中包含着积极的情感和情绪，由于朝夕相处而生成的那种彼此信任、理解、关怀和互相支持将滋养着师生的教学生活，使个体在共同体的生成发展和关系中得以舒展身心从而激发出新的思想和能量。

然而，遗憾的是，对于现代教育和教学生活来说，"共同体"并非我们在现实中正在或已经经历的世界，而是一种我们殷切地期望拥有和栖息的世界（虽然在一定意义上我们早已应该获得和享受它）。正如齐格蒙特·鲍曼（Zygmunt Bauman）所认为的，"'共同体'已成为我们失却的天堂——但它又是一个我们热切希望重归其中的天堂"③。

---

① ［日］佐藤学：《课程与教师》，钟启泉译，教育科学出版社 2003 年版，第 83 页。
② ［美］麦克米伦·詹姆斯：《学生学习的社会心理学》，何立婴译，人民教育出版社 1989 年版，第 142 页。
③ ［英］齐格蒙特·鲍曼：《共同体》，欧阳景根译，江苏人民出版社 2003 年版，序言第 5 页。

"学校生活很多时候犹如战场一样，老师之间如此，学生之间更是这样啊！学生每考必有排名，还要短信告知家长；班级之间也是每考必有排序，虽没有张榜公布，但老师们心中都有数，年级组长那里都放着小条儿呢……"① （来自某中学初中部的WXW老师）

"老师的排序和分等与学生的考试成绩有很大的关系，同一学科的教师当然会在一起沟通，一起备课，不过，每个老师都有自己的杀手锏，对怎么样能提高自己所带班学生的学科成绩是各有各的道行。教师之间要成为真正的'专业共同体'还有很长的路要走呢……"② （来自某中学初中部的ZCMF老师）

从这些老师的言语当中我们不难发现，"共同体"确实是师生共同的期盼，但是，现实中的"共同体精神"正发生着严重的变异，究其原因与当下教育教学过程中的评价机制和评价方法有着千丝万缕的联系，教师与教师之间、学生与学生之间存在着畸形的竞争关系，彼此之间的关系是否美好和谐很大程度上已经被学生的考试分数所"绑架"。然而事实上，正如《竞争：人类动机研究》一书的作者所言："击败了未成功者与成功本身的真正价值毫无关系。"③

对每个学生个体来说，能否与其他同学互相支持、和谐相处毫无疑问是非常重要的学习环境。应鼓励学生与他人建立怎样的关系？是将与教师的关系放在第一位，还是将与学生之间的关系放在第一位？学生个体能否意识到自己是群体中的一员，又是否意识到彼此之间应该互相支持、爱护和包容？对每个教师来说，与共同的带班教师和同一学科的教师愉快地相处，互相欣赏并鼓励，自然构成重要的教学生

---

① 摘自在 F 中学与教师的访谈记录。
② 同上。
③ John Harvey, *Competition：A study in human motive*, Macmillan, 1917, p. 14.

活环境，它一定程度上决定着教师个体专业发展的水平并进而影响着教师教学生活的质量。

"共同体"的形成和发展是"关系化"观念在教学生活中的演绎过程，是走出以"分数"为评价唯一指标的"个人化"表现主义桎梏的内在动力。"共同体"的形成和巩固过程即成为涵养师生教学生活并使其日益丰富和美好的过程。

（三）课程知识——作为"连续性经验"存在的教学环境

关于课程的定义很多，为人们对课程含义的理解和把握带来了很大难度，也意味着在不同的研究视角和取向下课程内涵的多样性。但是无论课程有多少定义，在教育教学层面，关于"课程是什么"的问题总是存在着两种具有代表性意义的答案，即"课程是知识"和"课程是经验"，"知识"和"经验"成为课程现象中最基本的，也是最重要且彼此联系的重要概念。以何种知识观应对课程与教学？师生的知识观决定了知识的性状、情态、价值，以及知识与人类的关系，它是师生在教学生活中密切接触的，且身置其中的东西，因此，课程内容成为师生教学生活的重要环境。

关于"知识"和"经验"二者关系的争论在课程变革的过程中一直尤为突出。传统的课程知识观将课程知识看成是人类认识世界并改造世界的成果，被视为"作为事实"的客观存在，是被搁置在人类认识成果总库中的以符号形式保存了下来的理性产品[1]，具有客观性、确定性、系统性、普遍性、中立性和终极性[2]，反映的是现存的人类整体的精神文化形态。但是，在现实的教学生活中，这种"客体化知识存在观"排斥了课程知识所具有的"真实"以外的其他意蕴，忽视知识与人类的思想、感情、智慧和创造等人文因素的密切关系。

---

[1] 郭元祥：《知识的教育学立场》，《教育研究与实验》2009年第5期。

[2] 石中英：《知识转型与教育改革》，教育科学出版社2001年版，第129页。

事实上，课程知识在客观上不可能为了迎合学生的需要而作为"故事"存在，甚至与学生的日常生活经验相去甚远。当知识被改造成具有教育意义的课程时，知识开始学科化并且学科课程体系开始产生，作为学科课程存在的知识开始呈现逻辑性、系统性和抽象性的特点，只能以"书本"或"教科书"的形态呈现并且被规定，离师生的日常生活越来越远。作为"书本知识"的课程内容远离了生活化、经验化以及与人类的亲密关系，"书本知识"与"现实世界"及师生"个体经验"脱节，师生被异化为知识的载体和授受工具，这也是纯粹的知识学习不被大多数师生认同，从而未能有效激发教师教的激情和学生学的兴趣的重要原因。固化的知识只能让学生知道"关于世界的知识"，而不能让学生明了并真正加入这个世界①；固化的知识造就了简单、僵硬的教学环境，使师生失却了整体性的、交往性的、连续性及互助式的师生成长和发展历程。

过程哲学崇尚构建一种连续性的教学环境观，因此，与简单的、抽象的且作为人类文明发展的成果存在的传统固化知识不同，连续性教学环境重视"经验"在师生成长中的作用以及"经验"在教学中的桥梁作用。这里的"经验"并非指低水平、浅层次的看、摸等接触性的动作和行为，如果将课程片面局限于这种低级的感受、体验，它们固然真实具体且贴近学生的生活，但是却"降低了学生的认识起点"②。这里的"经验"既是名词亦是动词，作为名词的"经验"与"知识"相联系，它既指书本的、理性的知识，同时也包括行动的、感性层面的知识；作为动词的"经验"具有经历、组织、感受、解释等含义，成为一种认知方式和背景。因此"经验"既是一种客观存在，同时也是一个主观经历的过程。这两个方面构成了作为"连续性经验"存在的教学环境，在此，研究者将对此两方面做出较为详细

① 赵汀阳：《长话短说》，东方出版社 2001 年版，第 189 页。
② 王策三、孙喜亭、刘硕：《基础教育改革》，知识产权出版社 2005 年版，第 35 页。

的阐述。

首先，在本研究的第四章所构建的过程·整合课程中，将课程视为事件、旅程和不断生成的文本，因而，过程哲学视域中的课程知识应当作为一种客观存在的"连续性经验"而存在。"经验连续性的意义在于每一个经验总有些地方取决于已往的经验，同时又以某种方式改变以后经验的性质。"① 课程知识作为人类文明的成果是为了后代的成长而创生的，内在地具有助益学生成长的意义，因此，课程知识价值与意义的实现取决于它与学生的共融共生②，既要与学生的过往的个人生活经历相连接，同时也应与他们未来的生活有着千丝万缕的联系。知识的发展是一个过程，处于历史流变中，因此，作为"连续性经验"的课程知识，不应该是脱离学生真实生活的僵化的、片断的知识呈现，一方面应该随着学生年龄的增长和知识阅历的不断拓展和提升，在不同的学习阶段为学生提供螺旋上升发展的，体系不断健全和丰富的知识内容，使所学知识既以学生当下的发展为基础同时也以学生未来的发展为目标；另一方面，要想使课程知识进入学生的"当下生活"和"未来生活"，"课程知识就不能仅仅来自于'科学世界'，而应以学生的'生活世界'作为背景和来源"③，真正成为连接师生的现实生活和可能生活，连接过去、现在和未来的桥梁。

譬如，《数学》课程的课标指出：数学课程"不仅要考虑数学自身的特点，更应遵循学生学习数学的心理规律，强调从学生已有的生活经验出发……数学教学活动必须建立在学生的认知发展水平和已有的知识经验基础上"。这就是说，数学教学活动要

---

① 赵祥麟：《杜威教育论著选读》，王承绪编译，华东师范大学出版社 1981 年版，第297 页。

② 赵荷花：《人知融生互动——论课程知识观的应然走向》，《河北师范大学学报》2012 年第 6 期。

③ 郭元：《课程观的转向》，《课程·教材·教法》2001 年第 6 期。

以学生已有的知识背景和概念为重要的教学资源。例如教师在教学"一百万有多大"时，首先问学生："我们的家乡去年收入突破 10 亿人民币，你知道 10 亿人民币有多大吗？""谁还在其他地方见过这么大的数字吗？"这种谈话方式学生很容易接受，教学内容从家乡的经济发展引入生活中常见的"大数字"，学生自然感到既亲切又自豪。①

就如舒茨（Alfred Schutz）和卢克曼（Thomas Luckmann）所说的："生活世界的知识储存是以多种方式与经验主体的境遇相关的，它建立在先前实际经验的沉积基础上，这把先前的实际经验与主体的境遇紧密联系在一起。反之，每一实际的经验又按照知识储存的一系列类型及其关联被纳入主体流动的生活经验和个人经历之中。"② 知识来源于生活，教学方式既自然、亲切而又贴近生活，为新知的学习呈现了一种民主、科学、和谐、愉快的氛围。当课程知识生活化、趣味化时，课程知识本身亦成为教学的支持环境，有助于激发学生的学习兴趣，使学习成为一种乐趣，成为学生的一种自觉行为。

再譬如，在特林·芬瑟所著的《学校是一段旅程》一书中，强调教授一年级的书写、阅读、算术和丰富的童话故事交织在一起，字母 S 来自《六只天鹅》（The Six Swans）的故事，字母 F 来自《渔夫和他的妻子》（The Fisherman and His Wife），字母 G 来自《金鹅》（The Gold Goose）。二、三年级的课程强调寓言和传说的作用，将形象运用到算术学习中。特林·芬瑟笔下的"我"为二年级的孩子准备了一个"松鼠果仁精"的故事，用生动的故事做练习以不同的形式吸引所有的孩子参与课程。

---

① 本案例来自在 FCY 小学四年级的一堂数学随堂听课。
② Alfred Schutz & Thomas Luckman, *The Structures of the Life – World*, Northwestern University Press, 1973, p. 99.

"一个晴朗的秋日，小松鼠果仁精跳来跳去在寻找大量的坚果，准备储存起来过冬。当它跳到一口古老的石墙边儿时，发现有 5 个橡子落在岩石之间。它立马冒出了一个淘气的想法：'也许今天我哥哥费利克已经找到一些果实。'一会儿的工夫，它就跑到了哥哥的树上，找到存放果实的树洞，它在里面发现了 8 个又圆又新鲜的橡子，它急忙想跑回枫树下自己的窝。在返回的路上，它在几片树叶下找到了 3 个橡子。它还不满足，又跳到一架堆满稻草的大车旁，在左轮胎里找到 2 个橡子。小松鼠果仁精在回家的途中，又绕了好远的路，在一棵老橡树的树根处找到了 4 个橡子。问它一共有多少个橡子?"①

这样一个美好、有趣的故事，表达的不仅仅是枯燥乏味的"5 + 8 + 3 + 2 + 4 等于多少"的算术概念，最令人欣喜的是每个孩子都在这个故事中超越了算术科目本身而收获了于自己更有意义的价值。善于数数的孩子会根据故事情节仔细数出橡子的数字；乐观活泼的孩子在数数的同时也许更喜欢听松鼠的奇遇故事；橡子被丢了或被偷走了是减法，和朋友共同分享了橡子是除法，师生在算术课程中感受到了阅读的美好，更体味到寓言、故事中蕴含的形象和意义。这样的课程内容难道不是一个令人神往的好的教学环境吗？

其次，当课程内容作为"主观经历过程"的"连续性经验"存在时，课程内容成为教学环境构成的另一重要方面。过程哲学已超越了以心物彼此独立和主客完全分离为理论前提的二元论实体哲学思维方式，开始"关注具有自主性的人及其所牵涉的世界，开始转向人的现实生活和实践"②。因为人及其所拥有的性质和特征只有在生活实

---

① ［美］特林·芬瑟：《学校是一段旅程》，吴蓓译，人民文学出版社 2006 年版，第 29 页。

② 刘放桐：《当代哲学走向：马克思主义与现代西方哲学的比较研究》，《当代国外马克思主义评论》2000 年第 3 期。

践中，与周围环境及各种实践活动产生牵涉才变得有意义。这就好比我们说一个班级中男生的平均身高是 1.70 米，但是具体到某个学生我们脑中不可能有非常明确鲜明的形象，但是，如果我们动手量一量某个学生的身高，并且进一步知晓他在某次全校的篮球赛中有非常优异的表现，那么我们将在头脑中对该生的身高和体格状况形成较为生动和具体的形象定位。因此，当人的个体活动与客观环境相联系并发生交互作用时，个体本身及其实践活动才变得有意义，也可以说当个体与周围事物不断地产生交互作用时，才构成了个体人生存的"真环境"。

杜威认为，"教育即生活，生活是经验连续不断的重组和改造。"[①] 这也就是说经验只有在实际的活动中才能获得，个体只有在"真环境"中通过学习、在学习中才能够获得真正的成长和进步。这又好比我们在为学生讲授家乡的地理状况和物产资源时，可以将教学从课堂、教室及书本转战到真实的场景中，带领学生去看看家乡的河流，去果园观赏或采摘水果，这一方面激发学生的学习热情，另一方面，只有在"真环境"中亲眼所见和感受到的才能真正成为学生的经验。学生个体在"真环境"中，环境对个体必然产生影响，就如同人受到刺激而发生反应，再回馈到环境中去，这就是人与环境之间的交互作用。[②] 这种交互作用使个体经验得以不断地积累和改善。如果师生仅仅在课堂上教授学习那些从人类的知识宝库中所精选的部分固化知识，接触的始终是被选择、组织并分类后传递给后代的学科知识，那么师生的教与学只能是静态存在的，学生只能是被动接受。

个人的经验伴随个体所处环境的不同而不断发生着变化，也就是说环境的改变能促使个体经验的发展，这是同一过程的两个方面。即

---

① ［美］杜威：《经验与教育》，姜文闵译，五南图书出版公司 1984 年版，前言第 6 页。

② 同上书，第 7 页。

使以学校生活这个小环境为研究对象，个体也会因为学习主题的变化或参加不同的活动而置身于不同的环境中。例如，同一个体在同一天内有可能参与多种不同的学习活动、课题研究活动，还有可能参加班会或者其他兴趣组、手工坊的学习和操作，因此随之而带来环境的变化，这也是师生教学生活中和学习主题相关的"真环境"。除此以外，以单纯的课堂学习为研究对象，不同的学习内容和主题也构成不同的"真环境"。如学习九年级《语文》上册从《水浒传》中节选的《智取生辰纲》，一百零八将为首的英雄好汉被逼上梁山的故事成为我们学习的背景环境；以意大利亚米契斯的《爱的教育》为学习内容时，温暖的师生爱、亲子情以及朋友之谊紧紧地包围住我们，深厚浓郁的情感力量成为师生的学习环境。因此，可以说不同的学习主题和广泛的课外阅读构成个体不同的学习环境，并且相互影响、不断产生交互作用，学习主题的不同，也使师生产生不同的思考内容和情感体验，继而引发行为、经验的变化。这就如同怀特海在其《过程与实在》中认为"经验"中的主要因子是"同情心""感受他者的感受"的寓意，他人的经历和感情与师生自己的所思所想交融在一起。"经验乃是多种存在中的一种存在的自我享受，以及一种基于多种成分而产生的存在的自我享受。在这个意义上，过程中每个个别的单位都享受了其自身的存在。"[1] 也就是说，所有的师生"经验的"，也成为其"享受的"。

　　加强课程内容与生活的联系，在不同学习阶段中促使同一主题课程内容的螺旋上升和体系的不断丰富，以及师生与不同学习主题的交互作用等构成师生在教学生活中的"经验的连续性"，作为"连续性经验"存在的课程内容进一步丰富了教学环境的内涵，对我们建构过程哲学视域中的教学环境具有指导意义。

---

　　[1] ［美］小约翰·B. 科布、大卫·R. 格里芬：《过程神学：一个引导性的说明》，曲跃厚译，中央编译出版社1999年版，第5页。

（四）学校（班级）、家庭、社会（社区）及自然——构建"生态整合"的教学环境

狭义的教学概念将教学限定在"知识教学"，这窄化了对教学的理解，致使教学的组织形式局限于课堂教学，至多是学校范围之内，因而教学生活也被狭义地理解为学校教学生活。然而，事实上，如果我们将教学不限定在"知识教学"的范围内，而将教学过程视为促进学生素质发展的过程，那么德育、美育、智育及其他一切素质的发展都可以通过教学去完成，"'教学'可理解为引导学生学习教育资源（包括间接经验、直接经验、实践活动、人际交往等），以促进学生身心素质全面发展的活动[①]；如果我们以过程哲学"对世界的一种整体和综合的把握"[②]的眼光看待教学活动及教学生活，教学成为不仅仅发生在课堂内的事件，而有可能走出校园延伸到田野、工厂、家庭和社区内，甚至与学校内部其他相关人员的关系，以及走出校园与父母、与社区人及社会人的关系等等都成为教学生活中重要的一部分。也就是说，教学有可能发生在学校，也有可能发生在家庭、社区和大自然中；与学生的学习存在密切关系的有可能是教师，也可能是学校中的他人、父母、社区工作者或社会中的他人。教学发生的不同空间及空间中的不同主体彼此交互作用，构成一种"生态的、整合的"教学生活环境。

这种生态整合的教学环境观，以过程哲学的整体性、内在相关性和互依互动性为特质，重视个体生存的不同空间的整合以及对不同空间中的主体间的关系的设计，重视不同空间及空间中的主体之间的沟通和对话，共同携手生成一种交互性的、支持性的、和谐的教学环境，在这个环境中个体学会彼此包容和尊重，个体的适应性不断生成

---

① 陈佑清：《广义"教学论"》，《学科教育》2002年第3期。
② 王治河、樊美筠：《第二次启蒙》，北京大学出版社2011年版，第454页。

发展，学生学会并乐于为学校、为生活的社区、为国家乃至世界上的他人承担自己的责任。"学生的发展需要时空条件，需要搭建一种互动的连续性的关系。"[①] 这种连续性的关系不仅关涉构建一种和谐的班级文化和学校文化，使之具有内在的统一性，而且要使教学与周围的社会生活环境及学生个体的家庭教育相结合，学生才能得到真正的成长。

首先是教学所发生的不同区域间的整合。如果将"区域"（region）看作为划分个人生活空间的一般单位，我们可以将广义的教学发生地用"约旦曲线"[②] 划分成若干小区域，不同区域在性质上有所差别，一条约旦曲线可直接将某一教学活动控制在域内或域外。发生在区域内的事件可称之为"域内事件"，反之称之为"域外事件"，因而，教学生活也因发生区域相异而牵涉学校（班级）、家庭、社会（社区）和大自然等不同环境，学生在完成知识学习的同时参与周围世界的实践、体验和交往。这里的所谓域内和域外是抽象意义的疆界，在域外事件的冲击和影响下不同区域有可能处于不断的变形中，也就是说，学校、家庭、社区和自然作为教学生活的不同区域并没有非常严格的界限，不同区域都会产生一定的教育影响并穿透抽象意义的疆界而作用于另一区域，也正因为此，不同区域之间因为产生共同的教育影响和作用而具备了"连通性"。譬如：如果师生在地理课上关于资源和环境主题进行探讨，在课后师生又在某社区或自然景点参与实践体验，对家乡的资源物产和环境问题有了进一步的感性认知，那么对学生发展来说，课堂、社区和自然就成为一个整合的、连通的空间。再譬如：如果某个学生在校内努力学习并且综合素质较高，在家庭中对课后的自我学习合理安排并经常跟随父母参与一些社会活

---

① ［美］内尔·诺丁斯：《学会关心——教育的另一种模式》，于天龙译，教育科学出版社 2003 年版，第 2 页。

② 所谓"约旦曲线"即平面上的单纯曲线，其曲线为封闭的、连通的，且不和自己相交。参考自《幼狮数学大辞典》（下卷），幼狮文化事业公司 1983 年版，第 2029 页。

动，对此学生而言，学校、家庭和社会都给予他丰富的发展资源，而且三个区域对他的教育影响互相渗透，不存在任何疆界，同样也构成一个整合的、连通的教学环境，发生的所有于他自身而言具备教育影响的事件都可称之为域内事件。

因此，教学生活的发生地不仅在学校、课堂，还可拓展至家庭、社区、社会、大自然中，建构一个于学生发展而言互相渗透、互相连接的"整合"的教学环境，犹如一个大的区域和背景，但是，这种"整合"并不是随意地、拼凑地结合在一起，而是需凸显其"生态性"。学校课堂、家庭、社区、社会及自然在学生的成长发展中应占据着不同的地位，对学生个体素质的提升具有不同作用。课堂内的"知识教学"固然能为个体发展提供间接经验的指导，但是固化的知识需要通过在社会、大自然中的实践体验，才能使间接经验升华为感悟、体会等直接经验；教学如果只局限于课堂内，只能收获"无根"的知识，教学只有与自然、社会、传统和实践相结合，才能因汲取丰沛的营养而根深叶茂。因此，课堂、家庭、社区、社会与自然需有机结合，生成一种"生态整合"的教学环境，才能避免那种"现代儿童在凌驾于自然之上的'玻璃盒'中长大成人"[1] 的无根教育状况的出现，才能使我们的后代对文化变迁和生态和谐保持一种敏感性，对生命生成敬畏之心，对自然怀有归属感。然而，现实却是我们的孩子绝大部分时间都被封闭在学校环境内，甚至被关闭在一个教室空间中。研究者自己的孩子在 S 中学读初三，在校时间从清晨的 7 点到下午 6 点近 12 小时，一周 5 个在校日，每天 8—9 节课。

　　早晨　6：30 起床，7：20 到校

　　晨读　7：30—8：00（一般都是语文、英语等）

---

① ［美］斯普瑞特奈克：《真实之复兴》，张妮妮译，中央编译出版社 2001 年版，第 143 页。

上午第一节课　8：00—8：45

第二节课　8：55—9：40

大课间操　9：40—10：05

第三节课　10：05—10：50

第四节课　11：00—11：50

午餐时间　11：50—12：20

12：20—13：30午休时间（通常被各科教师占用）

下午第一节课　13：30—14：15

第二节课　14：25—15：10

大课间操　15：10—15：35

第三节课　15：35—16：20

第四节课　16：30—17：15

17：15—17：40（布置作业及班主任时间）

放学　17：40

　　这是一个初三学生白天在校学习的作息时间安排，孩子的在校生活被上课、作业、考试等内容完全充塞。而且据了解，学校初三年级的课表中每周三节体育课，每2周安排一次音乐课或美术课，然而，现实状况是体育课经常被安排自由活动，因而被大多数孩子用来写作业（因为作业太多来不及完成），音乐和美术课基本被所谓的主课占用。这种学校生活路径的唯一目标就是为了让学生在考试中获得高分，能够在中考中考取更好的学校。如此，学生的在校生活完全被"规训"，学生个体被学校的校纪校规、被各科考试排名所绑架，上课、作业和考试成为学校教学生活的主要内容甚至是唯一内容。

　　不仅学校教学生活如此，在家庭教育领域，完成校内布置的繁杂的作业，参加由父母安排好的各类补习班成为孩子家庭生活的重要内容。从"不要让孩子输在起跑线上"，到"学校要广泛开展竞争教育，鼓励孩子们都要争第一，都想获得100分"，甚至于幼儿园教育都已开始"小学化",教师、家长和孩子被这种"无根的教育"拖上了一条"竞争"的快车道,师生在教和学的过程中被剥夺了快乐而异化为一种苦役,最直接的后果是使孩子们迷恋外在目标、恶化了人际关系。殊不知"第一名"的孩子承载着何其大的压力!台湾著名作家林清玄和父母交流经验时曾经感言说,现在的世界精英当年在班级里排名都是7—17名,原因是这些孩子人际关系更好,可以和第一名做朋友,也可以和最后一名做朋友,而且学习压力小,生活愉快并且更有创造性。"知识教学"只能是教学生活内容的一部分,让学生走出校园,与家庭、与临近的社区,与自然和社会密切接触并承担相应的责任,可以提升孩子们适应生活的能力,能够使他们在自然和社会面前摆脱无力感。

其次,构建"生态整合"的教学环境的另一重要途径是学校、家庭、社区(社会)及自然中各种教育力量的资源整合。过程哲学将教育视为一个自然有机的过程,是一个个鲜活生命自然舒展的过程,"所谓有机的,就是成为活的"①,教育是鲜活的,是一个享受和创造的过程。教学过程也是活的,教师、家长、社区工作者和社会中的重要他人都有可能成为鲜活的教育资源,成为彼此生命成长中的重要助推力量。其中最重要也最显著的是学校教师和家庭中父母教育力量的整合。苏联教育家苏霍姆林斯基将学校和家庭比作两个教育者,认为他们不仅要一致行动,而且要志同道合,要抱着一致的信念。一方面,学校内未完成的教学内容和教学任务有可能转接在家庭中继续完成,这需要家长的配合和督促;另一方面,家庭作为社会的重要细胞,家长作为孩子的第一任教师,有责任为孩子营造一个良好的家庭环境并与孩子进行高质量的互动交流,为孩子从自然人成长为社会人提供一个最真实、最自然、最适合的"练兵场"。教师和父母在对孩

---

① Mary Elizabeth Moore, *Teaching from the Heart*, Minneapolis: Fortress Press, 1991, p. 197.

子的教育教学生活中实现彼此力量的互补和观念的融合，让孩子在学校和家庭中都能够自然生长，成为他能够成为的样子。也许成绩不够优异，但是不要放弃，因为世界上的每个孩子都是不一样的，就像种植物一样，山坡地种竹笋、香蕉，沙地适合种西瓜和哈密瓜，烂泥地里种芋头，不同植物适合不同的土地。现代教育的悲哀就在于把所有的不一样都集合在一个校园里，希望教育成一个样子[①]，并且让他们彼此在同一个评价体系的要求下互相拼杀。因此，构建过程哲学视域中"生态和谐"的教学环境，为孩子的成长提供适合的环境、给予恰当的评价、设定通过努力能够达到的目标，教师和家长责无旁贷。

现代社会，孩子的生命和时间被桎梏在学校和家庭两个空间，而且家庭生活的重要内容仍旧以各类学科知识学习和作业为主，作为教学环境的重要组成部分的社区（社会）环境和自然环境被挤压，孩子日渐远离变化发展中的社会生活世界和自然世界。我们急需引领教学生活走出学校和课堂，引领学生进行社会学习，与社会人（有可能是亲人或朋友，有可能是虚构的影视形象，也有可能是知名人士，更有可能是身边未经装饰的"小人物"）以及自然中的生命亲身体验、密切接触，使教学生活成为一种"有根"的生活，使孩子在与社会和自然的接触过程中放松身心，唤醒内心真正的自我；使孩子认识到世界的广大和自身的渺小，学会包容和鉴赏他人；使孩子学会表达自己的情感和思想，认识生命的多元价值。

三　过程哲学视域中教学环境的特征及价值意蕴

怀特海将过程哲学又称为"有机哲学"，认为世界以及其中的个体的存在方式是有机的，重视生命力的发展。他提出如下原理："有

[①]　林清玄：《林清玄谈教育》，（http://www.360doc.com/content/13/1126/10/13789206_332229235.shtml）。

机体的本质依赖于其环境的本质。"由此可以看出过程哲学重视环境力量在机体发展中的作用。不仅如此，怀特海还提出"环境的本质是共同构成那种环境的实际存在物所组成的各种集合体所具有的诸特征的总和"①，从这个意义去理解和研究教学环境，有必要对教学环境各组成部分的性质和特征做进一步的探索。传统哲学从满足需要程度和物品效用的角度去诠释价值，代表了一种主客二元对立的观点，相比之下，过程哲学从"现实实有"本身的内在实在性来解释价值的内涵，价值成为"现实实有"成为自身的依据。因此，在教学生活中，当教学环境参与教学生活并且与教学生活发生关系，同时，因互相"把握"（prehension，又可称为"摄入"）而成为教学生活的主客体时，有价值的是教学环境本身，即教学环境自有其存在的价值，价值是具体的，而教学环境对于他者的外在作用和表现形式仅成为价值存在的必要条件。

（一）过程哲学视域中教学环境的特征

一般而言，任何事物之存在都可被视为拥有一个"性质束"，其本质特征与其构成的各种集合的特征有关，离开这些，很多事物都将不复存在，对教学环境而言亦是如此。通过前文阐述，研究者对过程哲学视域中的教学环境的构成内涵已做了较为详细的分析，认为由四类不同性质的环境组成，具有如下一些特征。

1. 有可能是主体，也可能是客体

以传统哲学看待教学生活，人，只有人，才能成为主体，相对于人的世界是客体。这也是一直以来在教学论研究领域中，无论是"单主体说""双主体说"或者"主导主体说"中主体始终是"人——教师或学生"的主要原因，而与教学及其过程相关的教科书、教学媒介、教学环境等都只能是相对于师生而言的客体。过程哲学反对"实

---

① ［英］怀特海：《过程与实在》，杨富斌译，中国城市出版社2003年版，第202页。

体思维"二元对立的主客体观，以过程思维看待教学生活中的主客体时有两个观点不容忽视，一是教学生活中的主体不一定是"人——教师或学生"，教学媒介、教学手段、教学内容、教学环境等可能成为主体；二是以过程哲学的因"互相'把握'成为'活动性存在'"①的思维，教学生活中各组成因子之间是主客体相互依存、彼此间是平等的存在，因而过程哲学是一种泛主体论（pansubjectivism），主客体之间可以相互转化。

据此，教学环境在教学生活中既有可能是主体，也可能是客体。以过程哲学的"过程—关系"思维审视教学生活，教学生活走出物性世界观所崇尚的"人是物""学校是物""课程知识是物"的实体论思维，人不是被"规训"的对象，学校也不是封闭的、独立静止的系统，知识亦不是为个人谋划将来生活的工具。教学生活中的人、知识、环境等都不是孤立的物性存在，彼此之间时刻发生着关系，是充满生命力且处于不断生成变化中的"活动性存在"，可以说，教学生活就是由人、教学内容、教学方法、教学环境、教学组织形式等本身及彼此之间的关系事件构成，是这些因子及其关系的集合体。因此，当教学环境本身积极参与教学生活，与教师、学生、教学内容、教学方法、教学手段以及教学的组织形式等发生关系且相互依存时，教学环境即有可能成为主体，须注意的是，是有可能而不是必然成为主体。当教师的内在身体素质健康，外在语言、形象与社会赋予的"教师形象"相契合，师生的身与心、灵与肉、形与神真正融入教学过程，彼此真心接纳互相鉴赏，在教学生活中尽显生命活力并对教学生活有重要影响和意义时，作为"身体存在"的教学环境因在教学生活中扮演着重要角色而成为教学生活中的主体，反之则为客体。再譬如，在作为教学环境重要因素的"教育共同体"或"专业共同体"

---

① 赵鹤龄：《当代过程哲学与中国教育思想及其实践研究——三种哲学观下的课程与教学》，《湖南第一师范学院学报》2010年第4期。

中，当教师为了班级学生的进步以及自身的专业成长齐心协力、携手合作，推动"合作式教学"和"合作式学习"，充分展现人际互动，使教学生活中充斥人与人相互联系的"有机之网"时，作为教学环境的"共同体"理当被视为教学生活的主体，反之则只能作为客体存在。当教学走出课堂和校园与周围世界密切接触，家庭、社区（社会）和自然中的教学资源得以被挖掘、被尊重和使用时，周围世界彼此相连与校园和课堂构成有机的、整合的教学环境，影响并积极作用于教学生活中的其他各因素，教学环境成为积极参与教学生活的主体，反之则成为僵化、被动存在的客体。

2. 是相对稳定的，又是动态生成的

对师生而言，教学环境是相对稳定的，但同时又处于不断地变化发展过程之中，而且这种变化发展是绝对的。正如恩格斯所言："世界不是一成不变的事物的集合体，而是过程的集合体，其中各个似乎稳定的事物以及在我们头脑中的思想映象及概念都处在生成和灭亡的不断变化中，在这种变化中，前进的发展，不管一切表面的偶然性，也不管一切暂时的倒退，终究会给自己开辟出道路。"① 过程哲学视域中的教学环境是稳定性与动态生成性的辩证统一。

教学环境的相对稳定性表现在如下几方面。第一，教学发生的时空是相对稳定的，一般多数情况下以学校和课堂为主，并且有固定的教学时间和教学规则；第二，师生的身体状况相对稳定，有相对稳定的年龄结构和教学习惯；第三，教学生活中的"共同体"亦是相对稳定的，由共同带班的教师组成的"教育共同体"、同一学科或不同学科教师组成的"专业共同体"和"教学共同体"，以及由学生组成的"学习共同体"在一定时间内其组成成员相对稳定存在；第四，作为"连续性经验"存在的课程知识在学生不同的学习阶段呈现，

---

① 《马克思恩格斯选集》（第4卷），中共中央马克思恩格斯列宁斯大林著作编译局编译，人民出版社1995年版，第244页。

将学生过往的经验与现在的学习相连接并辐射未来的学习生活，这种知识呈现的阶段性一旦形成将相对稳定存在。

过程哲学视域中的教学环境又是动态生成，不断发展变化的。首先，当教学走出课堂深入周围世界，在家庭中、在社区（社会）以及大自然中汲取教育资源和养料时，教学环境处于不断地生成变化过程当中，并且没有最终的确定的情境存在，教学生活成为师生不断向外界探索和挑战的过程；其次，师生的身体性教学环境中作为生理性肉体的躯体条件是相对稳定的，但师生的心理发展和精神、灵性、意识等却在变化中，因此师生的身心状况在不断地协调和发展过程中；再次，作为"共同体"成员的教师和学生的构成是相对稳定的，但是"共同体"本身是一个具有"生命力"的存在，教师的教学智慧和教学能力，学生的学习能力随着"共同体"的进步也在不断地生成和发展，不可能始终停留在一个水平；最后，作为教学环境的课程知识来自生活实践，与生活实践不断发生交互作用，这个过程本身蕴含着无限的生成发展的可能，因此，为教学生活带来越来越多的"生成性"和"模糊性"，而越少的预测和控制因素。正如小威廉姆·多尔所言：今日教育的线性的、序列的、易于量化的秩序系统——侧重于明确的起点和终点——让位于更为复杂的、多元的、不可预测的系统，这种复杂的网络，向生活一样永远处于转化和过程之中。[①]

3. 是连通的，也是整合的

所谓"连通性"，是拓扑学（Topology，旧译"连续几何学"）以及相关数学分支的重要性质，拓扑学在空间的构造上"避免对距离概念的任何绝对依赖，而只关注空间中的相对位置及其变形中的连续性"[②]。拓扑学以研究空间的连续性变化为其专长，因此，连通即指

---

① ［美］小威廉姆·E. 多尔：《后现代课程观》，王红宇译，教育科学出版社 2000 年版，第 5 页。

② M. A. Armstrong：《基础拓扑学》，孙以丰译，北京大学出版社 1983 年版，第 14 页。

不同区域之间的关系，可以相交也可以相连，构成一个更大范围的连通空间。过程哲学视域中不同教学环境之间是连通的，也是整合的。

教学环境的连通性表现为不同区域之间的连接，这里的连接是抽象的含义，并非指不同空间位置必然相关或相连，而是借指教学过程中的教学内容、教学影响在不同环境中的迁移，因为对师生的成长产生共同的作用和影响而促使教学走出课堂和校园，使课堂与家庭相连、与社区（社会）相连，与自然相连。但是，不同教学环境并不必然是相连的，譬如，当社会上一些不良的价值观、时尚潮流与学校教学生活中倡导的主流思想相悖，对学生的成长产生冲击和负面影响时，客观上使得社会环境与学校教学环境之间成为自我封闭的、断裂的空间。

过程哲学视域中的教学环境是整合的。具体表现在两方面：其一，师生的身体环境必然是整合的，只有身心整合的、和谐发展的人才是完整的人，才有可能收获学习的快乐，怀特海所崇尚的"活生生的人，具有创造性和审美旨趣的具体存在的人"① 才有实现的可能。其二，过程哲学视域中的教学生活是一种有机的生活，是充满生命张力的，与自然和社会和谐相处的教学生活，信奉万物是相互联系且相互依赖的。教育教学只有回归生活，源于生活的积淀才会产生创造的激情和灵感，才会使知识学习摆脱静态的科学逻辑思维而开始关注整个人生的生活经验。因此，回归生活的教学与学校、家庭、社区（社会）和自然保有密切的联系，与之有机地整合交融在一起，如此，回归生活的教学必然既关注知识，更关注文化和生命，只有学校、家庭、社区（社会）和自然环境的整合才能为教育教学提供一个真实的、充满生命力的实践平台，才能使教学真正扎根于生活，使师生对社会、对自然以及世界产生归属感，教育应该是"增强而不是割裂那

---

① Robert Sherrick Brumbaugh, *Whitehead*, *Process Philosophy*, *and Education*, NY：Suny Press，1984，p. 124.

种儿童感觉到了但又没有说出来的与世界的联系感"①。

4. 是开放的，能量流动的

过程哲学视域中的教学环境具有开放性，不同组成部分之间不是孤立存在的，而是与其他区域之间发生着各种联系，有着畅通的信息交流沟通渠道，为不同环境之间资源能量的流动和分享创造了条件。

开放性相对于封闭性而言，教学环境的开放性表现为不同区域间的联系和沟通。一方面，学校教学过程中班级组织建设具有开放性，可打破不同班级之间的界限，促进学生之间的人际交流互动和合作学习，建构新的开放性的"同伴学习共同体"，因为，"教师的一切课堂行为都发生在学生—同伴群体关系的环境之中，这种开放关系正是儿童认知和社会化发展所必须具备的条件"。② 另一方面，作为"共同体"存在的"学科组""年级组"也可以是开放的结构存在，形成一种相互依赖、支援性的教师合作文化，"学科组"和"年级组"之间并不存在绝对的界限，围绕教学研究主题可以形成同年级同学科、同年级异学科、异年级同学科以及异年级异学科的开放性的教学研究团队，实现"协同教学"（Team Teaching，简称 TT）。因此，作为教学环境组成部分的校园、课堂以及不同的"共同体"等环境是开放性的存在，可以根据各种需要进行人际重组，形成合作团队并实现合作式发展。譬如：以同年级异学科教学研究团队为例，围绕"节约用水"主题，数学学科可以和社会学科进行合作教学。数学课以"了解人体每天的饮水量""流失的水"实验操作以及"根据搜集和实验的数据提出并解决数学问题"等活动，使学生在实验操作和解决问题的过程中，逐渐形成节约用水的意识；社会课则在数学课的基础上设计"'最后一杯水'拍卖会""我眼中的浪费水现象"以及"节约用

---

① 〔美〕郝尔曼·F. 格林：《托马斯·柏励和他的"生态纪"》，王治河译，《求是学刊》2002 年第 3 期。

② 麦克米伦·詹姆斯：《学生学习的社会心理学》，何立婴译，人民教育出版社 1989年版，第 142 页。

水从我做起"等主题演讲或辩论活动，加深对节约用水的认知，并转化为自身的实际行动。① 如此，不同学科教师围绕相关主题形成合作的开放式的研究团队，实现不同教师之间教学资源能量的整合和交流。

与生活世界紧密相连的课程内容构成过程哲学视域中的教学环境的另一重要组成部分。因生活世界的开放性，回归生活世界的课程内容成为教学环境的开放性的又一重要表征。教学回归生活即重视从学生的生活经验和已有知识中建构新知，从真实的生活世界中寻找素材，用具体的、生动的、形象的生活实例解释新知，摆脱那种逻辑的、实证的、形而下的"固化知识"的学习②，在生活世界中感悟和体验从旧知到新知的过程，并且在这种过程中生成个体理想的精神世界。生活世界成为教学资源的发源地，成为师生获取各种成长能量的始基。

5. 是生态的，追求和谐的

在过程哲学视域中，教学环境的生态和谐是何种状态？总体而言是一种"诗意的栖居"。"人，诗意地栖居"，是德国哲学家海德格尔援引诗人荷尔德林的话语，以表达对"人的存在"的一种至高境界的向往，也有人称之为"人劳作地居住在大地上""人自由地居住在大地上"。③"诗意地栖居"蕴含两个层面的意义，一是怎样才能被视为"诗意栖居"？二是"诗意地栖居在哪里"？对前者的回答可以"自由、自然、创意生活"概括，对后者的回答则涉及我们的生存环境问题。

过程哲学视域中的教学环境是生态的、和谐的，是教学生活的"诗意栖居"地。首先，作为身体存在的教学环境是师生"内在自

---

① 熊梅、王庭波：《开放式学校组织特征与建构》，《中国教育学刊》2011年第8期。
② 孟建伟：《教育与文化——关于文化教育的哲学思考》，《教育研究》2013年第3期。
③ 叶秀山：《何谓"人诗意地居住在大地上"》，《读书》1995年第10期。

我"与"表面（外在）自我"① 的统一，或者也可以阐释为"人—自我"与"真正的自我"② 的统一。"表面（外在）自我"及"人—自我"是一种空间里的自我，用来获得认识表层的经验，而"内在自我"及"真正的自我"则是内心体验到的，处于真正时间内且融入生命过程的自我。当师生的"两种自我"实现统一时，教学生活中的人成为"完整的人"，成为具有"同一性"的人，而不是"自己的陌生人"③，因此，作为身体存在的教学环境是生态和谐的。其次，作为"连续性经验"存在的课程环境也是生态和谐的。当课程内容与生活世界经验相连接并产生交互作用时，师生通过"体验"这座桥梁使外在的知识成为内在的"自我经验"和"理解"，这种"自我经验"不是固定不变的"实体"，而是总在不断地从一种状态到另一种状态，状态本身就是一种变化，只有变化的才是持续的，才能成为流动的绵延。④ 在过程哲学视域中，这种生成变化也可以说是一种"活动性存在"（Actual Entity），教学正是以动态的、流动的连续性和不间断性表现为对已有知识的一种不断创生、改造和转变的过程。因此，只有当下的知识和真理，没有永恒不变的、固定的知识和真理。第三，过程哲学视域中的教学主张对话和阐释，以追求师生的自由和培养创新精神为目的，教学是去中心的互动交往行为，是师生共同追求、建构生命意义的过程。这样的教学需要以大自然、以真实的社会

---

① 柏格森就将"自我"区分为两种：一种是表面的自我，也称为外在的自我，它是一般实验心理学研究的对象，作为科学认识的对象，是在空间里的自我。另一种是内在的自我，是只有通过内省才能达到的内在状态的自我。

② 海德格尔将"自我"区分为"人—自我"与"真正的自我"，以此区别"自我"的生命价值。"人—自我"是没有生命价值的"我思"，"真正的自我"是具有生命力的个体。

③ "自己的陌生人"出自高德胜的《我们都是自己的陌生人——兼论教育与人的放逐与归家》，认为现代科技极大地增强了现代人向外看世界的能力，但同时现代人向内看自己的能力却在萎缩，认识世界容易，把握自己很难，我们差不多已经变成了自己的陌生人。

④ ［法］亨利·柏格森：《创造进化论》，肖聿译，凤凰出版集团译林出版社 2011 年版，第 1—2 页。

发展为背景，学会欣赏自然，成为懂得欣赏自然的人，崇尚在大自然中过一种简朴的诗意栖居的教学生活，与自然的亲密接触将唤醒师生对生命的尊重，以及审美和创造的能力。因此，构建自然、社会及家庭整合的生态和谐的教学环境，师生得以在自然、社会中共同经历生命的发展过程，实现与自然的生命，与他者的生命以及师生彼此生命的相互授养和共同创造。

（二）过程哲学视域中教学环境的价值意蕴

所谓价值，依其存在的根据一般以内在价值（intrinsic value，又称固有价值或终极价值）和外在价值（extrinsic value）的形式而存在。事物在实际关系中处于主动地位，本身所固有且不因他事物的存在而改变的价值为内在价值；事物在实际关系中处于被动地位且作为客体影响或作用于他事物时为外在价值。[①] "内在价值是内在于事物之中的、不依赖于人的评价的某种属性"[②]，内在价值是一种主体性价值，关注事物自身的生存与发展；外在价值则是一种客体性价值，重视作为客体的事物对他物的影响和作用。过程哲学视域中教学环境的价值是考察教学生活与其所处环境关系问题所必须借助的一个概念，过程哲学视域中的教学环境可以是主体，也可以是客体，以主体论教学环境价值，它所引导思考的是如何优化教学环境以促进和维护教学生活，亦可称之为教学环境内在价值；以客体论之，它所研究的是教学环境在哪些方面满足教学及其过程发展的需要[③]，又可称之为教学环境外在价值。教学环境一旦形成，作为一种客观的物质力量会影响教学生活，反之，教学环境在生成发展的同时也被教学生活所塑造。

① A. Vatn., *The Environment as a Commodity*, Environmental Values, 2000, Vol. 9.
② 韩立新：《论人对自然义务的伦理根据》，《上海师范大学学报》2005 年第 3 期。
③ 费多益：《环境价值：寻求公共的实践理性》，《自然辩证法研究》2000 年第 1 期。

1. 过程哲学视域中教学环境的内在价值

现代西方环境伦理学已将环境道德关怀的对象从人类扩展到动物、植物乃至土地、水资源、矿产资源等生态系统。在这种背景之下，后现代过程哲学视域中教学环境的内在价值概念要求摒弃以往主导人类基本社会生活的人类中心主义价值观（anthropocentrism），而转向非人类中心主义或自然中心主义（anti - or non - anthropocentrism）①，重构教学生活与环境的伦理关系，赋予教学环境一种道德神圣性和类似于人的道德权利，教学生活本身对环境具有某种道德义务，将教学环境视为教学生活"共同体"的组成部分，教学环境影响教学生活，同时也被教学生活所塑造。

现代西方环境伦理学对环境的内在价值的研究有两种思路，"一是借鉴传统人类中心主义的价值论方法以个体主义价值论为研究取向，二是与个体主义传统相背离建立在整体论基础上的整体主义价值理论"②。毋庸置疑，以过程哲学的理路看待教学环境的内在价值，并非独立地讨论身体环境、学校、家庭、社区（社会）环境及自然环境各自的内在价值，因为作为个体的存在的价值本身是固有的，而且非常复杂，存在好坏、正负影响之分，本研究只是以过程的视角将教学环境视为生态和谐的、整体的存在物，从提升教学生活品质、过幸福教学生活的维度看待教学环境的内在价值，论证教学生活本身对教学环境应给予的道德关怀和承担的道德义务。

首先，整体地看待教学环境的内在价值，是由身体环境、作为"共同体"存在的关系环境、作为"连续性经验"存在的课程环境，以及由课堂、学校、家庭、社区（社会）及自然整合的环境组成，是各环境因子之间互相联系、交互作用的结果。教学环境内在价值主

---

① BC O'Neill，M Oppenheimer，*Dangerous Climate Impacts and the Kyoto Protocol*，Science，2002，p. 296.

② 曾小伍：《环境的"内在价值"——第三种思路》，《科学技术与辩证法》2007年第2期。

体并非师生个人或师生群体,而是教学生活本身。教学生活中对环境内在价值的观照并非是出于对教学生活及其中的师生成长的有用性的认识,这是一种工具性的价值存在,而是对教学环境本身的整体性、独立性,及其健康的生成发展过程的尊重和敬畏。

其次,教学环境具有内在价值还在于教学环境本身就是目的,自有其存在的合理性,保持教学环境本身的稳定和谐即最大的"善",教学环境中各因子皆有其生存发展的权利。正如罗尔斯顿所言,"生态环境的内在价值就是某些自然情景中所固有的价值,不需要以人作为参照"①,因此,教学环境中的内在价值研究将打破传统价值观中"只有人有价值,自然界没有价值,人是一切价值的尺度"的谬误,将教学环境整体及其中的各因子置于道德关怀的视野之内,教学生活及其中的"人"对教学环境负有直接的道德义务。譬如说:师生的身体状况是师生追求幸福教学生活的重要前提条件,身心的整合,内在身体与外在身体的统一是师生能够快乐地教与学,能够在教学生活中享受教与学的乐趣的先决条件,因而,"师生身心愉悦地在那儿"——这本身就是目的存在,如此怎能否认作为身体存在的教学环境的内在价值?再譬如:在教学生活中,教师与教师组成的"教育共同体""专业共同体"以及由儿童组成的"同伴共同体"内部及彼此之间的关系是教学环境的重要组成部分,这种"关系"需要来自学校管理者——校长,以及来自师生自身的精心维护,作为教学生活的道德关怀的对象自有其存在的价值和需要。这正如"有机体拥有的属于它自己的'善',某种内在的'善'"②,这种'善'正是教学环境的内在价值,一种类似于人类的道德的主体性。

再次,教学环境的内在价值并不在于教学环境对教学生活及其中

① 韩立新:《环境价值论》,云南人民出版社 2005 年版,第 76 页。
② [美]霍尔姆斯·罗尔斯顿:《哲学走向荒野》,刘耳、叶平译,吉林人民出版社 2000 年版,第 9 页。

的"人"有用，而更在于实现自身良好的生存环境，维持自身的生态状态。譬如说，教学环境中的学校、课堂、家庭、社区（社会）及自然环境始终处于相互依存和相互作用的过程之中，广义的教学不可能仅仅发生在校园、课堂当中，儿童在家庭、社区（社会）及自然中汲取丰富的生长能量和养分，既是教学环境存在的目的，同时也是促进教学环境生成发展以及改善教学生活的手段。学校、课堂、家庭环境在教学环境的生成中占据着主动和主导的地位，社区（社会）及自然环境的探索和浸染不仅使儿童因享有自由而更具有创造性，而且其本身也蕴含着无数的创造元素和创造可能。这些正是教学环境成为教学生活以及其中的"人"的道德关怀对象的原因，也是教学环境内在的价值意蕴。

2. 过程哲学视域中教学环境的外在价值

马克思主义哲学认为："'价值'这个普遍的概念是从人们对待满足他们需要的外界物的关系中产生的。"[①] 以现代性理性精神——工具理性看待人和自然的关系，是利用各种工具手段以征服自然满足人类发展的功利性需要的过程，"人"成为征服自然并改造社会的"自由主体"，自然环境被视为可征服、可改造、可利用的客观物质对象，自然环境于人类的精神文明和物质文明的进步而言自有其存在的"工具性价值"，即"外在价值"。将现代性视域中自然环境的被征服、被改造和利用的境遇投射于教学环境，同样，教学环境亦成为被规训的对象，其目的是为了——控制课程的"行为目标"、完成教学的"标准教法"并拥有"纪律严明"的课堂，以封闭的课堂、以控制与被控制的师生关系、以与自然及社会的隔绝为代价片面追求儿童认知能力的发展即智力的开发，更多出于对竞争、对分数、对排座次等事情的关心。因此，"未来所需要的并非是成堆的知识分子，而

---

① 《马克思恩格斯全集》第 19 卷，中共中央马克思恩格斯列宁斯大林著作编译局编译，人民出版社 1963 年版，第 407 页。

是大量受过教育的人——会感觉、会行动也会思考的人"① 的认知在现代性的重压下被忽略了，然而，这些被忽略的对象却正是过程哲学视域中教学环境的价值导向。过程哲学视域中的教学环境是由多种复杂的因素构成的，它包括个体的身心发展状态、"共同体"的关系状况、回归生活的"连续性"课程以及与家庭、社区（社会）及自然整合的物质环境等，笔者认为以过程哲学的"倡导开放、平等，鼓励创造、多元的思维风格；推崇对世界的关爱，对过去和未来的关心；反对二元论，信奉有机论，提倡对世界采取家园式态度"② 的观点探讨教学环境的外在价值，必然表现在师生的创造性精神的培养、一种"关心关系"的形成以及对生活世界的回归等方面。

首先，在生成变化的教学环境中培养师生的"创造精神"。过程哲学服膺"生成之外无存在……生成是对存在的肯定"③，"观念的停滞是危险的，不投入新鲜成分的观念是危险的"④，发现、探险、创造性和谐是宇宙存在的深度秩序。因此，过程哲学视域中的教学生活崇尚一种富有创意的生活，最推崇的活动应该是创造性活动，师生的创造性人格养成应是教学的目标之一。然而，创新思想和创造精神绝不是封闭的课堂教学、僵化的师生关系、单一的学习方法和知识体系所能够给予和培养的，过程哲学视域中的教学生活所拥有的动态生成、不断发展变化的教学环境对师生创新思维和创造精神的培养起到了至关重要的作用。课堂、社区（社会）、自然作为整合的生成的物质环境为教学生活的延展不断打开新的视野，让儿童走出封闭的课堂和校园，弥补缺失的自然和社会教育，生发探索的愿望并享受探险的

---

① Charles L. Silberman, *Crisis in the Classroom*, Wildwood House Ltd., 1973, p. 7.

② 陈英敏、高峰强：《过程、整体与和谐——后现代语境中过程哲学与中国传统文化的碰撞及启示》，《华东师范大学学报》（教育科学版）2009 年第 3 期。

③ Gilles Deleuze, *Nietzsche and Philosophy*, Translated by Hugh Tomlinson, Columbia University Press, 1983, p. 23 - 24. 转引自王治河、樊美筠《第二次启蒙》，北京大学出版社 2011 年版，第 443 页。

④ ［英］怀特海：《怀特海文录》，陈养正译，浙江文艺出版社 1999 年版，第 313 页。

乐趣，教者不断有创新的教学方法、手段以及与鲜活的生命世界相联系的教学内容，作为学习者的儿童也因为身心的放松而张开了想象的双翼，享受了学习的乐趣。教学生活中教师与教师、教师与学生以及学生与学生融为一体是一件极为快乐的事情，因为教与学是一种双边的活动和合作的行为，师师之间、师生之间、生生之间进行双边学习，建立"学习共同体"，这种团队互助的学习和研究方式促使个体为了发现而探险，有利于碰撞出智慧的火花并养成创新的冲动，正如《共同学习和孤单学习》一书的作者所言："为了一个共同的目标携手合作所取得的成就远远高于单兵作战，所带来的创造力远远大于单干。"① 当课程知识与儿童的经验、兴趣以及真实生活相连接并不断发生交互作用时，这种课程知识成为儿童享受教学生活的一种美好环境，知识学习从控制的过程成为儿童享受的过程，教育成为一种随性的使儿童得以享受自然的过程。因此，过程思维中的教学环境是生成的、和谐的，它所给予儿童的是一个丰富的、广阔的空间，赋予儿童探索的自由，使儿童的创造精神养成成为现实与可能。

其次，在连续性教学环境中培养儿童与自我、与他人、与自然、社会以及与知识的"关心关系"。德国哲学家马丁·海德格尔（Martin Heidegger）将关心描述为人类的一种存在形式，既是人对其他生命所表现的同情态度，也是处事时的严肃考虑；美国人文学家内尔·诺丁斯认为关心最重要的意义在于它的"关系性"，其关心理论认为"学校教育的首要任务是关心孩子，鼓励有能力、关心他人、懂得爱人，也值得别人爱的人的健康成长，而不是仅仅让孩子学会竞争。抚养孩子和教育学生建立一种互动关系和连续性，这些都必须从构建信任关系开始，并且持续维护和完善这种关系。教育中的'关心关系'需要从教育教学中地点的连续性、人的连续性、目的的连续性和课程

---

① David W. Johnson, Roger T. Johnson, *Learning Together and Alone: Cooperative, Competitive, and Individualistic Learning*, New Jersey: Prentice Hall, 1991, p. 40.

的连续性等方面做出努力"。① 这种连续性更有利于让儿童与他者之间形成一种关心关系，这也正是过程哲学视域中的教学环境的重要价值意义之一。师生在教学生活中保持一种身心的整合和愉悦状态，以健康的身体和精神面貌积极融入教学生活，这首先是"对自我的关心"。教师与教师、教师与学生、学生与学生构成"共同体"，关心彼此的需要和情感，形成一种紧密的互助关系。学生在连续的教学场所内与相对固定的教师和同伴交流学习，与学校、老师及同伴结成较为亲厚的情感关系，培养对环境及他人负责的人生态度，这才是教育的真正目的，这种"地点的连续性"及交往合作的"人的连续性"②让儿童与学校之间，以及教师与教师、学生与学生之间建立了一种紧密的互相关心的生态关系。除了稳定的学校课堂环境之外，有效利用家庭环境对儿童进行情绪、情感和社会性发展的培养，塑造儿童良好的性格，以自然愉悦的亲子互动培养儿童尊重、关心他人，勤勉守序的良好品格；与社区（社会）、自然环境连通，让儿童用心去体验自然及社会中的生态，学会关心身边的人、关心陌生人、关心动植物、关心非生命的物品和器具，与他们之间建立一种爱的关系，使教学生活与他者的生命维系了一种有意义的连接。课程知识的内容必须与儿童过去及将来的个人生活经历相联系，这使得学校的课程除传统课程以外有可能围绕儿童关心的不同主题展开，使得学校的道德目的优先于学术目的，教学将从儿童的目的、兴趣和能力出发，重视儿童多方

---

① ［美］内尔·诺丁斯：《学会关心——教育的另一种模式》，于天龙译，教育科学出版社 2003 年版，第 3、85 页。

② 这里的"人的连续性"即诺丁斯提出的师生关系的连续性，她认为不管是以个人还是小组为单位进行教学，教师应该与学生一起工作至少超过 3 年，或者任教不止一门课程。也就是说，无论是作为某个班级的任课教师，还是作为"共同体"的成员，教师与教师、教师与学生，以及学生与学生之间应该保持一种稳定的、连续性的人际关系。研究者在 F 中学以及 FCY 小学的调研结论也佐证了这一点。F 中学的学生初中三年期间任课教师基本不变，FCY 小学教师与学生的带班关系分为 1—3、4—6 两个学段。老师们都认为和学生保持稳定的 3 年左右的师生关系，对教育教学的品质提升以及良好师生关系的形成至关重要。

面能力的发展，而不是给所有人提供相同的教育。因此，"连续性"教学环境的构建为促进以"关心关系"为主旨和内容的教学生活的形成创造了条件，使得教育教学越来越人性化。

再次，在开放生态的教学环境中让教学回归"生活世界"。生活世界是我们在生活的自然态度中所能直接感知的世界，它是个人和群体生活于其中的现实而又具体的环境。回归生活世界并非指回到日常生活世界或日常生活状态，而是意味着教育教学要起始于生活并回到生活，课程与教学围绕儿童的生活经验和情感展开，又能回到生活中去解决实际问题。[①]"教育就是要营造一汪沐浴灵府的深潭，让人沉醉其中，使人神清气爽，让人们有可能去经营生活、咀嚼生活、品味生活，成为一个性情通达、才智清明的人"[②]，因而，教育与生活有着千丝万缕的联系，教育的目的是使人学会生活、热爱生活、享受探索生活的乐趣。然而，现代社会工具理性控制之下的教育教学被囿于学校及课堂的狭窄天地之内，课程知识沦为学科知识的缩影，知识教学被绝对化并代替了全部的教学生活内容，知识的获得成为现代教育教学的最直接的目的，而且这种知识被片面化为学科知识，被异化为对升学有用的知识。这不能不说是现代教育教学的悲哀！但是，让教学生活回归生活世界的诉求并非一味地拒绝、回避科学世界的教育，科学世界的教育是从生活世界教育中分化而来，并非是对知识教学的全盘否定，而是以生活世界教育教学为基础和根本，同时改变科学世界教育教学的方法增加其过程中的交往性。生活世界与科学世界教育教学意义的融合和领域的统整才能成为现代教育的基础。过程哲学视域中的教学生活崇尚过一种"有根"的生活，"根"即"生活世界"，强调教育教学与大自然、与社会、与实践及传统文化的血脉联系，这

---

① 黄亚南：《走向教学本真：教学回归生活世界的根本追求》，《当代教育科学》2013年第10期。

② 肖川：《教育的理想与信念》，岳麓书社2002年版，第63页。

正是过程哲学视域中构建开放的、生态和谐的教学环境的价值诉求——让教学得以回归生活世界。

现代人常常将"教育教学"与"学校"在某种程度上画上等号，其实，在学校产生之前教育即已存在，否则人类的生产和生活经验何以传承？人类文明的传承一直依靠以自然、社会、文化整合一体的生活世界，可以说现在教育的"根"在"生活世界"中，只是在对"科学世界"过度索求的过程中遗忘了教育的自然本性和对生命的尊重，遗忘了"我们的教育是同我们的生命一起开始的"。① 事实上，我们每时每刻都在接受教育与教学，在各种开放的"共同体"中学会学习和交往，实现个性化的发展。而且，在与人、与社会及自然交往的过程中学到的知识往往比书本知识对儿童更有影响力，这是一种自然率性的教学，类似于《中庸》开篇所言："天命之谓性，率性之谓道，修道之谓教。"教育教学应以自然的态度在自然中发生，科学世界的学习只有回到生活世界中才能得到现实的呈现意义。过程哲学视域中的课程实施强调课程与儿童的生活相连接，非指还原儿童的现实生活或对儿童生活进行简单复制和肤浅的解释，而是指课程内容与儿童本真发生交互作用，让课程实施为儿童成长提供一个开放性的环境，在解决问题的过程中激发其探究的热情。

环境是一个一般概念，它构成了我们生活的条件，包含很多要素也包括人类自身。在过程理论看来，师生作为知觉个体参与教学环境，教学环境之于教学生活，犹如鱼与水是互相交融的关系，是教学生活的"诗意栖居"之地。于师生个体或群体而言，他（他们）的教学生活从课堂、学校开始，可迁延至家庭、社区（社会）和自然世界，既关注师生的骨肉躯体，亦重视师生心之所在，将师生的身体与生命、心灵和情感的融合，以及与生活和体验相连接的课程统整为教学环境的主要内容。从身体到心灵，从校内环境到校外的自然和社

---

① ［法］卢梭：《爱弥儿》（上卷），李平沤译，商务印书馆2011年版，第13—14页。

会，从师生存在的连续性关系，到围绕儿童的生活世界组织而成的连续性课程，都可能构成教学生活的存在之所。过程哲学视域中的教学环境既是主体存在的，又是客体化的；既是稳定的，又是不断生成变化的；是开放的，而且也是生态和谐的；既需要道德关怀，同时也具有使教学生活更具"创造性"、充满"关心"意味，以及使教学生活回归本真的生活世界的客体价值。

第五章 过程哲学视域中的教学生活图景：事件的连接

> 世界是所有事实的总体，而不是事物的总体。

——维特根斯坦

> 所谓自然就是形成系统结构而相互规定意义的"事件"的生成性，用时间和空间来表示事件的这种系统结构性。将"事件"这一名称赋予时空性的事态，"事件"没有快速变化的含义。

——怀特海

维特根斯坦在其著作《逻辑哲学论》中将世界分解成诸事实，认为世界是所有实际情况，而且强调只有全部事实加在一起才决定了世界。[①] 他认为，之所以将世界看成是事实而非物的总和，主要是因为："世界是如何的，这是由描述而非对象的罗列给出的。"[②] 这句话可以理解为世界并非一堆物（对象）或人的名字组成，更重要的是应该描述这些物和人具有的什么属性以及处于何种关系之中，也就是描述出事实是怎样的。维特根斯坦的这一思想与怀特海过程哲学中的"事件"理论有着一定的异曲同工之处。希腊哲学家认为，人不可两次跨过同一条河流，因为河水是不停流动的，永远是此一时而非彼一时。

---

① 韩林合：《逻辑哲学论研究》，商务印书馆 2007 年版，第 32—33 页。
② 同上书，第 34 页。

因此，过程哲学家认为世界万物永远都在不停变化中，唯一的基本存在物即是"万物的变化过程"，并且将构成过程的单位称为"活动性存在"（Actual Entity）或"事件"（event）。怀特海在其著作《过程与实在》中建构了一个开放的、能动的、创造的无限宇宙观，将"事件"视为构成现实的、自然要素的终极单位，事件具有第一性。他认为"当我们摒弃简单定位的物质质点这种概念之后，那些终极的事实，基本的东西，科学所讨论的自然终极事实乃是事件（events）"。① 事件的生成构成了过程，因此事件本身与过程相关，整个宇宙就是由各种事件、各种实际存在物相互连接、相互包涵而形成的有机系统，世界的变化即源自各种事件的连接。维氏认为世界是表述出来的事实，而非表述的对象——"物"，怀特海将各种各样的物理对象和四维时空连续的"存在"，解构成各个"事件"的生成及其相互关系。② 相比较而言，怀氏的"事件"理论更强调对象和时空的生成过程，更符合将教学视野的中心由关注知识转向关注事件的教学时空观的变革。

因此，以过程哲学视域的"事件"理论透视教学生活，将"事件"视为各种教育教学活动，如果说教学生活中充斥着各类教育教学事件，那么，教学生活即由各种"事件"连接而成，"事件"以其时间的延续性和空间的存在性促成了整个教学生活的绵延。教师、学生、课程、教学环境、教学方法和手段等只能是教学事件（教学活动）的参与者，教学生活是这一系列因子之间相互作用的双边活动或多边活动，是师生成长、课程及环境建构的生成流转。因此，过程哲学视域中的教学生活图景以"事件"统摄教师、学生、课程、环境等因子，视其为一种过程性的存在，是各类"事件"生成发展的过程。

---

① 朱建民：《现代形而上学的祭酒——怀德海》，台湾允晨文化实业股份有限公司1983 年版，第 74 页。

② 田中裕：《怀特海——有机哲学》，包国光译，河北教育出版社 2001 年版，第59 页。

一 过程哲学视域中的教学生活
"事件"的概念与本真

（一）物、事物、事、事件

"物""事物""事""事件"是在日常生活中以及哲学研究的理论建构领域经常会遇到的一些问题概念，之所以复杂和重要，一方面源自这些概念在日常生活世界中出现的频率之高并且在使用中易混淆，另一方面是由于在日常使用与哲学分析中的误解以及新问题的不断出现，因此有必要对它们进行分析。

从哲学研究的视角看，物与事物既有联系又有区别，事物都是物，物则并不一定都是事物；物是指一切具有三维特性且本质上可知觉并可经验的、可体验的对象，事物则指那些已经被经验认知且命名之物；物是事物的客观基础，事物是主体对物的认知结果。① 物与事的区别在于后者包含主体的参与及其过程，物是主体可知觉并可经验的对象，若没有主体的参与，物只为物；若主体参与（看到、感受到、经历过、做过……）物的变化过程即为事。因此事与物的本质区别在于前者强调主体的参与以及物的变化的过程，譬如，桌子本身为物，桌子倒了则为事，因为包含了"某人看到桌子倒下的过程"，若无人看到，则不可能成事；以此推理，知识本为物，知识学习即为事，包含主体对知识的吸收和理解过程。故而，哲学的主要问题是事，而不是物，哲学不能向物而思（to be the things）而只能因事而思（from the facts）。②

一般意义上，人们往往习惯于将发生在日常的生产、生活、政治、经济及文化领域的重大事项称之为"事件"，《现代汉语词典》

① 周健勇：《事物、事件和世界》，《求索》2001 年第 5 期。
② 赵汀阳：《共在存在论：人际与心灵》，《哲学研究》2009 年第 8 期。

（商务印书馆 2002 年增补本）将事件解释为历史上或社会上发生的不平常的大事情，主要指政治事件。课程学者 Nelson 认为，事件涉及人们有目的的活动，按照目标行动以取得一定的结果，在此过程中同时伴随着人与人之间的交互关系。① 还有学者认为事件是人所参加的有目的的活动②。以哲学视角可以从"共时性"及"历时性"对"事件"进行剖析。从"共时性"看，"事件"首先是"事"，当然，"事件"的内涵不仅仅指"事"或"事物"，更重要的在于主体对事或事物的不同性状的理解、判断和解释，也可能是指称对所有可能事物或虚拟事物的描述。从"历时性"分析"事件"，"每一'事件'都经历了从'原生事件'向'意识事件'，直至'文本事件'的过程"③。因此，同一事或事物，由于主体不同的感知和理解结果，有可能成为不同的事件，事件中包含着的不同的因果联系促使变化的产生，以及不同性质的事件的产生，这种变化本身也是事件。也就是说，"每一事或事物本身也是由不断变化的事件构成的，事或事物的属性和关系也可以由某种方式还原为一连串事件的属性和关系。"④因此，事件本身是不断发展变化的，事件的发展变化，以及变化的原因和结果中都包含着时间和空间的变化。每一"事件"有可能由更小的事件组成，事件因为原因和结果的不同而具有了个性化的特征，又因为时间和空间的不断变化带来经验和行为的变化，即经验的连续性和行为的连续性，因而，一个较复杂的行为由更小的具体且分化的连续性行为组成，或者说一个行为本身就是更长时间的行为的组成部

----

① K. Nelson, *Event knowledge: Structure and Function in Development*, NJ: Erlbaum, 1986, p. 12.

② 高文：《试论课程与教学的一体化研究》，《外国教育资料》1996 年第 6 期。

③ 这里的原生事件指生活中实实在在、原原本本发生的事件；意识事件指进入人的意识并为人类所认识和把握的事件；文本事件即指被写成文本，被文字固定下来的事件。参考自陈晓端、龙宝新《回归事件：后现代有效教学的使命》，《陕西师范大学学报》2007 年第 2 期。

④ ［英］梅勒：《事件、原因、事物和部分》（一），陈蹇君、顾建光译，《现代外国哲学社会科学文摘》1993 年第 8 期。

分，并且行为本身也是事件。譬如："'我'开始写作业"这一行为本身，包含"'我'打开课本和作业本，拿出笔，开始写作业"这一序列行为；再譬如：由学生与学生构成的"同伴学习共同体"组织进行某项研究性学习这一事件，包含了"组成'学习共同体'""选定研究课题""组织'研究性学习'"等一系列事件。事或事物本身的存在并不能代表事件的生成，教师、学生以及研究课题三者的并存并不必然昭示学习事件的发生。

（二）教学生活中"事件"的本真

怀特海作为一流的数学家和物理学家，提出了与爱因斯坦相对论不同的、建立在直觉基础上的时空理论——"事件"理论，他深刻地认识到，在牛顿物理学的观照下，世界是没有精神、没有生命、没有意识的死的物质，是机械存在的，是主客对立的。"事件"理论是怀特海过程哲学的本体论思想，更是其哲学体系的出发点和理论基础。他认为，"事件"是自然中实际发生的东西，"宇宙就是事件场"，除此以外别无他物。[①] "事件"与宇宙本身是同质的，要表现宇宙的生命力就需要事件本身也具备一种内在的活力。事件不仅具有活力，也具有一种普遍联系性，事件与事件之间并不是一一对应的关系，由于生命力的作用，新的事件在不断地生成，这种生成离不开旧的事件，旧的事件就像是土壤，为新事件的生成提供了丰富的养分，这种联系绝不是简单机械的，而是有机一体的。

1. 教学生活中"事件"的范畴

作为对上述阐述的回应，教学生活中的一切事物和过程必然都作为事件或事件的组成部分而存在。从"共时性"来说，教学生活中的"事件"所指包含两重含义，一是作为教学生活本体的事件，也就是说教学生活本身就是一种"教学本体事件"；二是对构成有机的

---

① 王立志：《怀特海的事件思维》，《光明日报》2014 年 5 月 16 日第 16 版。

教学生活的具体性事件的描述、解释或判断，可以指教育者可预设的活动或事件以及非预期突发的事件或活动，可以指作为教学内容的"文本事件（课程）"，或作为教学媒介的"话语事件"，也可以指促进师生成长的"关键事件"，或指称构成教学生活重要组成部分的"环境事件"等等。也就是说，本研究第二、第三、第四章中的师生成长、课程和环境共同构成了教学生活中的重要事件。

从"历时性"看，首先，无论是在教学生活过程中实际发生的事实或事态，或被预设的事实或事态都可被视为教学生活中的"原生事件"；当师生以自己的经验和体悟对教学生活中的原生事件进行分享、理解和重构时，即产生了教学生活中的"意识事件"；而那些被师生认可或经历，并以文字形式固定的则成为"文本事件"。教学生活中的普适的"文本事件"一般指课程内容，指称那些以文字形式被规定和规范的课程文本；还有一类"文本事件"仅针对特定的环境和特定的对象发生，指称那些被思考、被意识加工过的，拥有了些许个性特色的，有着"我"或"我们"的印迹的文本内容。

2. 教学生活中的"事件"是"恒在"而非"恒定"的存在

教学生活中的各类"事件"在不断地发生，永远存在。首先，作为教学生活中的"原生事件"的各种事实或事态始终存在，无论是教学目的、教学方法，还是教学环境的变化都以各种事、事实、事态表现出来；其次，从现象学的"面向事情本身"[①] 的角度去分析，教学生活中的"文本（课程）事件"与各种事实、事态有着天然的联系，事实或各种事态始终存在，因而教学生活中的"文本（课程）事件"本质上即成为对"事实或事态本身"的表述，因此文本（课程）事件也始终存在；而各种"意识事件"则成为师生对各种"原生事件"和"文本（课程）事件"的掌握和再造，即各类"事件"

---

① 杨道宇、郭华：《让课程面向事情本身：内容与方法》，《教育研究与实验》2011年第 2 期。

在进入师生的主体意识后被进一步理解和重构。

从事件的两重性意义去分析，作为教学生活的"本体事件"和作为教学生活构成的"具体事件"是整体和部分的包含与被包含的关系。教学生活是恒在的，从昔到今乃至将来永恒存在，教师、学生、教学方法、教学目的、教学环境在一定的时空中交织生成不同的"事件"，并进而构成师生的教学生活，因此，作为教学生活本体的教学事件是恒在的。

教学生活中的各类"具体事件"是师生围绕共同的话题展开的丰富的生命活动，其中有知识的传授、情感的交流、行为的互动，更重要的是一种精神的塑造，因为教学的更高目标应该是转识成智，进而化智成德。因此，作为教学生活构成的各类"具体事件"生生不息、交错穿梭，构成了教学生活的图景。教学生活由师生共同演绎，以各种不同性质、不同主题的"事件"诠释了教学生活的生命性和过程性，从这个意义上说，教学生活中的"事件"是处于生成变化中的，是恒在而非恒定的存在。

3. 教学生活中的"事件"是"有序事件"和"无序事件"的对立统一

过程哲学视域的教学生活中，微观的、普适的"事件"通常可以凭借另一说法来诠释，即教育教学活动。一方面，每一"事件"（活动）都是师生在特定的时空中的"行走"，教师、学生、事件发生的时空环境、师生交往的媒介都是特指且具体的，不抽象、不笼统，有明确的细节，是"有序"的存在。另一方面，教学生活本身可以看作是"无序"和"有序"的结合，既包含着代表合理、高效、美好的理想教学生活状态的"有序"事件，也充斥着代表后现代思想的不确定性、差异性和偶然性的"无序"事件。如果说，"有序"是事件之间有规则的联系、运动和转化，这种有规则在多数意义上是预成的，更多体现为具体性；"无序"则是事件之间没有规则的联系、运动和转化，但这种"无序"又并非是"混乱"的，而是如埃德加·

莫兰（Edgar Morin）赋予"无序"概念以"生命"的律动。莫兰对此解释为："……一个只有'有序性'的宇宙，是没有变化、没有革新、没有创造的，而一个只有'无序性'的宇宙则不可能形成任何组织，因此将不能保持新生事物，从而也不适于进化和发展。一个绝对被决定的世界和一个随机的世界都是片面和残缺的。"① 同理，教学生活中充斥着各种规则的"有序"事件和不可预见的"无序"事件，二者是对立统一的，使教学生活在一定意义上成为一种特殊的生活。

　　研究者在第二章中已用较为详细的笔墨对教学本身即是一种特殊的生活作了论述，教学作为一种特殊的生活其特殊性重点表现在教学生活的"精神性""教育性"和"动态生成性"。② 教学生活的主旨不是知识的传授和学习，而在于"完整人"的成长和发展，在于个体的精神建构。因此，无论是作为教学生活本体的教学生活事件，抑或是作为教学生活构成的具体性事件，在此意义上分析都是"有序事件"和"无序事件"的结合，既包含预设事件，但更多是不可判定、不可预估的事件，具有活化个体的作用，即能够使教学生活更有活力，使个体更有能量、更具激发性和创造性的潜能。

　　教学生活中事件的"教育性"还在于教师作为教育者的意向性参与，正如马克思·范梅南所认为的，教师赋予教学生活中的事件以教育学意向，包括教师对教育对象的爱心、关心和希望，这些关于"爱"的表达因其"无序"状态而更真实、更自然，使得事件具有了教育学意义的意蕴。教学生活是"动态生成"的，来自对教学生活中事件发生的偶然性和不确定性的推论，即更关注教学生活中事件的"无序性"，事件的发生发展来自各种因素（教师、学生、教学内容、

---

　　① ［法］埃德加·莫兰：《复杂思想：自觉的科学》，陈一壮译，北京大学出版社2001年版，第159页。
　　② 罗祖兵：《从"预成"到"生成"：教学思维方式的必然选择》，《课程·教材·教法》2008年第2期。

环境、目标、方法）之间的联动和互相反应，"事件只能是对事实或事物的某种'独特'表达，而非事物的终结或分离"。①

因此，教学生活的"有序"事件和"无序"事件可以相互转化，两者间没有绝对的界限，"有序"事件从"无序"事件中产生，"无序"事件能提升"有序"事件的品质和层次，从而活化整个教学生活，使教学生活更具生命的活力，使师生通过教学生活实现对自身的不断超越和自我价值的实现。

二　过程哲学视域中教学生活的"事件"的类型

依据过程哲学视域中教学生活的"事件"的概念及其本真，可以从 4 个维度 8 种类型对其进行分析。

（一）学习事件与教学事件

第一个维度即从信息加工心理学的视角依据教学生活中"事件"发生的主体的不同，分为"学习事件"和"教学事件"，通过对学习事件进行细致的分析而为合理地安排教学事件提供一定的依据。根据人类的信息加工理念，任何一个学习事件发生的历程中都伴随着不同的加工和转换，从学习者在环境中接受刺激并激活感受器，到选择性知觉进行短时记忆，直至进入长时记忆贮存并提取、反馈，与这一系列学习与记忆的信息加工的内部方式相对应的即是一连串的学习动作，即事件的发生。② 这是一种从学生的角度将学习过程视为一种本体存在的历时性事件的分析方法。除此以外，还可以从某个时间节点的突发事件的角度将学习事件视为"在教学事件影响下的学生内在学

---

① 陈晓端、龙宝新：《回归事件：后现代有效教学的使命》，《陕西师范大学学报》（哲学社会科学版）2007 年第 2 期。

② 马兰、盛群力：《学习事件与教学事件——从信息加工看学与教的过程》，《杭州教育学院学报》1993 年第 3 期。

习结果的一种非预期的外在表现，如学生的问答、提问和课堂表现出乎教师的预设，与完成预设的教学事件所需要的心理能力出现了异步，是一种内隐能力的外在表现"[1]。例如，在关于"磁铁"的物理课堂教学中，学生不小心把条形磁铁摔成了两半，于是可能出现"这块摔断的磁铁是否有两极"的问题。在此，学生的问题构成了新的学习事件，原有的教学预设被打断，教师需做出即时反应以新的教学事件回应学生的心理需求。这类学习事件一般是一种突发状况，具有情境性和直观性的特点，是学生当下的学习结果，是对原有预设的教学事件的反馈，主要指学生的知识准备、思维发展水平及学习观念等与原有要求发生了不同步的现象，或有所超出，或相对滞后，因此要求教师改变原有已预设的教学安排，并在此基础上生成新的教学事件。

相对应地，教学事件的生成主体以教师为主，是指依据学生进行学习活动时的内部心理进程而安排的支持性的外部教学活动。美国著名教育心理学家和教学设计理论家罗伯特·加涅（Robert M. Gagne）依据学生学习时的内部心理阶段从信息加工心理学的视角提出其著名的九大教学事件理论[2]：（1）引起学习注意；（2）告知学习目标；（3）刺激回忆相关旧知；（4）呈现教学内容；（5）提供学习指导；（6）引发行为表现；（7）给予信息反馈；（8）评估行为表现；（9）增强保持与迁移。这一系列教学事件作用于学生，学生相应产生一系列学习事件并伴随着不断的心理变化。这是加涅基于行为主义理论提出的，对学习效率问题更为关注。

教学事件是从学习事件中引发而来的，前者以后者为依据，是对内隐的学习事件的外部支持性活动（事件），二者之间相互匹配、相互调适，以达到更好的教学效果。通常情况下事件的发生以一定的心

---

① 罗德红：《学习事件：教学生成的一种可能性资源》，《中国教育学刊》2009 年第 11 期。

② 盛群力：《教学设计》，高等教育出版社 2005 年版，第 172—173 页。

理进程为顺序，但并不意味着一成不变。在学习事件和教学事件发生的过程中，以学生和教师为事件发生的主体，但二者也并不是唯一的主体，话语选择、媒介刺激、环境变化等都可能促使教学生活中事件的发生。譬如在以刺激吸引学习注意的事件过程中，教师语音语调的变化、手势，提问的方式，图解的形式，刺激材料的选择等都可能产生新的教学事件。

（二）话语事件与文本（课程）事件

第二个维度即根据"事件"发生的媒介的不同，分为"话语事件"和"文本事件"。法国思想家利科尔认为，"话语"是某人在某一环境下，就某事、向某人说出的"话"，由口语和书面语构成且根据某些规则而组织起来。本研究所指的"话语"，既非语言学或逻辑学意义上之话语，也非福柯（Michel Foucault）的将话语视为一种特殊的实践，通过这种实践对主体实施意识形态调控，对身体实施规训以达到控制主体的目的。至 20 世纪 80 年代，伯恩斯坦（Basil Bern-stein）提出"教育话语"的概念体系，对作为政治文本的教育进行理解，并对教学生活中的课程知识的生产、组织、转化和传递做出说明。他认为教育话语包括能力话语（discourse of competence）和社会秩序话语（discourse of social order），彼此之间是一组相关且相嵌的关系。"所谓能力话语又被定义为教导话语（instructional discourse），主要在于传递特殊能力及传递符合教与学目标的评价指标所选择、组织的知识；而社会秩序话语则被定义为调控话语（regulative discourse），是作用于创造特殊秩序、关系、认同的形成，并建构教导话语的内部秩序，包括知识的选择，教学步骤、技能的规范，概念及信息，以形成教师与学生之间的社会互动与沟通关系。"① 伯恩斯坦的教育话语概念是对教学生活的规范性调控，决定了一种教育世界的再脉络化。

---

① 魏建培：《伯恩斯坦的"教育话语"探析》，《泰山学院学报》2009 年第 1 期。

但这同样并非本研究关注的重点。

教学是通过话语传递的，话语是影响教学生活质量的重要质性因素，是一种普遍存在的现象。话语不仅是教学生活赖以维系的重要"工具"，而且还可能成为在特定场域中不同意识形态支配下的各类社会活动，即师生通过参与沟通的言语活动而构成的社会事实。在这样的语境下，教学话语即成为不同的话语事件。师生是话语事件的参与主体，教师将来自另一语境下的知识进行复杂的再编码，从而使知识以一种适合的方式进行传授，是一种言语活动。① 这种言语活动以课程话语传递某种知识，以控制话语聚焦课程秩序以及师生关系，以个性话语表述师生自我的内在要求并进一步确认自身存在的价值。

教学生活中的话语事件发生在教学场域中，是师生在叙说一个个教学故事，记录着教学生活中不同人之间复杂的交往关系，因此，话语事件成为一种实在，是教学生活中的重要内容。从过程哲学视域看教学生活，话语事件并非仅仅是一个知识的传递过程，同时更是一种认知情感的传递过程。话语的专业解码形态赋予知识以不同的权力地位和等级，即教学生活中教师话语表述的确定性和唯一性无形中必然会提升知识的权威地位；不同的话语沟通形态很大程度上影响学习者对知识的情感认可度以及价值选择与判断，师生言语的互动性，话语事件中的情感隐喻使师生对教学生活的参与和情感得以进一步维系。

"文本"是广泛地运用于当代美学、哲学、符号学、语言学、文学学、文化学的术语，是当代人文学科的第一性实体，也是人文学科里使用频率最高的概念之一，是人文思维的直接体现。德国文学理论家伊瑟尔从人本主义理想出发，将文本视为一种事件性的存在，体现于文本与现实之间的交叉互动以及文本与读者之间的交叉互动两个方

---

① 闻人行、庞继贤：《知识亲和力的教学话语建构》，《浙江大学学报》（人文社会科学版）2012 年第 6 期。

面。① 这种观点更多地内蕴了文学文本的事件特质。课程专家伊尔巴兹（Elbaz）在 1983 年即提出课程不仅以文本的形式存在，而且还是师生共同参与讨论的一系列事件，并提出课程事件（curriculum events）的概念。② 也就是说，课程可以以文本形式存在，亦可以被视为一个个或孤立或彼此相联系的"事件"，因此，不能否认文本中存在着事件或文本本身即事件的观点。

教学生活中的普适的"文本事件"有两层含义，一方面指称那些以文字形式被规定和规范的课程文本，另一方面指称那些被思考、被意识加工过的，针对特定的环境和特定的对象发生，拥有了些许个性特色的，有着"我"或"我们"的印迹的文本内容或故事。前者是预设的、固有的，一般以教材文本的形式呈现；而后者则更具有动态生成的个性色彩和时代特点。"文本事件"强调文本是事件，或文本是事件发生的重要媒介，强调师生在面对既有文本或生成新的文本的过程中的创造性和主体性的发挥，把文本当作师生特别是学生对既有人类历史文化或现实生活的复演或展现。文本作为事件的观点强调师生共同参与对文本的讨论和创生，强调师生的主体性发挥，关注师生在面对预设文本或组织新的文本事件时的互动性和情感交流，文本不再只是一些既存于教育情境之外的书面的预设文件，而是师生在面对共同的教育情境时共同创造的一系列"事件"，因为这些"文本事件"的存在而使教学生活的意义与内涵得以建构。

（三）关键事件与普适事件

第三个维度即根据"事件"对师生个体或群体的影响力大小，分为"关键事件"和"普适事件"。"关键事件"一般意义上是指个体、团体或一些社会现象在发展的过程中出现的一些重大转折或发生的变

---

① 文浩：《伊瑟尔理论中的文本事件性初探》，《中国文学研究》2010 年第 2 期。
② 严仲连、杜志强：《课程事件当议》，《教育理论与实践》2007 年第 7 期。

化。英国学者沃克针对教师职业进行研究时最早提出"关键事件"的概念，认为所谓关键事件就是使从业者做出关键性的决策的事件，并指出对这些事件的处理方法对个体的专业发展有着非常至关重要的作用。赛克斯（Sikes，P. J.）认为将"关键事件"定义为"个人生活中的重要事件，教师要围绕该事件做出的某种关键性的决策。它促使教师对可能导致教师特定发展方向的某种特定行为做出选择"①。伍兹（Woods）将关键事件视为综合且有所侧重的教育活动项目，有可能持续数周甚至一年，可被称为主题、方案或者论题等。但着重提出只有那些能够引发强烈反应的时刻和事情、对个人变化和发展产生巨大影响的主题、方案或者论题才能被称为关键事件。他进一步提出关键事件是教师在社会化过程及被学生接受的过程中的关键因素，之所以关键，其原因在于一方面关键事件对教师的转变及其职业发展的重要性，另一方面更在于它们能够以不同寻常的方法促进对学生的教育和学生的发展。② 20 世纪 80 年代，英国教师教育专家大卫·特里普（Tripp，2001）在其著作《教学中的关键事件》中认为关键事件是"并非独立于观察者之外的'东西'，也不是像金块或无人居住的荒岛那样等待人们去发现，而是像所有的数据那样，关键事件是创造出来的"，并提出了创造教学关键事件的五种分析途径——思维策略、质疑问题挑战、窘境鉴别、个人理论分析以及思想批判。③

近年来，我国学者对关键事件研究也越来越重视，有学者和中小学合作对关键事件进行研究，认为所谓关键事件是指那些能够强化当事者（或参与者）的原有教育认知或引起当事者（或参与者）原有

---

① P. J. Sikes, L. Measor, P. Woods, *Teacher Careers: Crisis and Continuities*, London: The Falmer Press, 1985, p. 57.

② Peter Woods, *Critical Events in Teaching and Learning*, London: The Falmer Press, 1993, pp. 1 – 15.

③ David Tripp：《教学中的关键事件》，邓妍妍、郑汉文译，河北人民出版社 2007 年版，第 33 页。

教育认知冲突的事件。① 也有学者普遍认为关键事件对教师的专业发展和成长有很大的影响，认为关键事件是教师教育教学生活中的重要事件，是对教师个体的教育观念和教育行为产生较大影响的事件。②

本研究中的"关键事件"是指师生在日常教学生活中遇到或主动创生的，并且对师生而言具有重要意义的典型事件，其之所以关键集中体现在对教师及学生发展的影响力方面。师生根据事件的发生和发展做出决策和选择，对教师的教育观念、教学行为和专业态度产生影响，对学生的学习习惯、成长过程发挥重要作用，并有可能改变教学生活的整体环境和氛围。

因此，本研究的关键事件可以从两个层面作具体分析：第一个层面是指师生在教学生活中遇到的且对个体或群体产生重要影响的事件，亦可以视称之为普适的关键事件，具有典型性的特点，也就是说事件具有代表性，具有普适的研究价值。③ 譬如初任教师入岗前的培训、第一次授课；年轻教师的第一次公开课、第一次教学研究活动等等。还有一些关键事件是师生在教学生活中不经意间遇到的有可能是课堂教学事件，或者在学生教育过程中发生，看似微不足道但却经过反省和思考对师生个体产生重要影响的事件，这类关键事件对个体成长具有特别的意义。第二个层面是指师生在教学生活中主动创设的重要事件，具有主观性的特点，也就是说对事件的诠释取决于师生的主观理解，特别是教师根据自身的经验和兴趣组织、创设一些事件，对教学研究、教师专业发展及学生的学习具有重要意义和影响，有着强烈的个人色彩、个性化特质和偶然性。譬如教师在课堂教学中主动创

---

① 汤立宏：《关注关键教育事件，优化教师教育教学行为》，《中小学管理》2006 年第 12 期。

② 刘翠富、李利鑫：《关键事件对初任教师的成长分析》，《现代中小学教育》2012 年第 10 期。

③ "关键事件"有其属性，导致积极的正面影响的是正面的关键事件，同样，在师生在教学生活中也存在着有可能导致负面影响的负面关键事件，因此对"关键事件"的性质要进行判断分析和识别分类。本书所分析的是具有正面影响的关键事件。

设的情境事件，教师对文本的独到的话语解读，教师针对学生个体所采取的独特的教育方法等等。之所以被冠以创生的关键事件主要在于事件发生的环境，以及主导者对所发生的事件的解释和分析，日常普适事件经过教师的解释赋予事件以特殊意义也有可能成为对个体产生重要影响的关键事件。因此，是否能够在教学生活中主动创设关键事件成为衡量教师专业表现和水平的重要内容。在创生性的关键事件中，教师是事件的主要建构者，学生成为事件的重要参与者，学校管理部门及家长成为创生关键事件的重要资源的支持者。[①]

本研究将与"关键事件"相对应的事件指称为"普适事件"。普适通常指某一事物，特别是观念、规律等比较普遍地适用于同类对象或事物，一般指事物或事件具有普遍的共性和规律。教学生活中的"普适事件"通常指在惯常的教学生活中对教师和学生而言，具有共同或相似意义和影响力的事件。换言之，教学生活中常规的教学事件、教育事件和课程事件等都是显性客观存在且常态发生，一般意义上对师生群体或个体成长具有普适性的价值和意义（当教学事件、教育事件或课程事件摆脱常规态势，而基于特殊情境和需要发生时，即成为对师生而言具有重要意义的关键事件或特殊事件）。譬如：课程作为记录和反映历史和文化的载体而呈现，当被选择后的课程以文本资源的形式储存，并以既有知识的形式被传授时，课程被作为一种普适的文本事件而予以认定，这种静态存在的"文化资本"[②] 形式反映的是教学生活中"静态的普适事件"。[③] 加涅（Robert M. Gagne）基于

---

① 邵珠辉、李如密：《教师专业发展视域下的教学关键事件》，《教育科学研究》2010年第 10 期。

② 布迪厄将资本分为经济资本、社会资本（又称社会关系资本）和文化资本，并在其论文《资本的形式》中第一个完整地提出文化资本的理论，不仅描述文化与资本之间的关系，而且用来表述本身即作为一种资本的文化。参考陈燕谷《文化资本》，《读书》1995年第 6 期。

③ 罗生全、靳玉乐：《课程作为文化资本的话语构建机制探讨》，《教育研究与实验》2007 年第 1 期。

行为主义思想从信息加工心理学的视角提出的"九大教学事件理论",是最为显见的普适的教学事件,事件的发生以学生学习的心理进程为依据,反映的是教学生活中"动态的普适事件"。教师在教学生活中常规用于组织教学的日常语言、身体语言、课堂板书等也是一种普适事件,对学生具有普适的教育教学价值。

"普适事件"与"关键事件"通常是一种你中有我,我中有你的共生关系。之所以可以如此理解,通常是因为客观存在于日常教学生活实践中的"普适事件"经由教师的专业判断、理性思考和再加工后,有可能被赋予了深刻的教育教学意义而成为对个体而言具有特殊意义和作用的"关键事件"。因此,关键事件的寓意是我们主观赋予的,有可能是特殊的且偶然发生并具有独特的影响力,也有可能并非特殊的存在,甚至有可能反复发生或出现,目的也在于突出事件的作用和影响力。譬如:教师在授课过程中偶然发现一学生思想开小差,正低着头手里在玩弄什么,于是,教师突然停止了正在讲课的声音且目光直视那个学生。此时,课堂上突然肃静下来,同学们都抬头望着老师且露出惊疑的神情,那个学生也突然惊慌地抬起头望着老师,就在那一刹那间,学生了解了老师的意图,自觉地把注意力转入课堂。此时,教师使用的是一种无声的语言,在正常的课堂语言组织中适当留白,激发学生反省自己的行为,这正是教师对课堂状况进行自己的思考和判断后做出的专业选择,对学生个体而言可谓是一次特殊的关键事件。

(四) 偶发事件与常态事件

第四个维度即根据教学生活中"事件"发生的频率,分为"偶发事件"(Contingency)和"常态事件"(Normal Events)。"偶发事件"又可称之为"突发事件",通常指事先难以预料,且出现的频率较低,但又必须及时做出反应的事件,具有偶然性、突发性和紧迫性等特点。教学生活中的偶发事件特指在教学生活中突然发生的,预料之外的，通常指不良事件，以学生引起居多，因学生个体自身状况各异或事件发生的背景的复杂性，而使事件本身具有了不同于常态事件的偶然性和特殊性。偶发事件的发生虽具有偶然性但又经常不可避免，究其原因主要在于一方面由于学生个体的个性、气质的不同以及家庭、社会环境对学生的影响，而使得作为教学生活主体的学生本身有可能成为偶发事件发生的不可控原因；同时，教学生活所处的自然与社会环境是多变的，这也是偶发事件不可避免的重要原因；还有一点不容忽视即教学生活中的课程教学虽有相对稳定的模式，但其中教师的创造性劳动不可或缺，在生成创造的过程中有可能产生失误状况，也直接导致偶发事件的产生。

分析偶发事件的性质可对其进行分类，一是与认知范围相关的偶发事件，即所发生的事件与认知学习的内容密切相关；二是与认知范围无关即认知范围之外的事件，与教学内容和认知学习本身无关，但却与教学的秩序和师生的情感投入有着千丝万缕的联系。[①] 譬如：研究者偶然间接触过一堂小学四年级的语文课《苹果里的五角星》，授课过程中老师邀请学生到讲台上横切苹果，孩子们积极参与，课堂气氛非常得好。但是，当第一个孩子切开苹果发现是四角形时，老师面露尴尬之色而且未对学生进行任何解释，于是立刻又拿出另外一个苹果并继续让这个学生切开，这次呈现出六角形，还是未出现本应在预料之中的结果。于是老师顾左右而言他匆忙结束了这个实践环节，并让孩子们回家之后再去试试。在这个案例中，老师敢于在课堂上让学生动手实践试切，没有将这篇课文上成一个只在课堂上呈现固化的图片，而让孩子回家试切的常态课程，应该对老师的授课进行肯定。但课堂中的试切大大增加了偶发事件发生的概率，遗憾之处在于老师未对"四角星和六角星"的偶发事件的出现进行合理引导，错过了训练学生打破常规思维、培养创造力以及进一步拓展教育教学价值的合

---

① 肖晓燕：《课堂偶发事件的辨识与调控》，《教学与管理》2013 年第 5 期。

理契机。

也就是说，对偶发事件进行判断并及时采取合理的应对措施，审慎地处理或巧妙地化解由偶发事件导致的尴尬，有可能使教学生活中不良的偶发事件转变为具有正向作用的关键事件，更有可能使偶发事件生成新的教学资源，这需要教师的教学机智和精彩应对。

与"偶发事件"相对应，"常态事件"通常指频繁发生，且在预料之中，具有可借鉴性的常规事件，具有必然性、普遍性、琐碎性、固定性和常规性等特点。常态事件是维持教学生活平衡、规范、有序的重要因素。常态事件有可能是一些琐事，但却必须面对和解决，否则会影响正常教学生活的进程，如学生的早读、早操、课间管理、午餐管理、自习管理、放学后的卫生清扫；教师集体备课、教学研究活动、常规授课、课堂组织，班会活动、课外实践；教师的个体研修、校外观摩、师徒结对等等。孤立地看待这些事件，它们确实琐碎且具体，但是如果将它们看成是整个教育活动系统的要素，它们将不再是琐事，而且有可能成为决定整个系统目的能否实现的一个个关键环节。①

常态事件也有可能是一些具有普遍意义的关键事件，如初任教师的入岗培训、观课（学习老教师的经验）、第一次授课、第一堂公开展示课、第一次赛课、第一次家访、第一次教研活动等等，对教师的专业成长乃至于个人的教师生涯都有重要的影响和意义，这些也是每一个教师在成长的路径中必经的事件，因而也可称之为一种常态事件。教学生活中的常态事件彰显的是朴实且高效的课堂以及师生之间自然有效地合作和交往。在师生惯常的教学生活中，常态事件占据多数比例，所耗费的时间和精力并不少于对关键事件的应对，从某种程度上来说，常态事件更可能真实地再现教学生活的场景。因此，要提升教学生活的品质，让师生在教学生活中感受到成功和幸福，激发师

---

① 石中英：《论教育哲学的必要性》，《教育研究与实验》2002年第2期。

生的主体性和生命的创造力，绝不能忽视对常态事件的关注，常态事件才是教学生活的根本。

三　"事件"的连接：过程哲学视域中的教学生活重建

传统的教学论研究中，更多地聚焦于对课堂中的教师、学生、教学方法、教学内容、教学组织形式等进行"解构式"地研究，而遗忘了教学与生活是紧密联系在一起的，教学生活是一种既区别于日常生活，又完全孕育于生活世界之中的非日常生活，它不同于与个体生命生存和生命延续直接相关的日常生活，教学生活同社会整体或人的社会存在相关，是旨在维持社会再生产和人类的再生产的各种活动的总称。① 因此，教学生活既与人的生命相关又指向人的生命存在之外，是延展的、内涵丰富且多变，它是教师、学生、教学内容、教学环境、教学手段等诸种存在的"合生"，而且这种"合生"并非简单地聚集在一起，而是一种打碎后的重新糅合，是你中有我、我中有你的关系。教师、学生、教学内容、教学环境和手段彼此之间是一个个"关系者"，而且持续发生关系，并非一个个"孤子"似地存在。这就需要重新审视教学生活的研究视角并提出新的研究假设。

（一）"实体思维"：肢解教学生活的有机生命性

以过程哲学的"事件"思维建构教学生活，其前提是需对当下的教学生活的弊端进行揭示和反思。伴随教学论理论和实践研究的丰富，研究者已从不同角度对现实的教学生活，对教学生活中的师生、教学内容、教学方法、教学组织形式等进行不断地研究和剖析，对现实的教育教学改革产生了积极的影响。然而，由于没有摆脱传统的

---

① 衣俊卿：《回归生活世界的文化哲学》，黑龙江人民出版社 2000 年版，第 191 页。

"实体思维"机械论认识范式，很多研究和反思仍旧是对教学生活进行解构式地研究，对现实的教学生活也没有进行"整体"式的观照。因此，对实体思维视域中的教学生活进行反思，并了解其现实表征及危害，将有助于教学论研究的推进和教学生活的重构。

1. 实体思维中教学生活的反思

何谓"实体"及"实体思维"一直是本研究关注的核心概念。"实体"（substance）这一概念的产生源自于古希腊哲人对世界本原的探究，自苏格拉底以来一直都是西方哲学的重要基石，致使"机械论"世界观在相当长时间内占据着绝对的优势地位。亚里士多德认为，实体独立存在且不以他物的存在为前提，实体是一切属性的承担者。笛卡儿将实体视为"为了生存，除了自己，一无所求"的一种存在物。这种不依赖于其他存在物而独立存在的实体存在观一直渗透于人类对世界本原的追求和探索中，使得人类总是以实体思维看待事物并诠释一切，坚持一切事物的发展不是在过程中成就自我，而是将事物视为封闭、孤立、不假外求的存在。于是，作为这种实体思维产物的现代个人主义出现了，"它将个体看作是独立不依的自足实体，看作是与社会和他人相孤绝的，这其实就是一种'虚假的个人主义'①"。② 同时，实体思维也是牛顿式的"简单位置"的机械论思维方式，它割裂了一事物与他事物之间的内在关联性，认为"只要存在某一事物，则它一定在时间中占据一个确定的瞬间，在空间中占据一个固定的位置。这种世界观的根深蒂固的思维习惯认为，只要我们把某一事物确定在某一固定的时空点，我们即对它做出了完美的说明"。③ 然而，问题在于是否存在这样的时空节点？"简单位置"的思

---

① James L. Marsh, *Process*, *Praxis*, *and Transcendence*, NY: State University of New York press, 1999, p. 113.

② 王治河、霍桂桓、谢文郁：《中国过程研究》（第一辑），中国社会科学出版社 2004 年版，第 10 页。

③ 张晓瑜、赵鹤龄：《"误置具体性谬误与课程变革"——基于过程哲学的分析》，《教育理论与实践》2011 年第 7 期。

维方式孤立地看待每个时空点，如果要确证存在如此孤立的时空点，那就必须得承认生活世界中存在着若干的"瞬间事件"，它于一刹那间发生，与他者、他事、他物都无任何关系。这就如休谟将经验进行原子式地分割，将印象抽象、孤立、绝对化，逻辑上毫无关系，经验上莫不可循，于是出现了以抽象的概念或理论解释具体的事情或将抽象的概念当作具体的事实，这就是对怀特海的"具体性误置的谬误"①（The Fallacy of Misplaced Concreteness）的理解。在怀特海看来，把抽象视为具体，就是将具体性置于错误之地，将具体孤立化，而忽视了是由"关系"构成了"实际存在物"和"事件"本身，离开关系，"事件就不会成为其本身"。②

在"实体思维"的观照下，现代教学生活中的各种因子独立存在，教师与学生始终是一种主客二分的控制与被控制、规训与被规训的对立关系；教学内容始终是客观、确定且与主体价值无涉的固定知识；教学过程被视为教师向学生传递僵化知识的过程；教学评价被片面地以冷硬的数字代替且绝对化，这些都无情地肢解了教学生活的有机生命性。正如科特所言："人们曾几何时以为自己生活着的世界——一个到处是颜色和声音，空气中散发着芳香，充满着欢乐、爱情和美，满目是有目的的和谐和创造性的理念的世界——现在全被挤压在有机体的大脑上某一方寸之角里。真正重要的外部世界是一个僵硬、冷硬、无色无声的死寂的世界；一个量的世界，一个可以用数学计算的按照力学规律运动的世界。人直接感知的质的世界成了外面那个无限机器的一个很奇怪而且相当次要的外观。"③

2. 实体思维中教学生活的表征与危害

作为人类重要实践生存领域的教学生活中到处渗透着"实体思

---

① ［英］怀特海：《科学与近代世界》，何钦译，商务印书馆1997年版，第57页。
② 同上书，第123页。
③ 吴国盛：《海德格尔与科学哲学》，《自然辩证法研究》1998年第9期。

维"思想，教学生活中存在固定不变的时空点吗？教师、学生、教学情境、教学内容、教学手段是绝对地孤立存在且一成不变地吗？对这些问题的肯定回答正是形而上学的"实体"思维方式在教学理论研究中坚持的痼疾，在师生观、课程观、方法观、评价观及教学环境观等诸多方面都有突出表现。

首先，将师生关系置于主客二元对立的窠臼。师生关系是"学校组织中一种最为重要的人际关系"①，教育教学活动实质就是在师生关系中展开，因此，树立何种师生观对教学生活具有重大意义。长期以来，关于"师生观"一直存在两种对立的观点，一种是以赫尔巴特为代表的西方传统教学以及中国传统封建教学思想为代表的"教师中心观"，认为教师在教学生活中居于权威的主导地位，学生作为客体只能被动服从失去其自主性和参与平等对话的权利，二者之间是一种支配与被支配、控制与被控制的不平等关系；另一种是以杜威思想为代表的"学生中心观"，认为学生是教育教学的中心，教师处于指导和协助的地位，师生之间是一种民主且平等的关系。比较这两种师生观，不能否认的是"学生中心观"确实比"教师中心观"更为科学合理，"学生中心观"是对"教师中心观"的批判和超越，学生从物化的客体地位转化为在教学生活中拥有主动性的具有独立的人格、意志和兴趣的主体。但是，无论是"教师中心观"，抑或是"学生中心观"，仍旧是基于"实体思维"将教师和学生置于一种主客二元对立的窠臼，师生关系和地位被异化和绝对地孤立化，教师只能是教师，学生似乎也只能是学生。而遗忘了师生间实质是一种"相互依赖"②的整体关系，是一种以对方为存在前提

① 李瑾瑜：《论师生关系及其对教学活动的影响》，《西北师大学报》（社会科学版）1996 年第 3 期。

② "相互依赖"的概念由世界著名过程思想家苏哈克提出，按照苏哈克的分析，"相互依赖"是普遍的，一事物的健康发展在某种意义上依赖于所有事物的健康发展，而且她强调，我们不是偶然地相互依赖，而是必然如此，认为"相互依赖是生命的内容"。Suchocki, *The Fall to Violence*, NY：The Continuum Publishing Company, 1999, p. 72、p. 69.

的"共在"关系。

其次，将课程（教学内容）视为孤立、封闭的"制度化"课程，割裂了课程与现实生活及师生经验之间的关系。作为教学生活重要因素的课程，其产生以来一直遵循着一般认识论的从"个别——一般——个别"的研究路径，理性概括和抽象始终是课程内容的典型特征，课程内容是普适的、概念化的。杜威在其《经验与教育》中认为传统教育主要的目的或目标是使年青一代获得教材中有组织的知识体系和完备的技能，以便在面对未来的责任和生活上的竞争时做好准备。教材以及正常行为的标准都是从过去承继而来的，所以相应的，学生的态度只能是温良、忍耐和柔顺，教师的职能是使学生同教材及其所代表的过去的学问和智慧之间有效地结合，教师们是传授知识技能和实施行为规则的执行者。[①] 因此，课程研究的对象以课程的公共品性为指向，教师只作为课程内容的消费者而存在，教师个人的感性和经验在课程中杳无踪影，因而在面对课程时失却其解释力，课程被简单化为单纯的"制度化课程"，以传授真理和科学性的知识为唯一目的，课程成绩和分数被视为衡量学生的唯一标尺。实质上，这是以"实体思维"肢解了课程内容与实际生活的内在关系，忽视了当下社会现实中存在的多元价值合法性以及个体发展的多种合法需要，课程内容被绝对化，课程研究被片面地科学化，实际是将课程中的知识部分误置为真实且完全的课程世界，殊不知真实的课程世界不仅包含合规律的经验性内容，更离不开实践世界中真实存在的生动的课程事件，课程既是文本，也是一段旅程，它并非静止不变，而是在不断地生成、创造和转化过程中，这就需要我们用关系思维、用动态的眼光去研究、参与和把握课程理论和课程实践，只有当课程内容与师生的经验、与教师亲历的实践性知识发生联系，课程才能真正成为一种

---

① 杜威：《经验与教育》，姜文闵译，五南图书出版有限公司 1992 年版，第 4 页。

"活动性存在"并且持续"活动性发生"。①

再次，强调教学环境的外化和确定性，将教学环境固定化并独立于师生以及教学生活之外。教学环境是教学生活的要素，当下对教学环境的研究更多地聚焦于学校、课堂的教育教学环境，更多地从规范、控制的"科学化"视角设计教学环境；从主体构成的角度将教学环境分成教的环境和学的环境；又或者依据教学环境组成因子特点的不同将教学环境分成心理环境和物理环境，或称社会心理环境和物质环境。显然，教学环境的研究成果多数仍建立在二元对立的实体思维基础之上，一方面将教学环境视为外在于教学生活的物性因素，本应成为教学环境组成部分的师生主体被孤立于环境之外，诸多研究者也只是以立足场外的研究立场谈教学环境的创设；另一方面将教学局限于课堂、教室和学校范围之内，而忽视了教学的发生地有可能延伸到田野、工场、家庭、社区等场所的现实；并且多从技术化的控制和改善的角度提出优化环境的措施并促进教学效果的提升。

因此，"实体思维"将教学生活中的环境因子孤立于教师、学生、教学内容、教学手段等之外，而遗忘了环境及环境的变化本身也极有可能成为重要的教学内容和教学手段，教学组织也应因环境的变化随时调整，环境作为教学生活的主体因子之一与其他因子之间是互动共生的整合存在的共同体关系。

最后，坚持教学生活评价的主体一元论、价值取向的单极化、评价内容的片面性、评价方法的技术性以及评价的结果导向。评价作为人类的一种认识活动，"是一种以把握世界的意义或价值为目的的认识活动，它所要揭示的不是世界是什么，而是世界对于人意味着什么，世界对人有什么意义"。② 也就是说，教学评价作为一种教学认

---

① "活动性存在"和"活动性发生"来自怀特海的过程思想，认为二者是构成世界的最终实在。

② 冯平：《评价论》，东方出版社1995年版，第30页。

识活动，它是"以教学目标为依据，运用可操作的科学手段，通过系统收集有关教学的信息而对教学活动的过程和结果作价值上的判断"。① 这告诉我们，教学评价的目的重点不在于揭示"教学是什么"的事实性描述，而是在于基于教学事态的一种价值判断，它一直动态地存续于完整的教学生活过程之中，且对教学生活而言具有重要的地位和价值。虽然，伴随着教学评价的理论研究进展，在不同的社会历史条件下，已渐次形成具有不同的内涵、功用和价值取向的知识本位的教学评价观、能力本位的教学评价观以及以人为本的教学评价观，不可否认，从知识本位到能力本位直至以人为本的思想体现着评价观的不断进步，且这种认识的转变本身也蕴含着一种复杂渐进的变化过程。但是反观当下的教育教学生活现实，仍旧以实体思维聚焦评价的主体、价值、内容和结果。教师是唯一的评价主体，以自己的地位和知识权威对学生实施单向的评价；教学生活的价值片面追求外在的功用价值，以社会政治、经济、文化的发展对人的要求代替了个体自我发展、自然发展的需求；以固化知识的获得作为评价学生以及衡量教师功绩的唯一指标，考试成绩——"分数"代替了学生在习惯、思维能力、德性等方面的真实发展；以"某一完整教学阶段结束后对整个教学目标实现的程度做出结论"② 的终结性评价代替了过程之中的评价，因此评价的诊断与证明功能代替了评价的导向、激励和教育性作用。虽然，一些理论工作者在努力呼唤并意图改变当前的评价范式，部分实践工作者也在不遗余力地践行改变当下评价主体、内容、结果等方面存在的问题。然而，没有思维方式的改变、没有学生主体地位的确立以及对教学生活整体认识的重新把握，教学评价本身难免陷入虚假的技术主义误区。

---

① 施良方、崔允漷：《教学理论：课堂教学的原理、策略与研究》，华东师范大学出版社 1999 年版，第 330 页。
② 同上书，第 337 页。

总之，坚持主体一元论及主客二元对立、强调确定性和秩序化、践行技术主义和结果导向，现代教学生活的实体思维的机械论范式特征越发明显，本应充满生命力和发展变化的教学有机生活被无情地肢解。正如池田大作所说，"在现代技术文明的社会中，不能不令人感到教育已成了实利的下贱侍女，成了追逐欲望的工具。"① 改变这种状况，需要在思维方式上实现较大的转换与提升，实现教学生活范式的转型。从实体思维取向走向过程取向，以过程哲学的"事件思维"组织教学生活，使教学生活走向生成、走向实践，充满生命的张力。

（二）"事件思维"：教学生活范式的转型

"事件思维"和"实体思维"是两种不同的观察世界的方法，怀特海作为过程哲学思想的代表人物，在其《自然的概念》一书中指出，"我们所知觉到的自然中一个普遍成分就是某时某地有事情正在进行"②，他提出了一种与爱因斯坦的相对论截然不同的、建立在直觉基础上的时空理论，以解决经典物理学以及认识论上的困难。他认为，牛顿物理学视野中的世界是没有精神、没有意识、没有生命的机械存在的死的物质。他所提出的"事件"理论为冲破牛顿经典物理学的人们提供了一种新的宇宙观，即世界是由一直处于流动中的、相互关联的、转瞬即逝的事件构成，是"事件"组成了世界，取代了先前的物质与意识概念。一事件总是与他事件间存在着内在的联系，同时每一个事件又与物质世界产生着联系。他的独特的思想方式为我们展开了一个充满无限生机的宇宙。怀特海和进化论思想家们一样，"把世界视为一个动态的生成过程，不断变化和发展，具有强烈的时

---

① ［日］池田大作、［英］阿·汤因比：《展望 21 世纪——汤因比与池田大作对话录》，荀春生等译，国际文化出版公司 1999 年版，第 61 页。

② ［英］怀特海：《自然的概念》，张桂权译，中国城市出版社 2002 年版，第 72 页。

间特性，这是一个仍在生成之中的不完满的宇宙。进化是一个创造性过程，其结果是不可预料的。"①

1. 教学生活中"事件"的基本特征

在怀特海的视界里，"事件"是自然世界的终极要素，他用"绵延"和"体"代替牛顿力学的"瞬间"和"点"，并以此作为"事件"的时间维度和空间维度的基本单位。因此，"事件"成为时间和空间的统一，即使是最小的时间单位我们感受到的也是绵延而非瞬间，只是我们将之称为"大绵延"和"小绵延"而已。世界即由永无休止的"事件流"组成。以"事件"思维审视教学生活，教学生活本身就是一种教学本体事件，同时，教学生活也是各种事件与生活不断关联的过程。教学视野的中心由关注知识本身转向关注事件，将知识置于事件之中，这意味着教学时空观正发生着变化，课堂教学过程亦成为课程文本中的知识与当下的课堂生活事件不断关联的旅程。因此，有必要对"事件"的基本特征做出具体的分析，对"可以作为事物特点的征象或标志"② 进行深度挖掘和概括。

（1）教学生活中的"事件"是有机整合的

"整合"作为一种思维方式在中国传统哲学以及古希腊逻辑哲学中早已存在，如我国传统的"天人合一"观与西方社会的"对立造成和谐"思想均体现了一种整体性思维的蕴含。老子的"人法地，地法天，天法道，道法自然"（《道德经》）；孟子的"万物皆备于我矣"（《孟子·尽心上》）；庄子的"天地与我并生，万物与我为一"（《齐物论》）；北宋哲学家张载提出"和"这一重要哲学范畴，由此阐发了整合有机论思想。但是古代哲学中的整体性思维只是一种感性的、直观朴素的思维方式，真正的有机整合的思维方式起源于黑格尔

---

① ［美］伊安·巴伯：《当科学遇到宗教》，苏贤贵译，生活·读书·新知三联书店2004年版，第197页。

② 商务印书馆辞书研究中心：《新华词典》（2001年修订版），商务印书馆2001年版，第964页。

的辩证思维，以"对立统一"的思想为整合思维铸就了核心观点。怀特海以机体论代替机械论，将"事件"视为自然现象的终极单位、最基本的事实和最直接的经验，用"事件"整合时间、空间和物质。

当我们以事件思维观照教学生活时，教学生活成为一种有机整合的生命活动，其中，"整合"是主体性目标，是教学生活事件的应然状态，"有机"是整合的尺度和标准，意指事物各个组成部分互相关联和互相协调，展现了教学生活事件的不可分割，充满着生机和活力。教学生活不是一台可以随意拆卸、分割再组合的机器，而是一个由师、生、教学内容、教学方法、教学组织形式、教学环境等组合的"事件"构成的复杂的生态系统；教学生活中的教师、学生、教学内容、方法、教学环境彼此不能孤立地存在，相互交融构成教学生活中的教学事件、学习事件、研究事件、交往事件、文本事件、活动事件、话语事件、教育事件；以"事件"为中心打破各类彼此孤立的学科系统，整合技术科学、物质科学、心灵科学、精神科学和价值科学，或进行研究性学习，或设计主题（组合）教学事件。因此，事件与事件之间辩证联结、相互依赖构成整体的教学生活。

（2）教学生活中的"事件"是普遍联系、内在相关的

普遍联系的观点是唯物辩证法的总特征，世界是普遍联系的，没有完全孤立存在的事物或现象，每个事物、现象彼此之间相互联系，事物、现象的各环节、要素间也是彼此联系相互制约的。在怀特海的视界中，"事件"是自然的终极事实，他视"事件"为事物的时空定位，是一种"关系"的存在，事件一旦发生将不会消失，而只是流淌、过渡到另一事件中，因此，不同事件之间是彼此交融、相互关联的关系。因此，怀特海以"关系者"来定义"事件"，正是事件所具有的内在关系性使事件之间因相互摄受而得以存在并进而具备了存在的意义。

在怀特海的事件思维中，以"扩延"关系将事件与事件普遍联系起来，如果事件 A 扩延到事件 B 上，那么 B 就是 A 的"部分"，A 就

是 B 作为其部分的"整体"，任何两个事件 A 和 B 都可能相互有下列四种关系中的一种。即 A 可能扩延到 B 上，或 B 可能扩延到 A 上，或 A 和 B 都扩延到第三事件 C 上，也有可能 A 和 B 完全分离。① 由此可见，事件与事件之间存在着普遍的内在联系，每一事件都包含着其他事件作为自身的组成部分；同时，每一事件又都是他事件的一部分。怀特海将之称作为事件之间存在的一种"连接"（junction）的特殊的关系。当出现两个事件都是第三个事件的部分时，当出现第三个事件的任何部分都不能与这两个事件分离的状况时，我们认为这两个事件之间即产生了连接。怀特海还认为："一个事件可能具有跟它同时发生的其他事件，即一个事件把跟它同时发生的事件样态作为现时达成态的展示而反映在本身之中。事件也有过去，就是说该事件在自身中把现行事件的样态反映出来，并作为记忆混入自身的内容中去。事件还有未来，即这一事件在自身中反映出未来向现在反射回来的那些样态。因此，事件的过去、现在和未来，表现为一个动态的过程。"②

事件 A 与事件 B，乃至事件 C 的连接关系，以及事件的过去、现在和未来的流动过程可谓是教学生活中事件的普遍联系性质的反映。譬如：学生的学习事件是学习者在各种环境的刺激下产生的一系列内在的信息加工和转换以及与之相对应的一连串的学习事件，这种"学习事件"即是一连串的"学习动作事件"的连接；学习事件还有可能是在教师教学事件影响下产生的突发事件，是一种非预期的外在表现，这里的学生的学习事件与教师的教学事件也有着千丝万缕的联系，不可不谓是一种事件与事件之间的紧密连接。再譬如：教学中的话语事件是师生通过参与沟通的言语活动而构成的社会事实，产生于课堂教学过程中的话语事件因所表述的话语的内涵不同、语气各异而有可能被冠之以"课程话语"或"控制话语"，而正是这些话语事件

---

① 参见［英］怀特海《自然的概念》，张桂权译，中国城市出版社 2002 年版，第 73 页。
② ［英］怀特海：《科学与近代世界》，何钦译，商务印书馆 2009 年版，第 71 页。

的连接构成了教学过程的一个侧面。如果说教学生活本身即为一种教学本体事件，它由一系列必然发生的、琐碎的、固定且常规的"常态事件"连接构成，师生一天的教学生活从早读、早操开始，延续至常规的授课、课堂组织、班会活动、教师教研活动等等，教学生活在某种意义上正是这些常态事件的"连接"。当然，教师精彩的课堂教学事件中也包含着学生的学习事件、教师和学生之间以及学生与学生之间频繁的交往事件。

（3）教学生活中的事件具有实践性

将"实践"引入哲学范畴是马克思主义哲学在哲学史上的伟大变革，马克思在《关于费尔巴哈的提纲》中指出"社会生活在本质上是实践的"[①]，马克思主义理论坚持实践性原则，坚持理论来源于实践，在实践中进一步验证和发展，再回到实践进而指导实践。教学生活中的"事件"的另一说法可称之为"教育教学活动"，而活动是与实践领域紧密相依的，所以从这个角度可以说过程哲学中的事件观也是实践的，它认为是"事件"取代了先前的物质和意识从而构成了世界，因此事件与事件之间是普遍联系的，关于这一点我们已经做出说明和解释。

这里需要强调的是这种联系不仅产生于事件与事件之间，还包括关注事件与物质世界之间的联系，也就是说强调教育教学过程中的"动手做"，强调教育教学中心理世界与物质世界的相融[②]，即鼓励学生动手操作、参与实践和探究，提升学生的动手能力。强调教学生活中事件的实践性，包含两层含义，一方面指学科教学事件生活化、情境化并且社会化，另一方面意指教学过程中学生的动手操作，即"做中学"，也就是事件与物质世界的接触和融合。知识从实践中产生并进一步运用到实践中，教育教学从课堂走向生活，同时生活中的实践

---

① 《马克思恩格斯选集》（第1卷），中共中央马克思恩格斯列宁斯大林著作编译局编译，人民出版社1995年版，第60页。

② 李方、温恒福：《过程教育研究在中国》，福建教育出版社2012年版，第58页。

性知识又反哺教育教学。例如，研究者曾经关注过的湖北宜昌高中语文"双促双发"课题实验，将语文教学摆脱纯文本式的课堂教学，使教学成为一种师生互动共同走进生活，观察他者，感悟人生的教学事件。课题实验将"今日说法""焦点访谈""第二起跑线""实话实说"等电视节目，《英雄》《红楼梦》《阿Q正传》《茶馆》等历史大片引入课堂，以演讲、讨论、辩论等生动活泼的表现形式呈现知识，以观后感、知识问答、社会调查等与学生的生活紧密相连的事件引发师生进行深层次的探索和思考①，以学生的实际参与及师生的实践互动使语文教学生动且有效起来。

　　教学生活的重要内容并非仅仅是教与学，还包含着教育活动，即教育事件，丰富且具有实践性质。例如，在2014年全国模范教师拟表彰名单中有一位普通的历史教师叶德元，带领学生开展丰富多彩的活动是他的教学生活的重要内容，在他担任初中三年班主任的每一个周末，几乎都与学生一起度过，骑自行车郊外远游、看电影、烧烤、运动……三年中，叶老师为学生设计了200多个主题鲜明的活动，孩子们自己成为主角，展示自己、认同别人，学会了感恩、团结和有担当。2010年叶老师带着20多个孩子走进绿博园，出发前他让孩子们自己组成了餐饮组、浏览组、联络组、交通组，如何换登机牌，在哪里能吃到风味小吃，浏览哪些景点，这些都由各组学生自己去策划、安排，无论是在宏观的谋划方面，抑或是细枝末节的安排之处，孩子们都得到了极大的锻炼，收获的是"超标准"的初中课外教育和超值的未来教育。② 这样的教学生活过程中充斥着丰富的、实践的、有意义的教育事件，丰富的经历提升了孩子们的生命体验。因此，将教学生活中知识的学习及理论的把握融于不同的"事件"之中，可以是受教育者已有或经历的"事件"，也可以是教育者创设的"事件"，

---

① 李丽：《注重语文教学的实践性》，《教育导刊》2004年第6期。
② 晋茜、李益众：《麻辣班主任叶德元》，《中国教育报》2014年10月17日第5版。

教学活动应该从教育者提供的情境开始。

（4）教学生活中的"事件"是生成创造的

怀特海在其《科学与近代世界》中指出：场概念、原子观、能量守恒原理和演化原理是 19 世纪理论界出现的四个新的概念，并指出自然世界中的物理现象、化学现象以及生物现象都统一于机体中。机体持续存在的同时又在不断地转换变更中，成为"事件流"或"事件群"。正是"事件流"（事件群）的"流转"，使得我们生存的世界拥有了不断生成的创造性和无限的可能性，这种"创造"的功能和"创造"的过程正是自然世界存在的价值，也是教学生活本体的价值和存续的意义。

强调"事件"的生成创造性并非否认或忽视教学生活中的预设事件。一般而言，我们在从事某项活动之前，总需要对诸如活动的内容、过程、结果和主要参与者等基础问题进行预先安排，教学活动作为教学生活的重要内容当然不会例外。特别是课堂教学，作为有目标、有计划的教学活动，多数教师会对其进行精心设计，教学过程中的预设痕迹尤为明显。教师基于自我的知识水平和教学习惯，遵照教学规范和意识形态要求对即将开展的教育教学活动展开预设，"悬置"师生个人的意志和思想，努力使预设的内容、程序和追求的意义符合"要求"。于是，"课堂变得机械、沉闷且程式化，缺乏生气和乐趣，缺乏对智慧的挑战和对好奇心的刺激，师生的生命力在课堂中没有得到发挥"[1]，课堂教学成为"执行教案的过程，成了演出'教案剧'的'舞台'，教师是'主角'，学习好的学生是主要的'配角'，大多数学生只是不起眼的'群众演员'，很多情况下只是'观众'与'听众'"[2]。师生都将预设的误以为是自己所强调的、所认知

---

① 钟启泉、崔允漷、张华：《为了中华民族的复兴，为了每位学生的发展——〈基础教育课程改革纲要〉（试行）解读》，华东师范大学出版社 2001 年版，第 277 页。

② 叶澜：《让课堂焕发出生命活力——论中小学教学改革的深化》，《教育研究》1997年第 9 期。

到的"真命题"。也因此，"生成"这一概念和意义在教育教学中越发得到重视。但是，生成并非完全忽视预设，更非"乱生成"，而是奠基于预设基础之上的生成，正如德国哲学家海德格尔指出的："解释向来奠基在先前视见（Vorsicht）之中，他瞄准某种可解释状态，拿在先有中摄取到的东西'开刀'……"更明确地说："解释奠基于某种先行掌握（Vorgriff）之中……把某某东西作为某某东西加以解释，这在本质上是通过先行具有、先行视见与先行掌握来起作用的"。① 过程哲学的事件思维鼓励生成创造但并非摈弃预设，只是更加重视以生成创造激发学生发展的一切可能性。

传统哲学将命题与现实世界相联系，但怀特海却认为命题应与"可能性"联系起来，以过程思维强调教育教学中的一切可能性，特别是学生的可塑性，而非现实性。因而，教学应该是告诉学生世界有可能怎样而非回答世界是怎样，教学要帮助学生发现他自己的可能性，并帮助他们实现这种可能性，也就是说，教学应该激励学生去生成和创造。在怀特海的过程思想中，"'过程'和'机体'密不可分，现实事物的共同体是一个机体，但它并非是静止的机体，而是生成过程中的一种不甚完善的状态……每一个现实体本身都只能描述为一个机体过程……都是其后继阶段走向完善的基础。"② 换句话说，过程和机体都必须经历历险和创造，即观念的历险和事件的创造，正是一些先进的观念在加速人类文明的进步；正是"创造"所增加的"新质"（novelty）使过去未曾出现的可能性有可能成为现实。"生成创造"作为过程思想的终极性范畴，表示的是一种"多"和"一"③ 的关系，一切事件都包含着无数生成创造的可能性，创造是事物之所以存在的本原也是事物存在的根

---

① ［德］马丁·海德格尔：《存在与时间》，陈嘉映、王庆节译，生活·读书·新知三联书店 2006 年版，第 175—176 页。

② Whitehead, *Process and Reality*, New York: Macmillan Company, 1929, p. 327.

③ "多"和"一"的关系是怀特海过程哲学理念中的创造的过程，"一"代表一个实体的"单一性"，"多"预示着分离的"多样性概念"，构成"多"的可分离的多样性被结合为一个实际存在物的复合体的过程或活动即"创造性活动"。创造代表着进步。

本方式。由此来看教学生活，我们应走出"物质性哲学"为基础的重视知识、技能、态度、品德等刚性心理物质的获得和养成的现代教育教学，转而关注知识、技能、态度和品德的获得和养成过程，以事件的"现在"为基础，关注事件的"转变"（transformation）和"共生"（concrescence），教学生活中的每一个现实事件都是一些转瞬即逝的事件，它的发展和灭亡意味着下一事件的生成，事件生成的每一个瞬间都是崭新的，且具有创造性。教育教学过程中的学科研究事件、课程文本事件、课堂教学事件以及师生发展、教学环境都是一个个丰富多彩的生命机体，在过程中不断生成、创造、发展和进步，而不是传统教育理论和实践观下的被动呈现并接受规训。

2. "事件思维"中的教学生活诠释

在本书的第一章中，研究者已对过程哲学视域中的教学生活的内涵和基本特征做了初步的阐述，从"整合视角"的发展、师生之间的"互依"关系以及师生的"节奏性成长""连续性"的教学环境等各方面审视教学生活，并以"连接"的事件回应整体的教学生活。本书的第二、三、四章则浓墨重彩地从过程思维的视角对教学生活中的师生关系、师生发展、整合课程、教学环境等做了深层次的论述。本章节的研究内容更以统揽的姿态回顾第二、三及第四章的研究内容，即将师生的成长发展、课程的统整、教学环境的变化皆视为教学生活中的重要事件；将课程实施、教师的教学、学生的学习、学习环境的营造、教育教学管理、教学评价等视为教学生活这个有机体中的重要教育教学事件；将教学生活研究从"主客体"分析走向"事件"之流。在怀特海的机体和过程哲学观中，过去只是在事件失去了其当下的意义上过去了，但一切事件都有因果的后继和因果的未来，它们乃是一些受既定事件影响的未来事件的集合①，那些当前事件的因果、

_____

① ［美］费劳德：《怀特海过程哲学及其当代意义》，王治河、曲跃厚译，《求是学刊》2002 年第 1 期。

未来就像波浪的传播、相交和扩展，要么使彼此互相抵消（分离），要么使彼此互相增强（整合）。如果以事件思维审视本章节的研究内容，即是对前面内容的再一次整合，以"事件"作为有机体的基本要素所具有的整合、创造、生命及活动性特征诠释教学生活，我们发现教学生活作为一个具备生命活力的有机体，完全具备"事件"的诸种特性。

（1）教学生活是关注生命发展的"生态"生活

20 世纪 70 年代至 90 年代初，我国学者习惯从教育功能的视角探讨教育的本质问题，将教育视为生产力，通过教给人知识，提高人的素质，从而促进生产力的发展，如此，将生产力视为教育的本质，因而教学也就成为以提高生产力为目的工具性存在。知识学习被封闭在学校和课堂环境之内，作为工具存在的教学沦为线性的技术操作过程。而在过程思维下，教育教学既不是精神，也不仅仅是物质存在，既不仅仅是科学技术、也不仅仅是艺术，而是事件，是"自然最终的事实，是最具体的存在，也是一种'时空延展关系'"①。研究者认为以过程哲学的事件思维审视教育教学，当以事件的"流转性"和"活动性"观照教学生活，将教育教学视为一种培养人并以传承和创新人类文化为宗旨的活动过程，教学生活成为一个有机开放、多维互动，关注生命的生态系统。

教学生活作为一个生态系统，从形态上看存在生命体和环境两大结构，生命体包括教师、学生和教学管理者，学校的物质设施、学校文化、课程以及师生的身心发展状况及经验、社会和自然是教学生活的环境系统。以事件思维看教学生活的运转机制，教学生活中充满着不断变换、不断更替的事件，并进一步形成由过去事件、现在事件、未来事件彼此连接或部分镶嵌的"事件流"，教学生活成为生命体通过教育教学活动与环境之间，不同的生命体之间进行

① 俞懿娴：《机体哲学初探——怀特海自然哲学》，正中书局 2001 年版，第 163 页。

物质、能量及信息之间的循环交换的"事件"或"事件流"。事件是普遍联系且内在相关的，因而，从事件的生成流转性看教学生活，教学生活成为生命体与环境之间相互联系、相互作用的有机生态系统。

这种生态性首先体现在教学生活是一个开放的系统，是教育者以学生为主体，引导受教育者学习、实践、创新，激发学生主动去发现、想象和探索的过程，在这个过程中教育者和受教育者身心健康、生活幸福、善待自我、善待他人、善待自然，形成科学品质、创新意识和实践能力。这种开放性体现在三个方面。其一是指作为生命体的人本身所具备的开放性，其中尤值得重视的是学生的开放性，根据兰德曼的人的"非专门化"和"生长的节奏"理论，"学生的非专门化程度比成人要高，因而他们对世界的开放性更大，发展的可能性更多，学生不注定是现在的样子，也不注定是家长、教师甚至社会期望的那个样子"①。其二是指教学目标、内容、方法、环境以及学习成果的开放性，没有任何唯一和绝对性的存在。"开放性教学是为学生提供一个发现和创新的环境和机会，为教师提供一个培养学生解题能力、自控能力和应用知识能力的有效途径。"② 以注重数理逻辑的数学教学为例，可以"开放题"为载体促进学习方式的转变，弥补传统数学教学中开放性和创新性不足的问题。例如将学校操场花坛的设计方案作为一道结论开放题呈现在数学课堂。研究者曾经在 SD 中学听过一堂很有意思的关于"如何利用蟹在死前和死后的价差赚取最大利润"的数学研究课程，以一道开放性的方案探索题，考查并激发学生的数学思维和创新精神。不容忽视的是，开放性题目所包含的事件应在学生的"经验空间"之内并为之感兴趣，能激发学生参与和探索的热情，而且针对开放题形成的结果也应是开放性的，允许学生给

---

① 罗祖兵：《教学即"可能生活"》，《教育研究与实验》2011 年第 3 期。
② 汤德祥：《开放性课堂教学的评估》，《数学教学》2000 年第 3 期。

出不同水平程度的解答。其三是指教学生活的环境也应该是开放性的，学校、课堂的学习空间应与学生校外及课外的生活空间实现融合。教学生活的开放性还体现在作为本体事件的教学生活本身，允许除师生以外的他者的介入，师生打开彼此的心理空间并进一步与他者共同思考和碰撞，以进一步拓展教学生活的空间和教学资源，对过程视域中的教学生活进行更深入的理解和阐释。

生态教学生活中各要素之间是普遍关联、相互依存并相互作用的，向外看，教学生活与社会、家庭紧密联系，社会发展及家庭状况会影响教学生活，同时，教学生活也会反映现时的社会生活。向内看，教学生活系统内各要素之间相互关联整合成教学生活的本体性事件，在这个本体事件内部，师生作为不同生命主体互相关联，生命体与学科内容也存在有机联系，不同学科知识之间也彼此关联。"从'物'到'关联'的转变，对'关联'和'情境影响'的意识，不只意味着观点的改变，而且代表了完全不同的看待事物和处理问题的方法。"[1] 这种观点即强调教学生活中的各要素不再是孤立存在的实体和物，是关联互动、共生共存的，是一种多维的关系事件。作为生命体的师生、师师及生生之间存在着多极、多元、多向、多维度和多层次的互动关系，生命体与教学生活环境（这里的环境是泛指，既包括物质环境也意指心理环境，同时还包含教学的目的、内容、方法、组织形式及师生的身心发展）之间也同样如此，在这种多维互动中，教学生活中的各因子都走出了僵死的"物"的状态，而构成了充满活力的生命系统。

（2）教学生活是一种"整合式"生活

"实体思维"的二元对立思想是现代性的根本特征之一，具体反映在教育教学过程中，突出表现为"传授知识与启迪智慧的对立，倡

---

① ［美］杰恩·弗利纳：《课程动态学：再造心灵》，吕联芳、邵华译，教育科学出版社 2013 年，第 65 页。

导自由与遵守纪律的对立、科技教育与人文教育的对立"① 等等。过程哲学的"事件思维"视域下，"事件""是一个实体，是一个在一定时空范围内的过程，而不仅仅是是若干部分或成分组成的集合体，因而作为时空统一体的事件，就有了它的现在、过去和未来"②。因此，"事件"作为教学生活中最基本的存在和最终的事实，同样具有从过去到现在、未来的生成的流转性，事件是师生有目的的活动以及活动的过程和结果，同时强调在此过程中生命体之间的交互关系。"事件"与作为实体的"物"的本质区别在于前者强调主体的参与及物的变化过程，教学生活中的知识本为物，知识学习即为"事件"，它包含了主体对知识的吸收和理解过程。因此，从物到事件的流转是一个过程，在这个过程中，事物与物质之间互相渗透、内在相联，不断整合。每一"物"都不可能是单独存在的客观对象，每一"物"都与"他物"及其环境构成一个整体，即"事件"，每一物都不可能脱离其生存环境（包括物质环境和心理环境）独立存在。这就是以怀特海为代表的过程哲学的一个重要思维方式——整合思想，以整合思想观照教育教学生活，强调教学生活中人作为生命体而与他人之间的整体性，知识与生活经验以及不同学科知识之间的连续性。在教学生活中不存在任何自给自足的实体，教学生活中作为生命体的人，以及作为物质存在的物都与其对象世界存在内在的、构成性的、实质的关系。

所谓整合是指将各种相容或异质的要素综合在一起，并进而形成一种相互适应、谐调一致的发展整体或模式的过程。长期以来，教育理论研究者和实践者对教学的研究和探索从未终止过，研究者习惯于从不同的角度对教育教学进行探讨，并提出了各具特色的理论观点和实践路径。比如，就教学中的主体问题形成了"单主体说""双主体

---

① 曲跃厚、王治河：《走向一种后现代教育哲学——怀特海的过程教育哲学》，《哲学研究》2004 年第 5 期。

② 裴娣娜：《现代教学论生成发展之思——怀特海过程哲学的方法论启示》，《教育学报》2005 年第 3 期。

说"和"主导主体说"，究其实质仍旧未摆脱实体思维的二元对立思想；再比如，诸多研究者习惯聚焦于课堂教学研究，认为课堂中的教和学的研究是教学论研究的本源，而忽视了现代教学论研究应走出课堂教学的狭窄视野，不仅要回归课堂教学，还需回到班级建设、师生交往、生生交往等实践性问题，为现代教学论研究提供新的解释系统。以"事件思维"审视教学生活，将事件视为教学生活中最基本的存在物，也就是强调教学生活的过程性和整合性，事件中整合着人、物、情、境等诸要素，事件的生成和流转是通过新生事件的创造性活动，通过不断的"摄入"，将原有的正在消失的事件中的人、物、情、境引入新的事件和过程。

"事件思维"下的教学生活是一种"整合式"的生活。首先是教学生活本体自身的整合。"过程哲学将环境、资源和人类作为一个在自然中彼此相互关联的生命共同体，以此作为人类的生存方式和价值体验方式发生变革的标志"①，教学生活本体事件也是作为生命体的师生与作为资源的教学内容、方法，以及作为教学环境的校园、课堂物质环境、文化环境、自然、社会及师生经验等等，彼此之间相互关联、整合融通的生命共同体。

其次是知识与生活经验以及不同学科间知识的整合。知识作为人类劳动的结晶，凝聚着千百年来人类认识世界和改造世界的智慧，它客观地反映了外部现实，因而知识一直以来作为"先验的书本知识"而存在并成为师生渴求的目标和研究者关注的对象。而怀特海的事件思维将知识视为一个把人包含在内的统一体，一种主体存在，将知识学习过程视为知识主体基于自身的经验以及所处的社会文化历史背景，通过主动建构的方式而使得新知融入旧知的过程②，在这个过程

---

① 裴娣娜：《现代教学论生成发展之思——怀特海过程哲学的方法论启示》，《教育学报》2005 年第 3 期。
② 张晓洁：《怀特海过程教育哲学下的高校思想政治教育》，《当代教育论坛》2010 年第 9 期。

中，教师所起的作用是尊重和协助学生，并激发他们与外界发生交互联系的主动性和积极性。因此，"先验的书本知识"并非孤立存在，也不可能被强制外部灌输，而只能与生活经验整合，如此，与生活经验融合的书本知识才能得以被论证并被受教育者主动汲取。不仅如此，与生活经验融合的知识不可能囿于单一学科内，科学、技术、人文知识为人类生存延续不可或缺，侧重于逻辑思维的科学、侧重于训练和运用的技术以及让人类学会生存和生活的人文和艺术是相互关联的，并且保持着一定的张力和平衡，这样的知识学习才能真正有助于受教育者整体素质的提高和身心的和谐发展。而彼此对立的专门化教育，只能是一种"最糟糕的教育"①。

还有一点至关重要，"整合式"的教学生活并不仅仅是教学生活内部诸因素的整合，教学生活与日常生活的关联融通则更能让受教育者在人与自我、人与自然、人与社会等诸方面生成具体的能力和素养，这在基础教育阶段中尤为突出。譬如，前文所提到的历史教师叶德元，他的教育教学生活与日常生活紧密相连，在他担任班主任三年期间的每一个周末，几乎都与学生一起度过，骑自行车郊外远游、看电影、烧烤、运动……他将自己融入学生之中，将学习融入日常生活之中。再比如，窦桂梅老师所倡导的"主题教学"，围绕小学阶段儿童发展特点及生活经验、语言习得规律、优秀文化等核心词句进行，主题既被看作为打鱼的网，即教学的工具、手段和组织方式，也是"鱼"本身，是学生的精神"钙质"。她所设计的主题课程：一年级，行为得体；二年级，协商互让；三年级，诚实守信；四年级，自律自强；五年级，勇于担当；六年级，尊重感恩。② 这些教学事件将优秀的传统文化嵌入学生的学习生活中，让学生的学习生活与日常生活紧

---

① ［英］怀特海：《教育的目的》，徐汝舟译，生活·读书·新知三联书店 2002 年版，第 92 页。

② 张树伟：《"主题教学"撬动学校变革》，《中国教育报》2014 年 10 月 15 日第 1 版。

密结合，让处于学习的浪漫阶段的儿童在学习知识、提升能力的同时，形成正确的价值观并感受到了健康、阳光的乐学生活。

（3）教学生活是一种"创造性"生活

创造性是过程哲学的主要特征之一，同时也是过程哲学的根本属性。过程思维将现实世界视为一个过程，每一现实存在物都是其生成的过程，因而"事件"因其过程性的存在而成为世界的最基本和最终的事实。过程在本质上是创造的，有着无数生成发展的可能性，在过程中不断生成着更为根本的"新质"，世界正是在不断生成新质的过程中超越过去面向未来。

"事件思维"中的教学生活是一种"创造性"生活，之所以可以如此清晰地界定主要基于以下一些原因：其一，"事件"作为教学生活过程中最基本的事实存在，是一个生成流转的过程，每一个现实事件都是过去事件的堆积，同时又即将消失并生成新的事件，新事件的生成发展包含着"新质"的成长，因此，每一个旧事件的消亡和新事件的产生都预示着一种"创造性转换"。其二，教学生活的创造性还在于教学过程中生命体的创造性。过程哲学崇尚泛主体主义，因此在过程哲学视域的教学生活中无主客体之分，凡"真正"进入教学过程的因子，皆为一种"活动性存在"，因此都可被视为教学生活的主体或正在发生的"事件"，并继而发展成超体——一种创造性存在者，即一种具有超越性的主体。教学生活中的生命体从泛主体发展至超体，是对学生主体性认识的进一步深化，师生作为生命体在教学生活中旨在不断超越自我，实现潜能的发挥，其中蕴含的创造性思想可见一斑。其三，以过程哲学看教育，教育绝不是一种被动、机械地往行李箱里填装物品的过程，教育中充满了历险、享受和自由，教学生活也应该是经历历险、享受和自由的过程，这意味着教学生活中充满着创造的过程，因为只有经历才有可能获得并增进自由和享受，这个过程与"创造"过程密切相关且不可分割。因此，教学生活成为师生转变和共生的创造性发展过程。

作为人类进步发展的主要推动力量，教育承担着艰巨的任务，挣脱各种僵化观念的束缚，抛弃那些脱离了生活实践，扼杀了人的创新精神而仅为大脑接受却并未加以利用、检验的知识、观念，超越被动接受的他人思想，在思想和行为中加强创新精神。怀特海曾说："教育如果不以激发首创精神开始，不以促进这种精神而结束，那必然是错误的教育。"① 著名的怀特海研究专家费劳德先生甚至将学生的"好奇心"比作"皇后"，将"创造性"比作"皇帝"，可见，好奇、质疑、创造、研究应始终贯穿教育教学始终。

"事件思维"中的教学生活体现为一种创造性生活首先表现在它拥有一种崇尚自由、鼓励创新的创造性文化。文化本身即为一种创造的产物，是人类创造力的确证和表现形式。对此我们可以从学理层面以及经验事实的角度来理解"事件思维"的这种特征。从学理层面看，事件思维本身就是一种创新性思维，它将事件视为一些受当下既定事件影响的未来事件，主张对任何事件的评价都要考虑时间的流逝和过去对未来影响的可能性，也就是主张以发展的眼光审视当下事件的发生以及"新质"的出现，崇尚"好奇"，并主张对学生的"好奇心""独立性"进行多层次、多角度的评价，希望能够摆脱那种完全受僵化观念束缚的教育，希望能够超越现代教育的僵化观念——一种缺乏想象力和创造力的观念。② 这种学理层面上对事件思维中"新质、好奇心"的追求应用到教育教学生活中，则会直接导致经验事实层面的对体验式学习和问题解决式学习的青睐。通过实验、观察、项目研究和生活世界中的学习事件进行学习，在生活世界教育的直观、感性与科学世界教育的技术化和课题化③之间，通过体验、经历和研

---

① ［英］怀特海：《教育的目的》，徐汝舟译，生活·读书·新知三联书店2002年版，第66页。

② 曲跃厚、王治：《走向一种后现代教育哲学》，《哲学研究》2004年第5期。

③ 项贤明：《生活世界的教育和科学世界的教育》，《教育研究与实验》1999年第4期。

究，实现两者自由且自然的结合，在体验式学习和问题解决的实践过程中学生的学习兴趣得以被激发，并不断生发"新质"——一些新颖的思想和行为。也唯有在教学生活中享受到自由的氛围，唯有不断地创新，才能使教学生活中的生命体长久持有对教学和学习的好奇、兴趣和热情，并继而产生新的创新思想和行为。所谓商汤盘铭上所镌刻的"苟日新，又日新，日日新"（《大学》），正是这种精神和追求的反映。

写到这里，研究者的脑海中突然蹦出了一个个"生动、活泼且十分享受自由"的孩童形象，想起曾经给我留下深刻印象的一篇介绍"北京亦庄实验小学的'全课程'"① 的博文，在那篇题名为《离夏天最近的地方》② 的博文中，充溢着情感丰沛、人格健全的教师和孩童。在那所学校里，有着能提出想和校长一起吃午餐并实现愿望的一年级孩童；在那所学校里，有着敢于在语文课堂上否定老师创作的诗而代之以自己的电子琴声进行表达的学生。学生的每一天都是自由和创造的一天，而不是仅仅是单纯的知识学习的一天。想象力、敏感的心灵、童真童趣，一切事情都让学生感受到学习的乐趣。在全课程的"包班"制度下，教师和学生建立了一种非常美好的"连续性师生关系"，师生间是如此的互相了解和欣赏。研究者不由地非常激动，非为之前的研究找到了确证，而是为在这所学校里徜徉的自由和创造的文化感到欣喜。

其次，"事件思维"中的教学生活是一种创造性生活，还在于它

---

① "全课程"又称 PYP 课程（Primary Years Programme），是为 3—12 岁儿童设计，强调学科交叉，以课内课外多种学习方式促进学生的全面发展。不仅关注书本知识，更关注社会知识、身体成长、健康的情感和文化背景知识。旨在培养乐于探究、善于思考、善于沟通、敢于冒险、知识渊博、关注他人、思想开放、平衡发展、善于反思的终身学习者。也可以称之为一种国际化的教育理念和方法。"全课程"体现的是一种课程整合的思想，其实施始于北京十一学校（亦庄小学部），并且影响深远，2013 年常州天宁区 5 所小学继之开展"全课程"教学。

② 沈思洁：《离夏天最近的地方》，转引自李振村的博客（http：//blog.sina.com.cn/s/blog_4d7ccc960102e2qb.html）。

拥有一种独特的方法论和思维方式——关系性思维。所谓关系性思维即认为任何一种存在物都是一种关系性的存在，是一种坚持将事和物放在关系之中去体认的思维方式。什么样的思维方式更有利于实现创新或者说使创新成为可能？有观点认为，只有专一地投入一个领域进行深入的研究和学习，才有可能在这个领域里产生他人所未及的创新成果，而与之相反的观点则认为，坚持多领域涉猎更有利于创新成果的产生。后种观点正确与否值得商榷。如果说前者有可能导致思维的片面性的痼疾，那么后者则是一种关系性思维，更有利于博采众长并进行多样化的综合而产生创造性成果，在尊重前人和他人的研究成果的基础上进一步形成自己独特的观点。任何创新都不可能横空出世，"前人的经验"以及"自身的实践"缺一不可，而且，更多创新成果是在吸纳前人经验并进行系统性的创造性整合后才真正得以产生。① 正因如此，我们可以说创造来源于一种关系之间的磨合和谋划，是推陈出新，是温故知新，更是一种海纳百川的综合创新。

而教学生活作为"事件"流转的过程，正是教学生活中的师生与课程文本之间、师生之间、师师之间、生生之间、教学中的生命体与环境之间，以及师生与自我之间的各种不同关系的叠加，这种关系的叠加构成了教学生活中的事件和教学生活本身。同时，也是在这种关系的叠加或累积的过程中，旧的事件被新的事件所代替，"新质"得以产生。"新质"的产生是不同主体之间相互影响和相互协调的过程，这个过程既是师生学习如何与他人相处、与社会共生的过程，同时也是知识融会贯通的过程。这种关系思维促使教师意识到应帮助学生形成一种与自然和他人共存的意识，采撷他人所长，正如《国语·郑语》中所言"夫和实生物，同则不继，以他平他谓之和，故能丰

---

① 沈兰：《什么样的教育创新才有价值》，《中国教育报》2014 年 11 月 7 日第 2 版。

长而物归之；若以同裨同，尽乃弃矣"①。这种关系思维更应提醒我们记住，是学生在教学生活中的各种经历真正构成了他们所获得的教育，知识并不仅仅来自现实存在的课本和教师，与自然的接触，与同龄人的相处之道，与教师、学科专家、某些领域的顶尖人物寻找接触的机会，而这些都有可能对学生的内心产生冲击，或有可能使学生对学习、对科学研究建立一种终生的志向，而这正是一种创造的萌动。

"事件思维"中的教学生活是一种创造性生活，还在于其拥有一种正确的价值原则和追求，为教学生活中创造性行为的产生注入了强大且持久的精神力量。创造性生活基于创造力的心理品质，指产生新的思想，发现或创造出新的事物的能力，"创造不是一种纯粹的智力行为，而是基于对创造对象价值的深刻认识，是一种价值指引的行为，一个有创造性成就的人必有正确的价值目标并且遵循正确的价值原则。"② 创造力是知识、能力、智力及优良个性品质等因素综合且优化的结果，而且在创造发生的过程中，激励、引领人们去发现并实施创造性行为的并不是知识本身，而是出于对知识的热爱和探索，对自然及人类福祉的关切，更重要的是蕴含着对社会责任的体认。反思人类发展的历史，但凡重大发现和创造无不与此相关。

当然，教学生活中的创造无须从如此宏大的视域去研究和阐述，但不能忽视的是仍旧与教育教学的价值目标及原则密切相关。在过程哲学的视域中，世界是由相互联系的事件构成的"有机体"，"有机体"的根本特征即事件的发生，事件又表现为持续"生成"的流转过程，"内含丰富且多样的潜在可能性，对后继事件产生影响，而后继事件又构成未来事件的原因。在事件链条或事件共同体中，事件永

---

① 意思是说，不同事物彼此之间谓之为"他"，"以他为他"即将不同的事物联结起来并使其取得平衡，则会产生新的事物；而如果把相同的事物放在一起，则只能是量的增加却不可能有质的改变，因此也就不可能有新事物的产生和进步。

② 石中英：《中国传统文化阻碍创造性人才培养吗?》，《中国教育学刊》2008 年第 8 期。

不停息地消亡和创生，各种潜在可能也永不停息地终止和实现"①。因此，与老子的"道可道，非常道……"中"道"即万物生成、循环往复的自然生成过程不同，事件之生成过程是一种创造性的生成，隐含着各种变量。因此，"事件思维"中的教学生活反对以陈旧且固化的知识追求作为教学的价值目标，认为"成功的教育所传授的知识必有某种创新，这种知识要么本身必须是新知识，要么必须是在新时代新世界里的某种运用"②，反对发展学生的"呆滞的智力"，而将发展智慧、培养创造性作为教育教学的价值目标和追求。怀特海认为，"你不掌握某些知识就不可能聪明，但你可以很容易地获得知识却仍然没有智慧"③，教学生活本身既是事件的生成流转过程，同时又是以智慧和创造为价值目标的价值追求过程。智慧的获得来自思考、探索而不是对知识的记忆；创造来自接受挑战而不是机械重复。思考、探索和接受挑战是怀特海智慧教育理念下师生的一种常态行为；思考、探索和接受挑战的过程也是培养学生的好奇心和尊重学生的选择权的过程，更是一种"新质"不断产生的创造过程。

与实体思维的机械观相对应，怀特海过程哲学将"事件"理论作为其本体论思想，认为事件是宇宙世界中最基本的存在物和终极事实，宇宙的生命力体现为事件的活力以及事件之间的普遍联系性。事件的流转促成了世界的变化，整个宇宙就是由各种事件、各种实际存在物相互连接、相互包涵而形成的有机系统。以过程哲学的"事件"理论审视教学生活，以事件的"绵延"和"体"代替牛顿力学的"瞬间"和"点"，从事件的"时间维度"和"空间维度"立体看待教学生活，教学生活中具体存在的师生生命体、整合且协调的教学环

---

① ［美］费·劳德：《一种怀特海主义的教育理论》，《华中科技大学学报》2005年第5期。

② ［英］怀特海：《教育的目的》，徐汝舟译，生活·读书·新知三联书店2002年版，第59—60页。

③ 同上书，第54页。

境、教学内容、目标和方法等使教学生活中的事件成为具体、有效且价值存在的实在物。教师的教学事件和学生的学习事件、教学过程中的话语事件和文本事件、教学生活中的关键事件和普适事件、日常教学生活中的常态事件和偶发事件，各种事件或有序或无序地持续发生而构成了生态、整合且创造的教学生活图景。

结语　在过程中改善教学生活

　　教学论学科的发展是伴随中国现代化的进程而不断生成与发展起来的，在相当长的时间内，理论界将日本、美国及苏联的教育理论与中国传统教育思想相融合，继而形成主导中国教学理论与实践长达半个多世纪的主流教学论思想。以教学目标、教学内容、教学过程、教学的组织形式、教学的方法及教学评价等为主要内容框架的学科研究逻辑结构体系，研究的界限分明且逻辑缜密，并且随着研究的深入发展进而成为一种研究的范型。然而，伴随着研究模式的规范发展，刻板僵化的实体思维的机械论世界观开始逐渐影响教学论理论研究并进而侵入教学实践，教学被视为孤立、封闭且机械运转的实体。教学中的"人"被还原为没有生命力的机器，成为没有思想和创造力的"动物"；追求教学中的秩序井然和整齐划一，教学目标被肤浅地诠释为对表述知识、原理和价值观的符号和字句的机械记忆；教学方法被片面地理解为单向地灌输与记诵，而本应在教学过程中占据关键环节的体验、思考、反省、探究却被置于次要地位甚至频于被忽视的境地；师生被以考试分数为唯一衡量指标的教学评价体系所绑架，而忽略了师生在教学过程中的享受和幸福体验以及学生的学习习惯、思维能力和德性的发展。

　　当研究者对实体思维的机械论世界观观照下的教学生活进行深入的剖析和反思之后，深刻地意识到当下的教学生活的有机性早已被无情地肢解甚至消失了其生命的活力。因此，为了改变这种状况，无论

326

是理论研究者或是实践践行者都不能留恋于在传统的研究框架内的修修补补，而更需要从理论到实践逐渐改变现行的教学生活模式，对原有的理论框架、研究方法以及思维模式进行审思并有所突破。正如马克思在《关于费尔巴哈的提纲》中评判旧唯物主义认识论时所言："从前的一切唯物主义，包括费尔巴哈的唯物主义，其主要缺点是：对事象、现实、感性，只是从客体的或者直观的形式去理解，而不是把它们当作人的感性活动、当作实践去理解，不是从主体方面去理解。"① 因此，研究者意识到只有将教学生活视为一种感性的实践活动并且将研究者自身置于教学生活中去理解教学生活，才能真正改变过往对教学生活的浮于表象的机械认识。教育是需要等待的，创造力的培养是需要过程的。"存在的直接性处于流变之中，生命的生动性寓于转化之中"②，这种存在观的改变迫使我们的教育教学观发生着变化。正是带着这样一种思路和情怀，研究者对构成教学生活机体的教师、学生、课程、教学环境等构成教学生活中的事件的主要因子进行了较为深入的探索，意图改变被实体思维长期垄断的教学论研究理路，以后现代过程哲学的有机整合、关系、事件、创造等概念对作为有机体的教学生活进行深入的剖析、反思和整理，以一种审美的、创新的视角重新审视我们的教育过程，我们需要一种和谐的、开放的、持续生成创造的、能让师生在其中体味到自然和幸福的教学生活。研究者带着应有的问题意识和实践意识不断地叩问、不断地反思，不断地体味教学生活，并不希冀能有完全原创性的研究成果，但仍期盼能在目前已有的研究成果的基础上有所突破。研究和探索的过程是复杂且痛苦的，所幸也采撷到了一些较为新鲜的果实。

---

① 《马克思恩格斯选集》（第1卷），中共中央马克思恩格斯列宁斯大林著作编译局编译，人民出版社1995年版，第58页。

② ［英］怀特海：《思维方式》，刘放桐译，商务印书馆2004年版，第86页。

杜威说，"教育即生长"。叶圣陶曾说，"教育是农业，不是工业"，暗指教育是一种等待的艺术。张文质先生也说"教育是慢的艺术"，欲速则不达。这些道理都是教育的常识，但是落实到实实在在的教学生活中，又是如此的困难和不易。这需要教育者随时调整教育教学过程中的重视设计和追求速度的心态，一方面有节制地使用我们面对儿童生命世界时的成人主体意志，另一方面也要从容地把握自身的学习、积淀和自我创生。师生的成长首先应该是生命的成长，生命的成长是顺其自然并且水到渠成的自然现象，所以应以生命之成长作为镜像，以自然的灵性和张弛有度来甄别教育教学的速度和方向，应充分鼓励、接纳和包容，避免将师生的教学生活置于过度现代性追求中而遗失了教学生活中作为主体的师生自我。

我们已找到了重构教学生活的起点，但这并不意味着一切。理想的教学生活不可能瞬间立刻完成，教学生活是师生都置于其中的流动的整体，如同教育改革是否见成效需要长期的教育实践来检验一样，教学生活的改善也是一个长期的过程，需要我们耐心地等待，需要师生真正地敞开心扉，需要从理论层面和实践层面对教学观念进行深层次的自省和重建。但是，只要我们意识到了危机的存在，不断去激活被体制化和习惯化已然造就的教学生活的平庸状态，积极地促成教育理论研究者和教育实践者的不断反思和积极转向，我们总会从危机中看到希望，从断裂之处开始重新生长。

研究者以过程哲学之思重构教学生活，并不仅仅希望青年人能够在学生时代，在美好的学校教育教学过程中，为其一生的发展奠定良好的生命与精神根基；同时也希望作为教育者的教师能够享受其教学生活的过程，在效率至上，难耐从容的当下，能够摆脱"表面目标与利益"的限制而放慢步伐去领悟、去思考，去欣赏沿途的风景，以自身的思考和判断去影响、带动学生的思考和体悟，以此彰显作为教师的生命价值和存在的意义。

城市规划需科学、务实，体现尊重、顺应自然、天人合一的理念；要让城市融入大自然，让居民望得见山、看得见水、记得住乡愁。同样的，"教育应该把学生引向'活'路，而不是用无生命的知识挤压他们本来存有的创造空间，把他们逼上死路"①，要让师生在教学生活中不仅与知识相遇，还要与人性、与生命有机耦合；让教学生活成为涵养师生生命根基的家园。笔者曾经听说过一部叫作《世界第一麦方》的台湾电影，说的是一个有着坎坷童年的年轻人，在不懈的奋斗和遇挫过程中，终于成长为世界面包冠军的故事。笔者还曾看过一篇小文，说一台湾著名报社社长的儿子，在台湾读最好的大学，后又去哈佛念经济学，去伯克利修完了 EMBA，但是当他修完学位后却告诉他做社长的爸爸：他该念的书都念完了，现在要去实现自己的梦想了！最后，这个年轻人成为一个优秀的西餐厨师。"做最好的厨子"，"开计程车也会有很棒的未来"，这是台湾对现在的年轻人的励志教育。"做世界上最好吃的面包"也能被称之为梦想，高学历的年轻人去做饭，他的父亲很为这种选择骄傲……或许我们不得不承认，这才是正常的！我们长久以来只承认一种"成功"，而否定其他生活方式，同时也否定了我们自己的内心；其实，每个人都有自己的智商水平，我们不能要求所有孩子都成为出类拔萃的精英，他只要能在通向自我的征途上成功就好！

我们的教育教学是有问题的，这是不争的事实。就在笔者的研究即将进入尾声之际，又一起高中生跳楼自杀事件在我们身边发生。或许，有人会说，越来越多的青少年自杀事件和心理疾患的出现与教育教学本身没有直接的关系，还有更多的来自教育之外的社会政治、经济的动因，以及青少年自身的原因。关于这一点我们并不否认，但是，教育是应该促进生命成长的，师生应在教学生活中体味到快乐，享受学习的过程，用怀特海的话即"当教师进入课堂的时候，他首先

---

① 王立志、冯秀军：《过程哲学与大学之道》，《河北学刊》2006 年第 3 期。

要做的第一件事是使他的班级的学生高兴在那儿"[1]。我们姑且不去深究这个少年之所以自杀的原因，但有一点可以肯定：他一定是不快乐的，他没有在自己的学习生活中找到生命生长的支撑，或者说，我们的教学生活没有给予他生命的涵养和应对外在世界的能力。而这又怎能不说是教育的责任？又怎能不促使我们去反思今天的教学生活？

10 年前，研究者曾经做过两个小学教育班的班主任，在本书的撰写过程中，研究者一直与这批已成长为小学骨干教师的青年人保持着密切的联系，间断地参与他们的教研活动或者借助于师生相聚的机会与之探讨在教学生活中遇到的问题。在这个过程中，研究者深切地感受到了他们对自身教学生活现状的焦虑，以及急切地想改变却又无从开始的无奈心情。在做本研究的过程中，我向他们介绍过程哲学的思想，推荐他们阅读怀特海的《教育的目的》，并将我在研究者中建构的核心概念——师生的成长节奏、师生的"共同体互依关系""过程—整合"的课程以及"连续性"环境等逐一阐述，并和他们一起思考和判断其合理性和价值所在。在这个过程中研究者本人也一直担心研究的偏于理论化而不被一线教师所理解，甚而对真实的教学生活不具实践意义和价值，所幸虽存在疑虑但对理念是认同的，这对研究者来说已是极大的鼓励，使我有信心坚持研究的方向和路径。所以，也感谢他们的一路相伴，且行且珍惜。

对于研究者本人来说，伴随研究的开始和逐渐深入，心情是激动而复杂的，直至研究的临近尾声，心情越发的忐忑不安。因为发现研究中还有很多的问题没有分析透彻，阐述不够全面深入，而由于时间的限制和个人能力水平的局限，短期内又无法完善，只能作为今后的研究方向和课题继续求索。譬如，研究者在论述过程哲学的思想时发

---

[1] Whitehead, *Essays in Science and Philosophy*, New York: Philosophical Library, 1947, p. 171. 转引自王治河、樊美筠《走向一种后现代的有机教育》，《远程教育杂志》2010 年第 4 期。

现其与我国传统的儒道思想虽有区别但仍有诸多的契合之处，其中也蕴含着丰富的过程思想和自然之道，本研究虽有所涉及但未对两者作深入的比较和分析。儒道思想作为中国传统哲学的瑰宝一直以来对教学论研究特别是教学方法、师生关系研究有诸多价值和启发，但研究者认为因其烙有封建宗法思想和明显的阶级性印迹而对指导整个教学生活的建构存在瑕疵和弊端，这些需在今后的研究工作中作进一步的分析和探索。还有很重要的一点，本研究只是为现代教学生活提供了一种可更替和选择的思维方式，虽然选择了部分案例作为研究的支撑材料，但总体仍偏于一种理论预设而缺少实践成果的支撑，特别是在"过程—整合"课程建构部分，围绕生活世界和师生的"问题共同体"开发具有实践价值和意义的整合性课程，是需要付诸行动的。从这个角度看，本研究还有漫长的路可走，需要研究者更深地进入真实的教学场景，与真实场景中的教师、学生、课程、环境、事件建立彼此间的相互联系，并且进一步将本研究成果运用到真实的教学生活中去修正和完善。本书并非引导出一些新的概念体系去指导实践，而只是力图引起对现实师生的教学生活更广、更深的注意，并提出适当的应对方法，如若真能有所启发便是本书的价值所在了。

参考文献

专著

1. ［英］A. J. 麦克迈克尔：《危险的地球》，罗蕾、王晓红译，江苏人民出版社 2000 年版。

2. ［美］阿伦·C. 奥恩斯坦：《当代课程问题》，余强译，浙江教育出版社 2004 年版。

3. ［英］伯特兰·罗素：《教育与美好生活》，杨汉麟译，河北人民出版社 1999 年版。

4. ［英］伯特兰·罗素：《西方哲学史》（下），马元德译，商务印书馆 1976 年版。

5. ［法］柏格森：《时间与自由意志》，吴士栋译，商务印书馆 1958 年版。

6. ［巴西］保罗·弗莱雷：《被压迫者教育学》，顾建新、赵友华、何曙荣译，华东师范大学出版社 2001 年版。

7. ［古希腊］柏拉图：《理想国》，郭斌和、张竹明译，商务印书馆 1986 年版。

8. ［德］博尔诺夫：《教育人类学》，李其龙等译，华东师范大学出版社 2001 年版。

9. ［美］彼得·圣吉：《第五项修炼：学习型组织的艺术与实务》（第二版），郭进隆译，上海三联书店 1998 年版。

10. ［美］本尼迪克特·安德森：《想象的共同体：民族主义的

起源与散布》，吴叡人译，上海人民出版社 2005 年版。

11．［日］池田大作、［英］阿·汤因比：《展望 21 世纪——汤因比与池田大作对话录》，荀春生等译，国际文化出版公司 1999 年版。

12．［日］池田大作、［意］奥锐里欧·贝恰：《二十一世纪的警钟》，卞立强译，中国国际广播出版社 1988 年版。

13．［加］大卫·杰弗里·史密斯：《全球化与后现代教育学》，郭洋生译，教育科学出版社 2000 年版。

14．［美］大卫·雷·格里芬：《后现代精神》，王成兵译，中央编译出版社 2011 年版。

15．［美］大卫·雷·格里芬：《后现代科学——科学魅力的再现》，马季方译，中央编译出版社 2004 年版。

16．［法］笛卡儿：《哲学原理》，关文运译，商务印书馆 1960 年版。

17．［美］戴斯·贾汀斯：《环境伦理学：环境哲学导论》，林官明、杨爱民译，北京大学出版社 2002 年版。

18．［德］恩斯特·卡西尔：《人论》，甘阳译，上海译文出版社 1985 年版。

19．［德］费西特：《论学者的使命·人的使命》，梁志学、沈真译，商务印书馆 1984 年版。

20．［德］斐德南·滕尼斯：《共同体与社会》，林荣远译，商务印书馆 1999 年版。

21．［德］福禄贝尔：《人的教育》，孙祖复译，人民教育出版社 2001 年版。

22．［美］古德莱得：《一个称作学校的地方》，苏智欣等译，华东师范大学出版社 2005 年版。

23．［美］古德·布罗菲：《透视课堂》，陶志琼等译，中国轻工业出版社 2002 年版。

24．［英］怀特海：《自然的概念》，张桂权译，中国城市出版社

2002 年版。

25.［英］怀特海：《思维方式》，刘放桐译，商务印书馆 2004 年版。

26.［英］怀特海：《过程与实在》，杨富斌译，中国城市出版社 2004 年版。

27.［英］怀特海：《教育的目的》，徐汝舟译，生活·读书·新知三联书店 2002 年版。

28.［英］怀特海：《观念的冒险》，周邦宪译，贵州人民出版社 2000 年版。

29.［英］怀特海：《科学与近代世界》，何钦译，商务印书馆 1997 年版。

30.［美］赫伯特·马尔库塞：《单向度的人》，刘继译，上海译文出版社 2006 年版。

31.［德］黑格尔：《小逻辑》，贺麟译，商务印书馆 1980 年版。

32.［美］汉娜·阿伦特：《人的境况》，王寅丽译，上海人民出版社 2009 年版。

33.［法］亨利·柏格森：《创造进化论》，肖津译，凤凰传媒集团译林出版社 2011 年版。

34.［德］哈肯：《协同学：引论》，徐锡申等译，原子能出版社 1984 年版。

35.［英］赫克尔、斯特林：《可持续发展教育》，王民等译，中国轻工业出版社 2002 年版。

36.［美］杰恩·弗利纳：《课程动态学：再造心灵》，吕联芳、邵华译，教育科学出版社 2013 年版。

37.［德］卡尔·曼海姆：《重建时代的人与社会》，张旅平译，译林出版社 2011 年版。

38.［德］卡尔·雅斯贝斯：《时代的精神状况》，王德峰译，上海译文出版社 2003 年版。

39.〔捷〕夸美纽斯:《大教学论》,傅任敢译,教育科学出版社 1999 年版。

40.〔法〕卢梭:《论科学与艺术》(修订版),何兆武译,商务印书馆 1997 年版。

41.〔法〕卢梭:《爱弥儿》,李平沤译,商务印书馆 2011 年版。

42.〔美〕拉兹洛:《用系统论的观点看世界:科学新发展的自然哲学》,闵家胤译,中国社会科学出版社 1985 年版。

43.〔英〕罗素:《西方哲学史》,何兆武译,商务印书馆 2003 年版。

44.〔英〕马克·柯里:《后现代叙事理论》,宁一中译,北京大学出版社 2003 年版。

45.〔意〕玛丽亚·蒙台梭利:《童年的秘密》,马荣根译,人民教育出版社 2005 年版。

46.〔加〕马克斯·范梅南:《教学机智:教育智慧的意蕴》,李树英译,教育科学出版社 2001 年版。

47.〔加〕马克斯·范梅南:《生活体验研究:人文科学视野中的教育学》,宋广文等译,教育科学出版社 2003 年版。

48.〔德〕马丁·布伯:《我与你》,陈维刚译,生活·读书·新知三联书店 1986 年版。

49.〔加〕迈克尔·富兰:《教育变革新意义》,赵中建、陈霞等译,教育科学出版社 2005 年版。

50.〔意〕蒙台梭利:《蒙台梭利幼儿教育科学方法》,任代文译,人民教育出版社 2001 年版。

51.〔法〕米歇尔·福柯:《规训与惩罚:监狱的诞生》,刘北成等译,生活·读书·新知三联书店 2003 年版。

52.〔美〕纳坦·塔科夫:《为了自由:洛克的教育思想》,邓文正译,生活·读书·新知三联书店 2001 年版。

53.〔美〕内尔·诺丁斯:《学会关心——教育的另一种模式》,

于天龙译，教育科学出版社 2003 年版。

54. ［德］O. F. 博尔诺夫：《教育人类学》，李其龙等译，华东师范大学出版社 1999 年版。

55. ［美］帕克·帕尔默：《教学勇气：漫步教师心灵》，吴国珍等译，华东师范大学出版社 2005 年版。

56. ［美］帕特里克·斯莱特里：《后现代时期的课程发展》，徐文彬、孙玲译，广西师范大学出版社 2007 年版。

57. ［法］皮埃尔·布迪厄、［美］华康德著：《实践与反思——反思社会学导引》，李猛等译，中央编译出版社 2004 年版。

58. ［英］齐格蒙特·鲍曼：《后现代伦理学》，张成岗译，江苏人民出版社 2003 年版。

59. ［英］齐格蒙特·鲍曼：《生活在碎片之中——论后现代道德》，郁建兴译，学林出版社 2002 年版。

60. ［美］乔治·J. 波斯纳、艾伦·N. 鲁德尼茨基：《学程设计》，赵中建等译，华东师范大学出版社 2003 年版。

61. ［法］让·弗朗索瓦·利奥塔：《后现代状况——关于知识的报告》，岛子译，湖南美术出版社 1996 年版。

62. ［法］让·鲍德里亚：《消费社会》，刘成富、全志刚译，南京大学出版社 2008 年版。

63. ［美］S. R. Steinberg, J. L. Kincheloe：《学生作为研究者：创建有意义的课堂》，易进译，中国轻工业出版社 2002 年版。

64. ［日］田中裕：《怀特海：有机哲学》，包国光译，河北教育出版社 2001 年版。

65. ［美］托马斯·库恩：《科学革命的结构》，金吾伦、胡新和译，北京大学出版社 2003 年版。

66. ［美］特林·芬瑟：《学校是一段旅程》，吴蓓译，人民文学出版社 2006 年版。

67. ［美］梯利：《西方哲学史》（增补修订版），葛力译，商务印书馆 2004 年版。

68. Terry Malloy：《童心·同步·成长》，萧丽君、张淑琼译，及幼文化出版股份有限公司 1991 年版。

69. ［英］小威廉姆·E. 多尔：《后现代课程观》，王红宇译，教育科学出版社 2000 年版。

70. ［英］约翰·怀特：《再论教育目的》，李永宏等译，教育科学出版社 1997 年版。

71. ［美］约翰·杜威：《学校与社会·明日之学校》，赵祥麟等译，人民教育出版社 2004 年版。

72. ［美］约翰·杜威：《我们怎样思维·经验与教育》，姜文闵译，人民教育出版社 1991 年版。

73. ［美］约翰·杜威：《民主主义与教育》，王承绪译，人民教育出版社 2001 年版。

74. ［英］约翰·洛克：《教育片论》，熊春文译，上海世纪出版集团 2005 年版。

75. ［英］约翰·洛克：《教育漫话》，徐大建译，河北人民出版社 1998 年版。

76. ［英］约翰·密尔：《论自由》，许宝骙译，商务印书馆 1959 年版。

77. ［美］约翰·霍特：《孩子为何失败》，张慧卿译，首都师范大学出版社 2010 年版。

78. ［古希腊］亚里士多德：《形而上学》，吴寿彭译，商务印书馆 1983 年版。

79. ［德］雅斯贝尔斯：《什么是教育》，邹进译，生活·读书·新知三联书店 1991 年版。

80. ［美］英格索尔：《谁控制了教师的工作》，庄喻等译，华东师范大学出版社 2009 年版。

81. ［德］伊曼努尔·康德：《纯粹理性批判》，李秋零译，中国人民大学出版社 2004 年版。

82. ［比］伊·普利戈津、［法］伊·斯唐热：《从混沌到有序：人与自然的新对话》，曾庆宏、沈小锋译，上海译文出版社 2005 年版。

83. ［日］佐藤学：《课程与教师》，钟启泉译，教育科学出版社 2003 年版。

84. ［日］佐藤学：《学校的挑战：创建学习共同体》，钟启泉译，华东师范大学出版社 2010 年版。

85. 包亚明：《现代性与空间的生产》，上海教育出版社 2003 年版。

86. 陈永明：《现代教师论》，上海教育出版社 1999 年版。

87. 陈奎德：《怀特海哲学演化概论》，上海人民出版社 1988 年版。

88. 陈侠：《课程论》，人民教育出版社 1989 年版。

89. 陈嘉映：《海德格尔哲学概论》，生活·读书·新知三联书店 1995 年版。

90. 陈怡：《经验与民主——杜威政治学基础研究》，复旦大学出版社 2002 年版。.

91. 邓小华：《教育的智慧与情怀：从教育的基本规律出发》，同心出版社 2008 年版。

92. 董宝良：《陶行知教育论著选》，人民教育出版社 1991 年版。

93. 樊美筠：《中国传统美学的当代阐释》，北京大学出版社 2006 年版。

94. 郭元祥：《生活与教育——回归生活世界的基础教育论纲》，华中师范大学出版社 2002 年版。

95. 关文信：《初等教育课程与教学论》，中国人民大学出版社 2006 年版。

96. 韩林合：《逻辑哲学论研究》，商务印书馆 2007 年版。

97. 黄书进：《哲学思维方式解读》，西苑出版社 2003 年版。

98. 黄铭：《过程思想及其后现代效应》，宗教文化出版社 2010 年版。

99. 黄政杰：《课程设计》，台湾东华书局 1991 年版。

100. 金生鈜：《理解教育：走向哲学解释学的教育哲学导论》，教育科学出版社 1997 年版。

101. 鲁洁：《道德教育的当代论域》，人民出版社 2005 年版。

102. 李曙华：《从系统论到混沌学》，广西师范大学出版社 2002 年版。

103. 刘铁芳：《走在教育的边缘》，华东师范大学出版社 2007 年版。

104. 刘铁芳：《古典传统的回归与教养性教育的重建》，北京师范大学出版社 2010 年版。

105. 林崇德：《教育与发展》，北京师范大学出版社 2002 年版。

106. 罗嘉昌：《从物质实体到关系实在》，中国社会科学出版社 1996 年版。

107. 马奇：《西方美学史资料选编》，上海人民出版社 1987 年版。

108. 渠敬东：《现代社会中的人性及教育》，上海三联书店 2006 年版。

109. 钱穆：《现代中国学术论衡》，岳麓书社 1986 年版。

110. 石中英：《教育哲学导论》，北京师范大学出版社 2004 年版。

111. 石中英：《知识转型与教育改革》，教育科学出版社 2002 年版。

112. 陶行知：《陶行知文集》，江苏教育出版社 2001 年版。

113. 田慧生：《教学环境论》，江西教育出版社 1996 年版。

114. 涂艳国：《走向自由——教育与人的发展问题研究》，华中师范大学出版社 1999 年版。

115. 王鉴：《实践教学论》，甘肃教育出版社 2002 年版。

116. 王枬：《智慧型教师的诞生》，教育科学出版社 2006 年版。

117. 王治河、霍桂桓、谢文郁：《中国过程研究》（第一辑），中国社会科学出版社 2004 年版。

118. 王治河、樊美均：《第二次启蒙》，北京大学出版社 2011 年版。

119. 王策三：《教学论稿》，人民教育出版社 2005 年版。

120. 王岳川：《现象学与解释学文论》，山东教育出版社 2001 年版。

121. 王宏甲：《新教育风暴》，作家出版社 2009 年版。

122. 万俊人：《现代性的伦理话语》，黑龙江人民出版社 2002 年版。

123. 汪民安、陈永国：《后身体：文化、权力和生命政治学》，吉林人民出版社 2003 年版。

124. 熊武川、江玲：《理解教育论》，教育科学出版社 2005 年版。

125. 辛继湘：《解读实用主义教育思想》，广东教育出版社 2007 年版。

126. 项贤明：《泛教育论：广义教育学的初步探索》，山西教育出版社 2000 年版。

127. 叶澜：《教师角色与教师发展新探》，教育科学出版社 2001 年版。

128. 衣俊卿：《回归生活世界的文化哲学》，黑龙江人民出版社 2000 年版。

129. 朱建民：《现代形而上学的祭酒——怀德海》，台湾允晨文化实业股份有限公司 1983 年版。

130. 张文质：《慢教育》，华东师范大学出版社 2008 年版。

131. 张文喜：《自我的建构与解构》，上海人民出版社 2002 年版。

132. 周与沉：《身体：思想与修行——以中国经典为中心的跨文化观照》，中国社会科学出版社 2005 年版。

133. 赵汀阳：《论可能生活：一种关于幸福和公正的理论》，中国人民大学出版社 2004 年版。

134. 钟启泉：《对话教育：国际视野与本土行动》，华东师范大学出版社 2006 年版。

135. 周淑卿：《课程统整模式：原理与实作》，涛石文化事业有限公司 2002 年版。

论文

1. 安乐哲：《当代西方的过程哲学与中国古代哲学》，《中国思想史研究通讯》2007 年第 3 期。

2. 蔡宝来：《回归生活的教学论：重心位移和主题预设》，《教育研究》2005 年第 12 期。

3. 迟艳杰：《教学意味着"生活"》，《教育研究》2004 年第 11 期。

4. 陈晓端、龙宝新：《回归事件：后现代有效教学的使命》，《陕西师范大学学报》2007 年第 3 期。

5. 陈英敏、高峰强：《过程、整体与和谐——后现代语境中过程哲学与中国传统文化的碰撞及启示》，《华东师范大学学报》（教育科学版）2009 年第 3 期。

6. 陈燕谷：《文化资本》，《读书》1995 年第 6 期。

7. 崔允漷：《课程实施新取向：基于课程标准的教学》，《教育研究》2009 年第 1 期。

8. ［美］费劳德：《怀特海过程哲学及其当代意义》，王治河、曲跃厚译，《求是学刊》2002 年第 1 期。

9. 费多益：《环境价值：寻求公共的实践理性》，《自然辩证法研究》2000 年第 1 期。

10. 傅敏：《论学校课程范式及其转型》，《教育研究》2005 年第 7 期。

11. 付泽林：《让课堂上的"错误"成为一种课程资源》，《人民教育》2003 年第 17 期。

12. 郭元祥：《论教育的过程属性和过程价值》，《教育研究》2005 年第 9 期。

13. 郭元祥：《课程观的转向》，《课程·教材·教法》2001 年第 6 期。

14. 高伟：《课程文本：不断扩展着的隐喻》，《全球教育展望》2002 年第 2 期。

15. 黄首晶：《从知识创新的视角看书本知识与生活经验的关系》，《教育研究》2012 年第 2 期。

16. ［美］郝尔曼·F. 格林：《托马斯·柏励和他的"生态纪"》，王治河译，《求是学刊》2002 年第 3 期。

17. 金生鈜：《何为教育实践?》，《华东师范大学学报》（教育科学版）2014 年第 2 期。

18. 靳玉乐、杨红：《试论文化传统与课程价值取向》，《西南师范大学学报》（哲学社会科学版）1997 年第 6 期。

19. 姜海燕：《从本质主义到生成性思维：现代教学设计的路径探寻》，《教育学术月刊》2008 年第 4 期。

20. 科布：《过程教育》，马晓梅译，《湛江师范学院学报》2011 年第 4 期。

21. 鲁洁：《教育：人之自我建构的实践活动》，《教育研究》1998 年第 9 期。

22. 罗祖兵：《从"预成"到"生成"：教学思维方式的必然选择》，《课程·教材·教法》2008 年第 2 期。

23. 罗德红：《学习事件：教学生成的一种可能性资源》，《中国教育学刊》2009 年第 11 期。

24. 罗生全、靳玉乐：《课程作为文化资本的话语构建机制研究》，《教育研究与实验》2007 年第 1 期。

25. 罗瑾：《论蒙台梭利的儿童自由教育观》，《西安联合大学学报》2002 年第 1 期。

26. 卢建筠：《自组织教育与他组织教育的实践差异》，《现代教育论坛》2007 年第 5 期。

27. 刘铁芳：《返回生活世界教育学：教育何以面对个体生命成长的复杂性》，《教育研究》2012 年第 1 期。

28. 刘小禾：《"跑道"课程与"通道"课程基本关系研究》，《哈尔滨学院学报》2003 年第 5 期。

29. 刘世清：《言语对话：教学交往的诠释路径与意义生成》，《当代教育科学》2011 年第 3 期。

30. 刘宝存：《全人教育思潮的兴起与教育目标的转变》，《比较教育研究》2004 年第 9 期。

31. 李方：《怀特海与老子的哲学类同性和教育独特性》，《湛江师范法学院学报》2011 年第 5 期。

32. 李瑾瑜：《论师生关系及其对教学活动的影响》，《西北师大学报》（社会科学版）1996 年第 3 期。

33. 李瑾瑜：《布贝尔的师生关系及其启示》，《西北师大学报》（社会科学版）1997 年第 1 期。

34. 李文阁：《生成性思维：现代哲学的思维方式》，《中国社会科学》2000 年第 6 期。

35. 李长吉、陶丽：《从"师生关系"到"师生机体"：基于机体哲学的思考》，《教育发展研究》2013 年第 2 期。

36. 李志厚、李如密：《论可持续发展教育的课程观》，《课程·教材·教法》2004 年第 1 期。

37. 李本友、王洪席：《过程哲学视域下传统课程范式转型》，《中国教育学刊》2011 年第 5 期。

38. 李红恩、靳玉乐：《新课程改革背景下课堂教学环境的反思与重构》，《天津市教科院学报》2010 年第 6 期。

39. 马兰、盛群力：《学习事件与教学事件——从信息加工看学与教的过程》，《杭州教育学院学报》1993 年第 3 期。

40. 倪寿鹏：《哲学视域中的生命教育——兼评冯友兰人生四境界说》，《湖南师范大学教育科学学报》2012 年第 4 期。

41. 尼克·温鲁普：《教师知识和教学的知识基础》，《北京大学教育评论》2008 年第 1 期。

42. 潘涌、水小琴：《"师本教研"：一种新型的教学研究范式》，《教育科学研究》2009 年第 3 期。

43. 庞海波：《论创造性思维的自组织机制》，《心理科学》2000 年第 2 期。

44. 裴娣娜：《现代教学论生成发展之思——怀特海过程哲学的方法论启示》，《教育学报》2005 年第 3 期。

45. 秦龙：《马克思对"共同体"的探索历程及内在旨趣》，《中国浦东干部学院学报》2010 年第 11 期。

46. 曲跃厚、王治河：《走向一种后现代教育哲学——怀特海的过程教育哲学》，《哲学研究》2004 年第 5 期。

47. 石中英：《中国传统文化阻碍创造性人才培养吗?》，《中国教育学刊》2008 年第 8 期。

48. 石中英：《本质主义、反本质主义与中国教育学研究》，《教育研究》2004 年第 1 期。

49. 孙美堂：《从实体思维到实践思维——兼谈对存在的诠释》，《哲学动态》2003 年第 9 期。

50. 邵珠辉、李如密：《教师专业发展视域下的教学关键事件》，《教育科学研究》2010 年第 10 期。

51. 田海明：《自由的价值》，《中国社会科学文摘》2001 年第 1 期。

52. 吴康宁：《课堂教学社会学》，《教育研究》1997 年第 2 期。

53. 吴康宁：《学生仅仅是受教育者吗》，《教育研究》2003 年第 4 期。

54. 吴小鸥：《论教学场的自组织》，《全球教育展望》2007 年第 9 期。

55. 吴国盛：《海德格尔与科学哲学》，《自然辩证法研究》1998 年第 5 期。

56. 吴飞：《与他人共在：超越"我们"／"你们"的二元思维》，《新闻与传播研究》2013 年第 10 期。

57. 吴黛舒：《对教育理论与实践关系问题的本土反思》，《教育研究》2004 年第 5 期。

58. 魏善春：《大学有效教学：目标、要素及实现可能——一种过程哲学的审视》，《现代大学教育》2013 年第 1 期。

59. 闻人行、庞继贤：《知识亲和力的教学话语建构》，《浙江大学学报》（人文社会科学版）2012 年第 11 期。

60. 王攀峰：《教学活动的本质：一种特殊的生活过程》，《课程·教材·教法》2009 年第 10 期。

61. 王攀峰：《试论走向生活世界的教学》，《南京师大学报》（社会科学版）2004 年第 6 期。

62. 王立志：《怀特海的"摄入"概念》，《求是学刊》2013 年第 9 期。

63. 徐继存：《教师生活重塑与基础教育课程改革》，《教育研究》2002 年第 9 期。

64. 项贤明：《生活世界的教育和科学世界的教育》，《教育研究与实验》1999 年第 4 期。

65. 叶澜：《世纪初中国教育理论发展的断想》，《华东师范大学学报》（教育科学版）2001 年第 1 期。

66. 杨启亮：《普适与朴素：基础教育教学创新的品质》，《课程·教材·教法》2012 年第 1 期。

67. 杨丽：《怀特海的课程思想》，《教育探索》2010 年第 1 期。

68. 赵汀阳：《共在存在论：人际与心灵》，《哲学研究》2009 年第 8 期。

69. 赵鹤龄：《当代过程哲学与中国教育思想及其实践研究——三种哲学观下的课程与教学》，《湖南第一师范学院学报》2010 年第 4 期。

70. 赵明仁、黄显华：《从教学反思的过程看教师专业成长》，《教育研究与实验》2007 年第 4 期。

71. 赵士果、崔允漷：《比恩课程统整的理念及模式建构》，《全球教育展望》2011 年第 7 期。

72. 赵宗孝：《学生成为批判性研究者：赋权和教师的教学传奇》，《高等理科教育》2010 年第 3 期。

73. 张武升：《教学研究范式的变革与发展趋向》，《教育研究》1994 年第 2 期。

74. 张晓瑜、赵鹤龄：《"误置具体性谬误与课程变革"——基于过程哲学的分析》，《教育理论与实践》2011 年第 7 期。

75. 张晓瑜：《论"有根有翼"课程价值观的构建——基于过程哲学与中国文化融合的视角》，《教育研究》2013 年第 2 期。

76. 张娜、陈佑清：《我国学前教育课程结构现状分析》，《教育发展研究》2013 年第 6 期。

77. 张兴峰：《教育功利化现象审视：工具理性的视角》，《教育发展研究》2008 年第 21 期。

78. 张华、刘宇：《试论课程变革的文化问题》，《教育发展研究》2007 年第 1 期。

79. 张文军：《后现代课程观初探》，《华东师范大学学报》（教育科学版）1997 年第 4 期。

80. 郑和钧、陈峰：《自组织理论与教育整体改革》，《教育研究与实验》1993 年第 4 期。

81. 郑葳、李芒：《学习共同体及其生成》，《全球教育展望》2007 年第 4 期。

82. 钟启泉：《课程人的社会责任何在》，《全球教育展望》2006 年第 9 期。

83. 钟启泉：《为每一个学生的成长而教——基于"学的课程"的教学设计探析》，《北京大学教育评论》2009 年第 7 期。

84. 周健勇：《事物、事件和世界》，《求索》2001 年第 5 期。

85. 费劳德：《一种怀特海主义的教育理论——兼论中国教育改革》，李大强译，载李方主编《过程教育研究在中国》，福建教育出版社 2012 年版。

86. 约瑟夫·邓恩：《现代性文化的教育困境——与麦金太尔的对话》，载金生鈜主编《教育：思想与对话》，教育科学出版社 2005 年版。

学位论文

1. 卢建筠：《教育思维方式转向之透视研究》，博士学位论文，华南师范大学，2006 年。

2. 罗儒国：《教师教学生活研究》，博士学位论文，西北师范大学，2007 年。

3. 赵健：《学习共同体》，博士学位论文，华东师范大学，2005 年。

4. 张香兰：《从实体到过程：现代教育的思维转向》，博士学位论文，山东师范大学，2007 年。

英文文献

1. Ahthur Jersild, *When Teachers Face Themselves*, New York：

Teachers College Press, Columbia University, 1955.

2. Alfred Schutz & Thomas Luckman, *The Structures of the Life World*, Northwestern University Press, 1973.

3. Barry J · Fraser, *Classroom Environment*, Groom Helm Ltd. , 1986.

4. Beane, James A. , *Curriculum Integration: Designing the Core of a Democratic Education*, New York: Teachers College Press, 1997.

5. Beane, James A. , *A Middle school curriculum: From rhetoric to reality*, National Middle School Association, 1993.

6. Charles L. Silberman, *Crisis in the Classroom*, Wildwood House Ltd. , 1973.

7. David W Johnson, Roger T Johnson, *Learning together and Alone: Cooperative, Competitive, and Individualistic Learning*, New Jersey: Prentice Hall, 1991.

8. Franz Riffert, *Whitehead on Learning and Education: Theory and Application*, Cambridge Scholars Press, 2005.

9. Frederick G. Knirk, *Designing Productive Learning Environments*, Education Technology Publications, Inc. , 1979.

10. JI Good, *A Place Called School: Prospects for the Future*, New York: McGraw – Book Co. , 1984.

11. Haken H. , *Information and Self – organization: A Macroscopic Approach to Complex Systems*, Berlin & New York: Oxford university Press Inc. , 1988.

12. Heidegger Poetry, *Language and Thought*, New York: Harper and Row, 1971.

13. LW Anderson, DW Ryan & BJ. Shapiro, *The IEA Classroom Environment Study*, Pergamum Press, 1989.

14. JD McNeil, *Curriculum: A Comprehensive Introduction*, New York: Harper Collins College, 1996.

15. K. Nelson, *Event Knowledge: Structure and Function in Development*, NJ: Erlbaum, 1986.

16. Sheralyn S. Goldbecker, *Values Teaching*, National Education Association of the United States, 1976.

17. Slattery P. , *Curriculum Development in the Postmodern Era*, Garland reference library of social science, 2006.

18. Whitehead, *Adventures of Ideas*, New York: The Free Press, 1933.

19. Whitehead, *Process and Reality*, New York: The Macmillan Company, 1929.

20. Whitehead, *Essays in Science and Philosophy*, New York: Philosophical Library, 1947.

21. W. J. Campbell, *School in Context: The Effects of Environment on Learning*, John Wiley & Sons Australasia PTY Ltd. , 1970.

后　记

　　关于教学生活的研究并非新鲜话题，然而当下充斥师生教学生活中的浮躁及各种乱象却使我们不得不重新认真地对这个话题进行审视。对师生的教学生活进行研究，是一个剥开表象并进一步透视其内在机理和思维方式的过程，不可不谓艰辛！从选题到定稿，从关注教育的"过程性"话题，到分析学科教学的"过程"特征，直至最后决定以过程哲学的视角审视当下的真实教学生活，期间历经的一切困惑、犹疑、挣扎、欢欣，无不历历在目……三年的博士学制我用五年才修完，前两年潜心读书、听课，真正的论文写作又整整花了近三年时间，本书正是在博士论文的基础上修订完成的。回顾这五年的求学、研究经历，对诸多帮助、指导、关心我的师长、同学、同事及家人充满了感激。一直想在论文完成时的后记中认真地回顾这五年的点滴，好好地反思一下人到中年的我在求学过程中的心路历程。但到真正提笔时，却不知从何记起。

　　虽已对在职读博的艰辛做了充分的思想准备，但面对工作、求学、家庭中的种种事端仍感分身乏术。犹记得在入学之初自己作为一名博士生，同时又是一名博士班的班主任的忐忑心情；犹记得在晚上上课时接到儿子电话时的无奈；犹记得博士第三年结束同级同学答辩毕业时我内心的焦虑。虽有初衷，但未必都能如愿。

　　衷心感谢我的导师李如密教授！从论文的选题到框架的搭建，从论文撰写到修改成稿，李老师无不尽心指导。回首这五年求学的点滴，我对导师在学术上的引领和指导充满感激。在研究初始时，李老师提醒我"勿让行政思维和文风影响学术研究"；当论文开题并确定以"过程哲学"为研究的视角后，李老师为我提供了难得的参加国际学术会议的机会，让我得以有机会和平台就自己的选题方向和研究思路，与当前过程研究的相关专家近距离接触并进行学术探讨；论文写作的过程历时整整三年，老师理解我工作的繁忙和家庭的重担，从不催促，只关心我的进展并时常点拨提醒。老师严谨的治学态度和宽容豁达的处事风格，让我在艰难的写作过程中每当遭遇"山穷水尽疑无路"时，总能收获"柳暗花明又一村"的欣喜。衷心感谢杨启亮教授、张乐天教授、吴永军教授、胡金平教授、徐文斌教授在论文开题时的指导和鼓励！是老师们的批评和指正让我进一步明晰了自己的研究视角，获益良多；衷心感谢吴康宁教授、张乐天教授、杨启亮教授、吴永军教授、金生鈜教授为博士生们开设的课程，进一步增强了我对教育学、哲学知识广度和深度的拓宽和挖掘，同时，老师们所展示的学者风范和严谨的治学态度也深深地影响了我，与老师们课上课下相处的点滴将成为我人生的宝贵养分。衷心感谢与我一起在南师求学的诸多同学和同门，你们的支持、陪伴使我的博士生生涯成为人生旅程中的一段美好时光，你们的鼓励和帮助丰富了我在研究过程中的勇气。

人到中年，正是父母走向年迈，孩子成长的关键时期，我却花了五年时间追求自己的学术旨趣。博士生五年，历经儿子从小学六年级到高中一年级，有可能错过了对儿子的陪伴，影响了儿子关键期的成长，忽视了对爱人、对父母的关心。但伴随研究的深入，过程哲学的关系、包容、生态、整合的理念也逐渐从学术研究的层面真正开始浸润我的生活，让我得以以一种更加开放的心态和发展的眼光面对孩子的成长，不过多纠结于孩子的学习成绩；让我更加意识到亲情的重要，对家人、对朋友、对同事亦怀有一种感恩之心。这也算是学术研究成果之外献给自己的一份满意答卷吧！

魏善春

写于南京仙林香樟园

2016 年 12 月 30 日